AF557172

Reinhard Leube

Kontinentaldrift

Deutschland von 1946 bis 1951

Anderwelt Verlag

Anderwelt Verlag

Reinhard Leube

Kontinentaldrift

Deutschland von 1946 bis 1951

Der Geschichte achter Teil

Impressum

Kontinentaldrift
Deutschland von 1946 bis 1951

1. Auflage 2022

Anderwelt Verlag, München
Druck: CPI Books GmbH Printed in Germany

ISBN: 978-3-940321-35-0

Was Sie hier erwartet

Sie finden die Quellen und Anmerkungen immer unmittelbar nach dem jeweiligen Jahr.

Jüngste deutsche Geschichte für Quereinsteiger

Eigentlich wissen wir ja längst, wie es war. Der Erste Weltkrieg ging für das Deutsche Reich schlecht aus, der Kaiser dankte ab und es gab erste Versuche mit einer Demokratie. Die Luft für diese Demokratie wurde in den 1920er Jahren immer dünner, weil Millionen Menschen in Deutschland aufgrund der Festlegungen des Versailler *Friedensvertrages* keine Arbeit fanden, hungerten, elendig starben oder sich auf einmal in einem fremden Staat nationaler Unterdrückung ausgesetzt sahen. Gelegentlich heißt es, dass diese Demokratie schon 1930 nicht mehr funktioniert hat.

Ende Januar 1933 wurde Hitler Reichskanzler und installierte innerhalb weniger Jahre seine totale Diktatur. So lässt sich vielleicht im Zeitraffer in groben Zügen formulieren, was sich bis zum Ende der dreißiger Jahre in Deutschland tat. Dann passierte dies und das und unversehens stand das Reich unter dem Kanzler mit den meisten Friedensreden auf einmal im Krieg mit mehr als fünfzig Ländern in der Welt. *Wider Erwarten* hat Deutschland keine reale Chance gehabt, zumal Hitlers „Bündnispartner" von allem Anfang an gesagt hatten, dass sie sich nicht in der Lage sahen, Krieg zu führen. So ging letzten Endes auch der Zweite Weltkrieg für das Deutsche Reich recht übel aus. Hitler nahm sich das Leben und die Welt wurde friedlich und schön, denn die Alliierten gründeten eine UNO und lösten die anstehenden Probleme. – Nein. – Ach so? – So kam es nicht.

Die „Anti-Hitler-Koalition" löste sich binnen Jahresfrist in Wohlgefallen auf und es begann ein kalter Krieg. Und warum? Das wissen wir ja alles. Nein. Das wissen wir leider nicht. Die Stimmung in *America* wie auch in Europa war bis zur Jahreswende 1945/46 äußerst sowjetfreundlich, was Zeitzeugen bestätigen. Warum setzt sich das Märchen denn nun im Jahr 1946 nicht fort? Lassen Sie uns fürs Erste die Leute aus dem Widerstand gegen das Regime der Nazis anschauen, die uns in den vorangegangenen Bänden begegnet waren, und die wichtigsten Funktionen, die sie dann in der Zeit nach dem Krieg hüben oder drüben in Deutschland spielen.

Sternchen* aus den ersten Bänden

	war nach 1945
Ruth Müller	Chefin des Bundespresseamtes
Konrad Adenauer	erster Bundeskanzler
Theodor Heuss	Bundespräsident
Erich Kordt	Diplomat
Elisabeth von Thadden	Schwester des Folgenden
Adolf von Thadden	Chef der NPD & Agent des MI 6
Fritz Schäffer	Bundesminister
Carola Stern	Journalistin
Rudolf Augstein	Journalist
Kurt Schumacher	Bundespolitiker
Martin Niemöller	Kirchenpräsident
Hans Zehrer	Journalist
Robert A. Ulrich	Diplomat
Sebastian Haffner	Historiker
Gottfried von Nostitz	Diplomat
Hans Rothfels	Historiker
Axel Springer	Verleger
Herbert von Bismarck	Politiker
Albrecht von Kessel	Diplomat
Dolf Sternberger	Journalist
Herbert Wehner	Bundespolitiker
Vollrath von Maltzan	Diplomat
Eugen Gerstenmaier	Berater von Adenauer
Wilhelm Niklas	Staatssekretär
Hildegard Hamm-Brücher	Staatsministerin im AA
Konrad Graf von Preysing	Bischof
Wolfgang Vogel	Draht zwischen Ost und West
Leo Geyr von Schweppenburg	Bundeswehr-Generalinspekteur
Hasso von Etzdorf	Diplomat
Eberhard Wildermuth	Bundesminister
Gertrud Bäumer	Politikerin
Albrecht von Kessel	Diplomat

Hans von Dohnanyi	Vater des Folgenden
Klaus von Dohnanyi	Bundesminister
Theodor Steltzer	Berater von Adenauer
Werner von Tippelskirch	Diplomat
Manfred von Ardenne und andere	sowjetische Wasserstoffbombe
Helmut Gollwitzer	Theologe
Theodor Kordt	Diplomat
Heinz Gerstner	Journalist
Werner von Hentig	Diplomat
Fritz von Twardowski	Bundespressesprecher
Hans Herwarth von Bittenfeld	Diplomat
Gottfried von Nostitz	Diplomat
Herbert Czaja	Politiker
Werner Haag	Generalleutnant
Franz Maria Liedig	Politiker
Klaus Mehnert	Journalist
Augustin Roesch	Bayerischer Senat
Rolf Pauls	Diplomat
Friedrich Sieburg	Journalist
Wolf Freiherr von Wrangel	Bundesinnenministerium
Vinzenz Müller	Draht zwischen Ost und West
Constantin von Dietze	Rektor der Uni Freiburg
Gerhard Ritter	Historiker
Hans-Eduard Riesser	Diplomat
Carl-Dietrich von Trotha	Europa-Union
Georg Ferdinand Duckwitz	Diplomat
Reinhard Gehlen	Chef des BND
Hermann Baun	enger Mitarbeiter von Gehlen
Axel von dem Bussche-Streithorst	Diplomat
Hans Maria Globke	Adenauers Staatssekretär
Hans Lukaschek	Bundesminister
Marion Gräfin Dönhoff	Journalistin
Kurt Georg Kiesinger	Bundeskanzler
Walter Leisler Kiep	Chef der Atlantik-Brücke
Adolf Heusinger	Berater von Adenauer

Walter Lehweß-Litzmann	Draht zwischen Ost und West
Friedrich Wilhelm Lübke	Ministerpräsident
Josef Müller	Vorsitzender der CSU
Ehrenfried von Holleben	Diplomat
Fabian von Schlabrendorff	Bundesverfassungsrichter
Albrecht Schönherr	Draht zwischen Ost und West
Carlo Schmid	SPD-Landesvorsitzender
Hans Speidel	Berater Adenauers
Franz Josef Strauß	Ministerpräsident
Heinz Ullstein	Verleger
Ernst von Weizsäcker	Vater des Folgenden
Richard von Weizsäcker	Bundespräsident
Erwin Respondek	Draht zum KGB für Heinemann
Herbert Blankenhorn	Diplomat
Gustav Heinemann	Bundespräsident, Mitglied von FDP, CDU, GVP und SPD sowie Erfinder des Namens DKP

Was bedeutet das für die Nachkriegsjahrzehnte?

Diese kleine Auswahl zeigt, dass mit der Hinrichtung Claus von Stauffenbergs und der vielen anderen Verschwörer gegen Adolf Hitler nicht jeder Hitler-Kritiker in Deutschland in der *Stunde null* des Jahres 1945 schon tot war. Etwas spät eröffnete Bundeskanzler Helmut Kohl interessierten Geschichtsenthusiasten, es sei sicher kein Zufall, dass von den wenigen Überlebenden des Kreisauer Kreises sehr viele ihren Weg zur Christlich Demokratischen Union gefunden haben und dass das Berliner wie auch das Kölner Gründungsdokument der CDU „sehr stark von Gedankengut aus dem Kreisauer Kreis" geprägt waren. Was sie dort mit Deutschland und den Deutschen vorhatten, kann man natürlich nur dann richtig verstehen, wenn man ein realistisches Bild von ihnen sowie von ihren Mitmenschen hat. Ein solches Bild liefern uns die deutschen Massenmedien heute gewiss nicht und je länger die Augenzeugen schon tot sind, desto schwärzer werden uns die Menschen in jener Zeit ausgemalt.

Wenn auch Sie nicht mehr offen sind für das eigenständige Nachdenken, sondern sicherheitshalber erst einmal nachfragen, ob etwas *links*, *rechts* oder *in der Mitte* ist, dann sind auch Sie hereingefallen. Günter Gaus aus der Redaktion des Spiegel hat in dem Buch *Die Welt der Westdeutschen* auf Seite 70 ausgeführt, wie man Sie in der Bundesrepublik beim Denken *unterstützt*: „Was wir im Grunde glauben, habe ich vor Jahren so formuliert: Wir alle werden viel belogen, jeden Tag. Und tagtäglich werden wir auch aufgefordert, des Kaisers neue Kleider zu bestaunen, jenes Gespinst aus Nichts, das im Märchen vor dem Nicht-verblendet-Sein eines Kindes zerfällt, so dass endlich die nackte Wahrheit wiederzuerkennen ist." Das kann doch kein führender Medienmann gesagt haben! Doch, das kommt von ihm: „Wir werden belogen und sollen Dinge zur Kenntnis nehmen, die es so, wie sie uns präsentiert werden, nicht gibt. Es geschieht mit uns alle Tage: Absichtsvoll und unabsichtlich, bewusst wie unbewusst wird uns der Blick verstellt durch zweckbestimmte Gebots- und Verbotstafeln, auf denen geschrieben steht, wie wir dies und das sehen sollen, was wir nicht denken dürfen, sondern stattdessen zu glauben haben." Was haben Sie denn gedacht, warum ich mir die Mühe gemacht habe, die Puzzleteile der Geschichte einmal zeitlich zu ordnen und neu zusammenzusetzen?

Reinhard Leube　　　　Berlin, im Juli 2022

Die Welt dreht sich weiter

Ein gutes halbes Jahr ist der Zweite Weltkrieg her – aber keine Macht ist so richtig zufrieden mit dem Fortgang der Ereignisse. Unzufriedener als die anderen drei großen Alliierten sind die Briten, deren Konzept nur bis zur Erledigung Deutschlands als Wirtschaftsmacht aufgegangen war. Es war jedoch nicht gelungen, anschließend auch Russland mit seinen Rohstoffen und Nahrungsmitteln für das *British Empire* zu erobern. Frankreich ist zwar nicht mehr besetzt, wurde durch angelsächsische Bomben jedoch stark zerstört und muss sich jetzt dem Wiederaufbau widmen. Es steht auch allein auf weiter Flur mit seinem Wunsch, Deutschland in der Einteilung in vier Besatzungszonen zu belassen, nachdem die Deutschen das stolze Frankreich fast ein halbes Jahrzehnt lang geteilt hatten. Auch Moskau und Washington sind noch nicht am Ziel ihrer Träume gelandet und versuchen sich in Diplomatie. Gedulden müssen sich daneben auch der Trupp der Militärs um Generalmajor Reinhard Gehlen und Politiker wie zum Beispiel Konrad Adenauer und viele andere, die auf den Startpfiff für den Aufbau eines eigenen Staates in West-Deutschland warten. Damit haben die Alliierten nicht gerechnet, dass es im Widerstand gegen Diktatur und Krieg einen Plan B gab, wenn alle Verständigungsversuche mit den Westmächten scheitern sollten.

Die Amerikaner sind in der Breite nicht ganz so schnell von den Horrorgeschichten Reinhard Gehlens überzeugt. Die Originaldokumente hatte er schon '45 sicherheitshalber vernichten lassen. Auf Mikrofilmen sieht man nachgebesserte Stellen nicht ganz so leicht. Soll er selbst erzählen, wie seine Nummer erste Erfolge brachte: „Wenn die Sprache auf meine Vorschläge kam, so war noch um die Jahreswende 1945/46 die Reaktion ausweichend, da man offensichtlich zu diesem Zeitpunkt noch die damit verbundenen politischen Risiken scheute. Uns wurde gesagt, man müsse abwarten, bis sich die öffentliche Meinung gegenüber Deutschland beruhigt und gegenüber den Russen abgekühlt habe." Die Öffentlichkeit sehe im Moment die Sowjets und das sowjetische Problem noch nicht so, wie es in Wirklichkeit gesehen werden müsste, andernfalls würden in einem demokratisch geführten Staat wie den USA sowohl außenpolitische wie auch innenpolitische Schwierigkeiten eintreten. Gehlen lässt hier keinen Zweifel daran, dass er mit seinen Mannen auf dem besten Wege ist, den Amerikanern eine neue Außenpolitik einzuhelfen, die Deutschland jetzt einmal möglichst lange in Frieden lässt.[1]

Bei den Amerikanern geht es momentan bunt durcheinander. Präsident Roosevelts Botschafter für die Sowjetunion Averell Harriman sitzt nunmehr auf dem Schleudersitz, seit er sich im November '45 vergeblich um einen *talk* mit Stalin während dessen Urlaub auf der Krim bemühte. Der gute Mann wollte die amerikanischen Pläne für die wirtschaftliche sowie die politische Zusammenarbeit besprechen. Außenminister Molotov war bei der Begegnung streng offiziell geblieben und damit ist Harriman als Botschafter in Moskau kein weiterer Erfolg mehr beschieden.[2] Der Stellvertreter des Militärgouverneurs für Deutschland, General Lucius Clay, und dessen politischer Berater Robert Murphy sehen in Frankreich den Bösewicht, der die zentrale Verwaltung Deutschlands ständig behindert. Clay reagiert darauf mit wachsender Ungeduld. Der Diplomat George F. Kennan in der Moskauer Botschaft der Vereinigten Staaten hingegen ist von seiner Skepsis aus den späten 1930er Jahren nicht abzubringen. Am 22. Februar 1946 verfasst er eine umfangreiche Depesche in die Heimat, die als „langes Telegramm" in die Geschichte des *State Department* eingeht. Kennan ist vom grundsätzlichen Expansionismus der sowjetischen Politik überzeugt. Mag sein, dass Moskau nun einen Sicherheitspuffer in Osteuropa wünscht. Er sollte jedoch den Vorlauf berücksichtigen: Kann er noch immer nicht verstehen, dass das polnisch-rumänische Bündnis gegen die Sowjetunion, die feindliche Haltung Finnlands und der baltischen Republiken wie auch die Verzögerung eines englisch-französisch-sowjetischen Bündnisses durch London und Paris im Jahre 1939 zu dem Molotov-Ribbentrop-Pakt führte? Das war doch nun beim besten Willen nicht Stalins erste Wahl – sicherlich erinnern Sie sich noch an den Band *God Save the Fuehrer*.[3]

1946

Der Londoner Premierminister Churchill hält am 5. März 1946 in Fulton im US-Bundesstaat Missouri eine Rede, in der er erstmals öffentlich von einem *iron curtain* oder auch *eisernen Vorhang* spricht, der Europa von Stettin an der Ostsee bis nach Triest an der Adria teile. Die wegweisende Rede war zuvor mit US-amerikanischen Politikern abgestimmt worden. Es ist interessant, dass er nicht von einer Linie von Tilsit bis Triest oder entsprechend der westlichsten Stationierung sowjetischer Truppen über eine Linie von Wismar bis Triest, sondern eben von einem eisernen Vorhang von der neuen polnischen Westgrenze bis Triest sprach. So, wie ich das lese, bedeutet das, dass er der Meinung ist, die Sowjets wollten zwar ihren Einflussbereich bis zur neuen polnischen Westgrenze ausdehnen, Deutschland einschließlich der sowjetischen Zone jedoch nicht teilen. Er sagte doch wörtlich „von Stettin an der Ostsee bis nach Triest".

Wie schon mit der *Operation Unthinkable* zeichnet das im Verhältnis zu den Vereinigten Staaten augenscheinlich kleinere Großbritannien damit den Weg zur Abkühlung der Beziehungen zwischen den westlichen Alliierten und Moskau vor. Reinhard Gehlen merkt mit einiger Genugtuung an, dass die Engländer im Unterschied zu den Amis Stalins Reich ohnehin in den Boden stampfen wollen. So hat er bei denen ein leichtes Spiel. Winston Churchill sagt in diesen Monaten ja auch, man habe das falsche Schwein geschlachtet. Während andere Autoren schreiben, dass sich der Politiker Churchill mit viel Begeisterung als Feldherr profilierte und sich längst nicht mit demselben Engagement um eine ordentliche juristische Fixierung der Ergebnisse des Krieges in Potsdam bemühte, ergänzt Herr Gehlen, dass sich Churchill schon als Feldherr im Krieg überschätzt hat. Aber warum sollte der Mann mit der Zigarre auch einräumen, dass ihm die Deutschen den schnellen Sieg im Weltkrieg zugeschanzt haben? Wie sollen sie im Westen sonst aus *D-Day* und Invasion ein Heldenepos vom Feinsten basteln, hinter welchem das jahrelange Ringen der Sowjets mit Wehrmacht und Waffen-SS geradezu verblasst? Sie wissen ja, wie es ist, Klappern gehört nun einmal zum Handwerk.

Marschall Georgi Shukow und sein Stellvertreter Wassilij D. Sokolowski beklagen sich im Alliierten Kontrollrat wiederholt über die französische Blockadepolitik und mahnen immer ungehaltener an, die Potsdamer Beschlüsse zur wirtschaftlichen und politischen Einheit in Deutschland zu verwirklichen. Wenn das die Neulinge auf dem Feld der internationalen Diplomatie so verstehen, dass Stalin Deutschland jetzt übernehmen will, stellt sich die Frage, wie sich seine Verhandlungsführer in Berlin äußern sollten, ohne in den Verdacht zu geraten, dass sie Deutschland vielleicht teilen und sich ein Stück des Kuchen unter den Nagel reißen wollen. Am Ende des Monates März, nachdem Frankreichs Vertreter im Kontrollrat auch die Möglichkeit eines Zusammenschlusses von Parteien zu gesamtdeutschen Organisationen abgelehnt hatten, spricht Wassilij Sokolowski im Vieraugengespräch mit seinem britischen Kollegen Brian Robertson von „wachsender Erbitterung der Sowjetunion“ über den französischen Widerstand und deutet „unangenehme Konsequenzen“ für die Zukunft an. Generell bestätigen die Kontrollratsakten den Eindruck, den General Lucius D. Clay, der stellvertretende amerikanische Militärgouverneur in Berlin, dem *State Department* Anfang April schickt: „Den Sowjets kann nicht vorgeworfen werden, die Potsdamer Vereinbarungen zu verletzen.“ Weiter schreibt er da: „In Wirklichkeit waren sie in ihrer Durchführung äußerst genau.“ Sie ließen „den aufrichtigen Wunsch nach Freundschaft mit uns und ebenso einen gewissen Respekt für die USA“ erkennen.[4]

Einen Tag nach Churchills Rede in Fulton legt George Frost Kennan im roten Moskau nach und erneut ist sein Name Frost zugleich Programm. Er bringt ein weiteres Telegramm an den Start, in dem er aus dem Urteil über die sowjetische Deutschlandpolitik seine Schlussfolgerung ableitet, dass nun auch die USA an Zentralverwaltungen in Deutschland gar kein Interesse mehr haben könnten und sich auf eine politische Organisation der Westzonen konzentrieren müssten; wenn Moskau dann eines Tages deutschen Zentralverwaltungen zustimmt, dann nur, um so Einfluss auf den Westen Deutschlands zu gewinnen. Dieser Sicht schließt sich Walter Bedell Smith an, der kürzlich noch Eisenhowers Stabschef war und jetzt als Nachfolger von Botschafter Harriman nach Moskau geht. Er schreibt am 2. April des Jahres 1946, dass er wie Kennan ebenfalls der Meinung sei, dass die Sowjetunion Stalins „in Ostdeutschland eine antifaschistische Republik als Vorstufe eines sowjetisch-sozialistischen Staates oder wenigstens eines direkt Moskau zugeordneten Staates schaffen" werde. Und weiter Smith: „Unerwünscht, wie das von unserem Standpunkt aus ist, werden wir es vielleicht nicht verhindern können und sollten für unser Handeln einen Kurs wählen, der zwar auf unser Ideal einer Zentralregierung zuführt, unterwegs aber ein an der westlichen Demokratie orientiertes Westdeutschland hervorbringt."[5]

Walter B. Smith ist aus der Armee ausgetreten, um am 3. April der neue US-Botschafter in Moskau zu werden. Beim Antrittsbesuch sagt er zum Herrscher im roten Kreml, weder das amerikanische Volk noch die US-Regierung könnten die Möglichkeit eines aggressiven Vorgehens gegen die Sowjetunion durch irgendeine Nation oder Gruppe von Nationen in der heutigen Welt ernst nehmen. Im Laufe des Gesprächs fragt er Stalin direkt, warum der Generalissimo der Meinung sei, dass eine Macht oder Mächte eine Bedrohung für die UdSSR darstellten. Daraufhin antwortet der Genosse Stalin: „Churchill. Er hat versucht, einen Krieg gegen Russland anzuzetteln, und die USA überredet, sich ihm bei der bewaffneten Besetzung eines Teils unseres Territoriums 1919 anzuschließen, und vor kurzem war er wieder drauf und dran." Das weiß er schon seit Mai 1945. Der Chef in Moskau ergänzt, sein Land sei, wie die Ereignisse der letzten Jahre gezeigt hätten, nicht dumm, und man könnte seine Freunde schon noch von seinen vorstellbaren Feinden unterscheiden. Smith versichert ihm hoch und heilig, er sei sich sicher, dass keine mögliche Kombination von Mächten ohne die aktive Unterstützung der USA die Sowjetunion bedrohen könne, und deren ganze Geschichte schließe die Möglichkeit aus, dass sie je eine aggressive Aktion unterstützen würden. Ein weiterer Beweis dafür sei die Geschwindigkeit, mit der die USA die gewaltigen militärischen Kräfte demobilisieren.[6]

In der Rechnung fehlt natürlich die gesamte Geschichte der USA, die ein paar Ländereien an der Ostküste Nordamerikas umfasste und sich dann indianische, französische und spanische Besitzungen einverleibte, bis sie sich quer über den Kontinent bis zum Pazifischen Ozean erstreckte, und um 1900 den Rest des spanischen Weltreiches bis Asien schluckte, bevor man in den Ersten Weltkrieg einstieg, um weitere Reiche von der Karte zu streichen. Es ist geradezu albern, wenn Smith mit diesem Satz Punkte machen will; Imperialismus hat die Geschichte der USA geprägt.

Smith schreibt, er habe erwidert, dass Washington selbst auf Dummheit plädieren müsste, da sie sich die Bedrohung Russlands, insbesondere in Richtung der Ölfelder von Baku, oder einen ernsthaften Aggressionsversuch ohne die Unterstützung der USA nicht vorstellen könnten. Doch sie würden niemals eine Aggression zulassen. Das kann die Bestätigung für die Vermutung sein, dass die britische *Operation Unthinkable* ernstlich durch die Amerikaner verhindert wurde. Smith fragt Stalin anschließend mit Nachdruck, ob er wirklich glaube, dass die Vereinigten Staaten und Großbritannien in einem Bündnis vereint wären, um seine Sowjetunion auszubremsen. Stalin antwortet, dass er es glaube. Smith versichert ihm, dass dies sicher nicht der Fall sei, dass die USA zwar viele Verbindungen zu Großbritannien hätten, einschließlich der gemeinsamen Sprache und vieler gemeinsamer Interessen, dass sie aber doch in erster Linie an der Sicherheit und der Gerechtigkeit in der Welt interessiert seien, dass sich dieses Interesse und diese Verantwortung sowohl auf kleine als auch auf große Nationen erstreckten, auch, dass die jüngsten Ereignisse die US-Delegation dazu veranlasst hätten, mit Großbritannien zu stimmen, aber nur, weil sie der Meinung seien, dass die Gerechtigkeit sie dazu zwinge. Dabei bezieht er sich auf sowjetische Aktivitäten in Bezug auf Asien. Auf der anderen Seite, erklärt Smith, gebe es kein Land in der Welt, mit dem die Amerikaner mehr daran interessiert seien, eine Verständigungsbasis zu schaffen als mit Russland, da man der Meinung sei, dass die Zukunft der Welt für lange Zeit in den Händen ihrer beiden Länder liege.[7]

Tatsache sei, betont der neue Botschafter, dass sie in Amerika genau wie die Sowjetunion vor der Aufgabe stünden, wichtige und langfristige Entscheidungen über die künftige Militärpolitik zu treffen, und solche Entscheidungen würden in hohem Maße davon abhängen, was die Bevölkerung in den USA von der Politik der Sowjetunion hält. Wenn ihre beiden Nationen davon überzeugt seien, dass die jeweils andere die Grundsätze der Charta der Vereinten Nationen unterstütze, dann könnte die Politik beider Länder ohne Schwierigkeiten so geregelt werden, wie man es sich in den USA am meisten wünschte. Blieben allerdings die zwei Nationen ängstlich und misstrauisch gegenüber der jeweils anderen, müssten sich beide auf eine kostspielige Politik der Aufrüstung sowie der Aufrechterhaltung großer Militäreinrichtungen einlassen, was Amerika seinerseits vermeiden wolle. Bezugnehmend auf die Einhaltung der Grundsätze der Charta der Vereinten Nationen durch die Sowjetunion bedauert Genosse Stalin, dass die amerikanische Presse und amerikanische Staatsmänner ein völlig falsches Bild von den Zielen Russlands vermittelt hätten. Jetzt fangen die „Informationen" Gehlens also an, zu wirken. Stalin sagt, sein Land habe weder die Absicht, Krieg zu führen gegen die Türkei oder den Iran, noch die Balkanstaaten zu übernehmen, und dies sei auch nicht so einfach, da die Balkanstaaten entschlossen sind, die nationale Integrität zu bewahren. Er wiederholt hier nicht, dass er selbst die Führungen der kommunistischen Parteien aufgefordert hatte, ihre Pfoten zu lassen von irgendwelchen Experimenten. Er sagt, dass sein Land bestrebt sei, seine militärischen Einrichtungen zu reduzieren, und sagt offenbar unter dem Eindruck, dass Smith beabsichtigt hätte, etwas in dieser Richtung vorzuschlagen, dass die sowjetische Regierung sehr wohl bereit wäre, mit den USA über eine beiderseitige Reduzierung der Rüstung zu sprechen. Den Gedanken, dass Stalin dies angenommen haben muss, formuliert Smith selbst im Schreiben an seinen Außenminister James Byrnes.[8]

Was die Sicherheitsbestrebungen der Sowjetunion anbelangt, sagt Smith erneut, dass sie in den USA die Vorstellung nicht ernst nehmen können, dass irgendeine Kombination von Mächten jetzt eine Bedrohung für die

UdSSR darstelle. Umgekehrt hätten sie das Schicksal der baltischen Republiken und die gegenwärtige Lage in den Balkanstaaten und im Nahen Osten zur Kenntnis genommen und fragten sich, ob dies erst der Anfang sei; sie begännen zu glauben, dass die sowjetische Vorstellung von einer befreundeten Regierung und die US-amerikanische sehr unterschiedlich seien. Sie hätten den Eindruck, dass man in der Sowjetunion unter einer befreundeten Regierung eine Regierung verstehe, die unter der vollständigen Kontrolle Moskaus steht, und nicht eine Regierung, die zur Selbstbestimmung fähig sei. Es ist von außen sicherlich schwer einzuschätzen, ob es Stalin vollkommen ernst meint mit der Begründung, warum er die Einladung von Präsident Truman zu einem Besuch in den USA ablehnt. Auf jeden Fall sagte er, dass er sie sehr gern annehmen würde, schränkt aber ein: „Das Alter hat seinen Tribut gefordert. Meine Ärzte sagen mir, dass ich nicht reisen darf, und ich muss eine strenge Diät einhalten. Ich werde dem Präsidenten schreiben, mich bei ihm bedanken und ihm die Gründe erklären, warum ich die Einladung nicht annehmen kann."[9]

Es war wohl nicht der glücklichste Einstieg ins diplomatische Wirken in Moskau, als Walter Bedell Smith jenes allererste Gespräch mit Stalin eröffnete mit der Frage: „Was wünscht die Sowjetunion, und wie weit gedenkt Russland zu gehen?" In den wiedergegebenen Äußerungen Stalins hat er freilich passende Antworten bekommen. Weiß Walter Smith, dass diese *statements* der amerikanischen Presse und amerikanischer Staatsmänner in den vergangenen Wochen durch die Informationen deutscher Militärs inspiriert worden waren? Stalin hat gleich noch einen Vorwurf. Er äußert sich sehr nachdrücklich über die Rede von Herrn Churchill in Fulton, die er als unfreundlichen Akt und ungerechtfertigten Angriff auf sich selbst und die UdSSR interpretiert, der, wenn er gegen die Vereinigten Staaten gerichtet gewesen wäre, in seinem Land niemals zugelassen worden wäre. Er deutete an, diese Rede und viele andere Vorkommnisse könnten nichts anderes als eine definitive Ausrichtung Großbritanniens und der Vereinigten Staaten gegen die UdSSR anzeigen. Die Gesprächsführung ist bestimmt nicht geeignet, um künftige Spannungen nach dem

Auftritt von Premier Winston Churchill in *America* zu vermeiden. Doch die *Summary* lässt noch alles offen: „Botschafter Smith und Stalin erörtern die Beziehungen zwischen den Vereinigten Staaten und der Sowjetunion, wobei beide ihren Wunsch äußern, eine Verschlechterung der Beziehungen in der Nachkriegszeit zu vermeiden."[10]

Es dürfte der amerikanischen Angst vor dem befürchteten militärischen Engagement der Sowjets in Europa geschuldet sein, dass Dean Acheson, Präsident Harry S. Trumans außenpolitischer Berater, im Jahr 1946 von „mindestens 25" Jahren spricht, die amerikanische Truppen hier bei uns in Europa bleiben müssten. General Eisenhower sagt noch allgemeiner, das sei „lange Zeit" nötig. Stalin muss es bei seinem großen Respekt vor den Westmächten als völlig irreal empfinden, die sowjetischen Truppen länger in Deutschland halten zu können als die amerikanischen. Auf 25 Jahre oder irgendeine andere längere Zeit braucht er mangels adäquater militärischer Möglichkeiten nicht zu hoffen. Im Lauf der Pariser Außenministerkonferenz im Sommer '46 versucht US-Außenminister James F. Byrnes auf eigene Faust (und gegen George Frost Kennan) die Moskauer Bereitschaft für eine gesamtdeutsche Lösung testen. Man erwartet Ende Juli die Eröffnung der Friedenskonferenz für Deutschland in Paris. Aber daraus wird nichts. Der sowjetische Außenminister Molotov besteht auf der sofortigen Entmilitarisierung Deutschlands, einer Bodenreform, wie sie im Juli 1945 in Potsdam beschlossen worden war, und Reparationslieferungen in die Sowjetunion. Außenminister Byrnes steigert übrigens bei einer Rede in Stuttgart die Hoffnung, dass die Ostgebiete den Russen nur „provisorisch" überlassen wurden. In Deutschland tobt unterdessen die Auseinandersetzung darüber, wer nun Nazi war und wer nicht. Den entsprechenden Leuten gelten die Maßnahmen der *Entnazisierung*, wie man das landläufig nennt. Am einfachsten ist das noch bei Straßen und Plätzen, die man zurückbenennen kann, und bei den in die Steine eingemeißelten Hakenkreuzen, die man abschlagen kann. Schwieriger ist das dann schon bei den Menschen. Über die Versuche der Amerikaner und Engländer, über Fragebögen herauszufinden, wer wohl so oder so in das

Regime Hitlers eingebunden war, lästern die Leute: Das vierte Reich ist das Fragebogenreich. Am häufigsten wird gefragt: „Waren Sie einmal im KZ? Wenn nein, warum nicht?“[11]

Die Vereinigung der Arbeiterparteien zur SED

Kurz vor dem Jahreswechsel 1945/46 kam aus Moskau eine Anweisung, das Tempo der Vereinigungskampagne jetzt zu drosseln. Wilhelm Pieck aus der Führung der KPD notiert sich: „In 4 Mon. zu früh / nicht zu viel Lärm / wegen Alliierten.“ Gleichzeitig wird den KPD-Führern mitgeteilt: „Marschall wünscht Besuch.“ Übersetzt heißt das, die KPD-Köpfe sollen im Kreml antanzen. Offenbar macht sich Stalin nun doch Gedanken, ob der im September eingeschlagene Kurs richtig war. Er hat ihn zweifellos grundsätzlich gebilligt, dann aber möglicherweise während seines dreimonatigen Kuraufenthalts in Sochi am Schwarzen Meer nicht im Detail verfolgt. Ende Januar entschließt er sich dann aber doch ohne vorherige Konsultation der KPD-Führer, die Vereinigung so bald wie möglich zum Abschluss zu bringen. Den deutschen Genossen wird am 23. Januar mitgeteilt, sie sollten sich bei der „Vereinigung der beiden Arbeiterparteien beeilen“; diese sei „zweckmäßig noch vor den Wahlen Ende Mai“ durchzuführen. Den KPD-Führern wird übermittelt, diese Terminierung habe den Vorteil, künftig den 1. Mai als Feiertag der Vereinigung begehen zu können. Witzig, dass es Stalin im fernen Moskauer Kreml scheinbar auf dem Schirm hat, dass Deutschland ohne Gesichtsverlust von Hitlers Tag der nationalen Arbeit wegkommen muss. Das würde ein Dauerbrenner, wenn Hitler den 1. Mai zum Feiertag erhoben hat und die Kommunisten ihn zum Arbeitstag herabstufen würden. Das gefundene Fressen wäre es für die Nazis: Es war nicht alles schlecht. Die sowjetischen Kommandanten werden angewiesen, auf ortsgruppenmäßige Vereinigung der beiden Parteien einzuwirken, was sie dann geradezu generalstabsmäßig durchziehen. Von den Informationsabteilungen der Kommandanturen gehen, wie der Leiter des Parteiaktivs der SMAD Sergej Tulpanow und zugleich

Chef der Verwaltung Information berichtet, allabendlich um 22 Uhr Angaben darüber ein, wie es im Moment wohl um den Vereinigungsprozess stehe, welche Schwierigkeiten die Verfechter der Einheit haben, welcher Widerstand zu verzeichnen ist, welche neuen Argumente die Gegner der schnellen Vereinigung vorgebracht haben, welche aussagekräftigen und bedeutsamen Fakten in die Zeitung zu bringen sind und noch mehr.[12]

Anfang des Jahres 1946 ist bei der Bereitschaft zur Vereinigung der zwei Parteien SPD und KPD alles im Fluss. Die Verantwortlichen der sowjetischen Besatzungsmacht und Kommunisten vor Ort, soweit sie sich dem Willen des Genossen Stalin beugen wollen, streben die Schaffung einer neuen Partei an, deren Aufgabe die „Vollendung der demokratischen Erneuerung Deutschlands" ist. So stand es noch im kommunistischen Resolutionsentwurf für die „Sechziger-Konferenz" im Dezember 1945. Die Verwirklichung des Sozialismus ist für später vorgesehen, der Weg war unbestimmt. Infolgedessen hat Marschall Shukow auch keine Schwierigkeit, dem SPD-Chef (Ost) Otto Grotewohl in einem Gespräch unter vier Augen Ende Januar den Rückzug des übereifrigen Walter Ulbrichts von der Spitze der KPD anzubieten, der sich jetzt seit mehreren Wochen auf einmal als hartnäckiger Verfechter eines kommunistischen Führungsanspruchs profiliert. Grotewohl stellt er damit die eigentliche Führung der Einheitspartei in Aussicht und dann sagt er ihm auch die Unterstützung seiner Kandidatur für das Amt des ersten Reichskanzlers nach Hitler im Namen der sowjetischen Regierung zu. Letztlich verpasst Grotewohl den richtigen Zeitpunkt für einen solchen Moskauer Eingriff. Ihm bricht vorher die eigene Parteibasis weg und auch sonst agiert er nicht besonders geschickt. Deshalb ist später von einem solchen Angebot nicht mehr die Rede. Das belegt aber nicht, dass es nicht ernst gemeint war: Tatsächlich deckt es sich mit der strategischen Zielsetzung der demokratischen Umgestaltung in ganz Deutschland.[13]

Der Elan vieler Sozialdemokraten, die direkt nach dem Ende Hitlers und seines einfarbigen Regimes durchaus die Einheit der Arbeiterklasse herstellen wollten, indem sie sich mit den Kommunisten wieder zu einer gemeinsamen Partei zusammentun wollten, verebbt so Schritt für Schritt. Zu einer verbindlichen Verpflichtung auf den demokratischen Weg, die geeignet wäre, zögernde Sozialdemokraten für das Einigungsprojekt zu gewinnen, sind die kommunistischen Unterhändler gerade nicht bereit. Als einige Kommunisten bei den Sozialdemokraten jetzt auf Widerstand gegen den Vereinigungswunsch nach den eigenen Vorstellungen stoßen, greifen sie freilich gleich wieder auf die Machtmittel zurück, die ihnen in der sowjetischen Zone zur Verfügung stehen. Deutsche Kommunisten – auch sowjetische Kommandanten – versuchen, entsprechend der These vom *Verrat der sozialdemokratischen Führer* untere und mittlere SPD-Gliederungen gegen den Vertagungskurs des SPD-Zentralausschusses zu mobilisieren. Die sozialdemokratische Politik wird mit Eingriffen in das Parteileben, Bestechungen, psychischem oder gar physischem Druck auf Gegner eines schnellen Zusammenschlusses behindert. Dabei entwickelt sich seit Dezember '45 ein Teufelskreis: Je offenkundiger Kommunisten gegen demokratische Prinzipien verstoßen, desto mehr wachsen bei den Sozialdemokraten die Bedenken – und je heftiger der Widerstand gegen die Vereinigung wird, desto stärker wird auch der Druck.[14]

Otto Grotewohl sucht daraufhin sein Heil bei anderen Alliierten. Anfang Februar klagt er dem Chef der politischen Abteilung der britischen Militärregierung Christopher Steel sein Leid. Er sagt, seine Partei werde von russischen Bajonetten gekitzelt, ihre Organisation in den einzelnen Ländern sei vollkommen unterwandert. Männer, die ihm noch vier Tage zuvor versichert hätten, dass sie entschlossen seien, jenem wilden Treiben Widerstand zu leisten, flehten ihn nun an, die Sache rasch hinter sich zu bringen. Als der KPD-Kopf Walter Ulbricht Väterchen Frost endlich am 2. Februar 1946 in Moskau gegenübersitzt, geht es im Wesentlichen nur noch um die Fixierung des Programms der Einheitspartei; bei der Frage der Vereinigung selbst bestätigt Stalin nur noch, was er schon zuvor entschieden hatte: „Vereinigung einverstanden – Linie richtig." Für den 21. und 22. April, also Ostern, werden Zusammenschlüsse auf Länderebene ins Auge gefasst, für das darauf folgende Wochenende dann die weiteren Schritte bis zur „Vereinigung – zum 1. Mai".[15]

Von einer separaten Entwicklung der sowjetischen Zone ist mit keinem Wort die Rede; stattdessen wird festgehalten, dass die KPD auch in den drei Westzonen ihren Namen „in Sozialist. Einh. Partei verwandeln" und die Bodenreform mit „Volksbegehren" vorangebracht werden solle. Die Verantwortlichen beharren zwar auch weiterhin darauf, dass „alle Maßnahmen, die wir gegenwärtig im demokratischen Aufbau und in der Demokratisierung der Wirtschaft durchführen, so erfolgen [müssten], dass sie in allen Teilen Deutschlands verwirklicht werden könnten", wie vom Genossen Ulbricht auch im Juli 1946 wiederholt wird, sie haben freilich den Maßstab für die Wahrung dieses Prinzips verloren. Verstärkt wurde inzwischen die Gleichsetzung von antifaschistisch und antikapitalistisch durch die Aktivierung des Klassenkampfgedankens, die mit der Vereinigungskampagne einherging und zu einer eigentümlichen Verschränkung von nationaler und klassenkämpferischer Aufgabenstellung in der SED-Programmatik führt. Schließlich wirkt auch die Sanktionierung der Enteignungen durch Volksentscheide in diese Richtung: Von Stalin Anfang Februar 1946 angeordnet, um das antifaschistische Bewusstsein der Bevölkerung zu stärken, werden sie wiederum in erster Linie von der SED propagiert und erscheinen damit unter der Hand in erster Linie als eine Angelegenheit der Arbeiterklasse.[16]

In wenigen Monaten ist wohl auch Wolfgang Leube volljährig. Der Vater Max Leube hat die SPD verlassen. Vielleicht erinnern Sie sich an seinen Horror vor dem lokalen Kommunisten*spleen*, wenn sie die Fabrikanten aufhängten, hätten sie den Kommunismus. Aber in einem seiner Anfälle als pubertierender Knabe tritt der Sohnemann prompt in die neue SED ein. Sozialismus hat ja einen guten Klang: „Aber noch gellt den Arbeitslosen, verheißungsvoll und verführerisch zugleich, das bereits von den

Großvätern überkommene Losungswort vom Sozialismus in den Ohren. Da nehmen die jungen unter ihnen einen neuen Anlauf. Noch einmal – ist es das letzte Mal? – bilden sie einen, wie sie meinen, sozialistischen Stoßtrupp, von Leidenschaft, voll von verwegenen Phantasien, voll von Begehrlichkeit, aber doch auch voll von gläubigem Idealismus und hingabebereitem Opfermut." Aus beschaulicher ideologischer Entfernung hat vor etwas mehr als einem Jahrzehnt der etwa dreißigjährige Hans Bernd Gisevius mit diesen Worten erklärt, warum relativ viele Leute ihr Heil in der Mitgliedschaft in der Nationalsozialistischen Arbeiterpartei gesucht haben. Mal sehen, wie lange es diesmal dauert, bis die Partei zum Spielball der Führung wird und die Gesellschaft wieder versteinert. Mehr Bewegung ist nach dem etwas abrupten Ende des Tausendjährigen Reiches auf dem Arbeitsmarkt. In unterschiedlichem Maß werden den Kollegen, die bis vor kurzem beispielsweise noch in der NSDAP waren, ihre Stühle vor die Tür gestellt. In der sowjetischen Zone betrifft jenes Stühlerücken unter anderem die Lehrer – noch mehr aber deren Schüler, denn es wird jeder eingestellt, der sich selbst zutraut, Kindern etwas beizubringen. Da aber nicht jeder, der sich bereiterklärt hat, auch dazu in der Lage ist, hat man rasch diesen Spruch auf den Lippen: Fragebogen für Neulehrer, die im Visier haben, an einer Hochschule zu studieren: „Haben Sie eine abgeschlossene Schulbildung? Wenn nicht: Wo unterrichten Sie jetzt?"[17]

Das tapfere Schneiderlein gegen *Superman*

Der italienische Botschafter in Berlin Bernardo Attolico hatte sich auch schon in den Deutschen getäuscht, als dieser in den 1930er Jahren fand, dass dem deutschen Charakter alle konspirativen Eigenschaften fehlten. Höhnisch sagte er: „Zum Verschwörer gehört alles, was sie nicht haben, Geduld, Menschenkenntnis, Psychologie, Takt, nein, sie werden alle abgeschossen werden, in Lagern verschwinden." Im Detail dozierte er mit Pathos, gegen Gewaltregierungen brauche es „eine Ausdauer, eine Verstellungsgabe, ein Geschick, wie es Talleyrand oder Fouché besaßen. Wo finden Sie zwischen Rosenheim und Eydtkuhnen einen Talleyrand?" Er griff sich als markantes Beispiel den einstigen deutschen Botschafter in Rom Ulrich von Hassell: „Er redet und schimpft drauflos, er will immer alles den Engländern sagen und meint, sie hätten nur ein einziges Interesse: eine starke, konservative, mit Ideen von Tirpitz durchsetzte nationale Regierung in Deutschland, womöglich eine Monarchie." Er geht ja recht in der Annahme, dass es natürlich ein Trugschluss war, zu hoffen, einer solchen Regierung hätte England dann volle Sympathie entgegengebracht auf der Basis eines gemeinsamen *Gentleman*-Begriffs. All das, befand er, sei „dumm wie die Vorstellung von Kadettenschülern".[18] Doch wie sich im Osten ein Walter Ulbricht mit List und Tücke den Weg zum Sozialismus bahnt, so führt Reinhard Gehlen den Westen Deutschlands zurück zum Aufschwung des Kaiserreichs bis 1914.

Während für die Entscheidungsfindung in den hohen Rängen der Politik die Kommunikation zwischen den involvierten Personen wichtig ist, hat die breite Masse der Leute nur die Medien, denen man glaubt oder auch nicht oder irgendetwas dazwischen. Hier spielen naturgemäß Vorurteile eine große Rolle. Wenn im Osten zum Beispiel gemeldet wird, dass man im Westen Hindernisse für die Einheit Deutschlands aufbaut, dann darf man mit Fug und Recht davon ausgehen, dass das von vielen Leuten auf den Straßen nicht geglaubt wird, nach dem Motto: Wenn die Russen erzählen, dass der Pik Lenin, also die Kaufmann-Spitze, angeblich 7134 m hoch sei, dann glaubt man denen erst einmal überhaupt nix. Die Medien spielen logischerweise auch andernorts die entscheidende Rolle bei der Meinungsfindung. Wie könnten Marsmenschen wie zum Beispiel Leute aus *America* ein realistisches Bild von den Deutschen aus einer waschechten Diktatur bekommen, wenn ihnen realistische Informationen vorenthalten werden? Einem amerikanischen Korrespondenten wurde zum Beispiel schon 1945 untersagt, irgend etwas über eine Opposition gegen Hitler zu veröffentlichen, und dieses Verbot kam von höchsten Stellen in Washington. Später erlebte es ein anderer US-Korrespondent, der durch Deutschland reiste, dass ihm Fabian von Schlabrendorffs Buch *Offiziere gegen Hitler*, das fraglos eine wichtige Quelle der Erkenntnis wäre, aus den Patschhändchen genommen wurde. Noch im Sommer '46 schreitet das US-Hauptquartier in Frankfurt am Main mit seinem Verbot ein, als ein höherer Beamter in Darmstadt, der Häftling eines Konzentrationslagers gewesen war, einen Aufsatz über die Beteiligung der arbeitenden Klassen am Staatsstreich vom 20. Juli 1944 veröffentlichen will.[19]

Von daher haben namentlich die Amerikaner kein realistisches Bild von den Deutschen, mit denen sie es jetzt zu tun haben. Es liegt auch daran, dass jemand wie von Stauffenberg schon tot ist und auch Schlabrendorff aus der Gilde der Verschwörer in dem tollen Buch *Offiziere gegen Hitler* den Namen Reinhard Gehlen wohlweislich verschweigt. Liest man dann die Erinnerungen von James Hardesty Critchfield, muss man vermuten, über den Tisch gezogen zu werden sei Aufgabe der Amerikaner gewesen. Als gäbe es beim Militär keine Zuweisung der Kompetenzen für den Umgang mit Spionen, passiert dann das: „Unerklärlicherweise schien Sibert entschlossen, den Kommandeur der 970. Abteilung des Counter Intelligence Corps (CIC) nicht über das Projekt in Kenntnis zu setzen. Selbst als er im Frühjahr 1946 Deanes Operation in der amerikanischen Zone um den zusätzlichen Auftrag zu Spionageabwehr und Innerer Sicherheit erweiterte, überging er das Dezernat für Spionageabwehr seiner eigenen G 2-Abteilung und das der 970. Abteilung. Dies und der zusätzliche Ausschluss des *Office of Strategic Services* von jeglicher Beteiligung erwiesen sich als schwerwiegende Fehler."[20] Mag sein, dass diese Erkenntnis zu spät kommt und dass bis dahin längst die Weichen der Außenpolitik der Vereinigten Staaten in die falsche Richtung gestellt worden sind. Es ist nichtsdestotrotz bemerkenswert, dass er das so nüchtern auswertet.

Im Juli 1946 verlässt Gehlen mit seiner Gruppe das Fort Hunt und kehrt nach Deutschland zurück. Er wird mit seiner lieben Familie in der *gänzlich ungewohnten* Umgebung des „Blue House" und Oberursels untergebracht. Gehlen arbeitet eng mit seinem alten Vertrauten Gerhard Wessel zusammen und übernimmt die Führung der Gruppe. Bevor letztlich die Dienstzeit von Generalmajor Edwin Sibert im August '46 zu Ende geht, will Gehlen ihm noch die Zustimmung zu den eigenen Plänen und somit ein Ja von amerikanischer Seite entlocken, auf das er sich später berufen kann. Sibert ist ernstlich aufgefallen, dass Gehlen „die Überlegungen der Amerikaner für den Aufbau eines neuen deutschen Nachrichtendienstes noch immer nicht ganz verstanden" hat. Edwin der Gute lebt in der sehr lebensfremden „Vorstellung, Gehlens Organisation vollständig in einen neuen amerikanischen Nachrichtendienst zu integrieren, wodurch deren Mitarbeiter mitsamt ihren Familien amerikanische Staatsbürger werden würden". Aber warum soll ein Mensch nicht träumen dürfen? So beruft Edwin Sibert für den 30. August eine gemeinsame Sitzung ein, auf der er seine schönen Träume erläutert. Gehlen fasst diese wie folgt zusammen und lacht: 1. „Die Organisation würde eine rein amerikanische werden." 2. „Die Amerikaner wären berechtigt, die Organisation zu inspizieren." Als dritten Punkt merkt sich Gehlen: „Die Organisation würde Teil eines zukünftigen amerikanischen Nachrichtendienstes werden, allerdings als ein freies Wirtschaftsunternehmen, welches anstelle einer mit amerikanischen Beamten und Angestellten besetzten amerikanischen Organisation geheimdienstliche Aufgaben wahrnimmt. – Auf diese Bedingungen, die uns angeboten worden sind und die ganz eindeutig sind, müssen wir uns einstellen. Wir haben sie zu akzeptieren." So schön können Träume sein. Gehlen hat auch einen Plan, der Siberts Plan widerspricht; Gehlen verfährt nach der Abreise Siberts nach seinem eigenen Plan.[21] Mehr wird man vielleicht überhaupt nicht sagen müssen, wenn es darum geht, dass das Deutsche Reich im Mai 1945 bedingungslos kapituliert hat. Man hat sich in *America* zu früh darüber gefreut, dass man den Sieg im Weltkrieg schon wieder errungen hat. Jetzt bedarf es eindeutig feinerer Methoden, um auch den friedlichen Wettstreit mit Deutschland zu gewinnen.

James Critchfield, der eine zu demokratische Vorstellung davon hat, was es bedeutet, die Aufsicht über eine Gruppe hochrangiger und erfahrener Militärs zu haben, ist der Meinung, dass Gehlen wie auch Sibert von der Vermutung ausgehen, jeder habe dem anderen seine Vorstellungen dargelegt, und der andere habe diesen zugestimmt. Wenn es die Umstände daheim in den Vereinigten Staaten erfordern, kann Sibert sagen, dass er diese Idee, die deutsche Operation in den amerikanischen Geheimdienst zu integrieren, erörtert habe und die Deutschen die Vorbereitungen einleiten. Andererseits kann Herr Gehlen sagen, dass sich die Beziehungen zu General Edwin Sibert wirklich über einen langen Zeitraum entwickelt haben, dass Sibert die von ihm vorgelegten nachrichtendienstlichen Ergebnisse sehr schätzte und dass er Siberts stillschweigende Billigung für seine langfristigen Vorstellungen und Pläne besitze. Es sieht nämlich so aus: Für Amerikaner ist *beinahe ein Jahr* sehr lange. Das an diesem Tag abgeschlossene *Gentlemen's Agreement*, wie Gehlen es oft beschrieben hat, wird Teil der Nachkriegsgeschichte. Sibert und Gehlen gehen demzufolge mit vorgefassten, bloß äußerst unterschiedlichen Vorstellungen über das auseinander, was sich zugetragen hatte. Sie haben aneinander vorbeigeredet, doch nur dem guten Gehlen ist das klar. Natürlich hat der Rest der Amerikaner beim Hauptquartier der 3. Armee im neunzig Kilometer entfernten Heidelberg keine Kenntnis davon, was sich zugetragen hat. Um nicht zu wissen, was in diesem Raum ausgehandelt worden war, hätte es jedoch völlig ausgereicht, nur neunzig Fuß von der Außenwand des Gebäudes entfernt auf ein Fahrzeug gewartet zu haben. Hier wäre es durchaus sinnvoll gewesen, ein gemeinsames Papier auszuarbeiten und von beiden unterschreiben zu lassen, geht es doch kaum um weniger als um die außenpolitische Zukunft der *United States of America*.[22]

Verehrtes Publikum! Sie dürfen jetzt nicht lachen, auf welcher Basis sich die Zusammenarbeit zwischen den Westdeutschen und den Freunden in Amerika letztlich abspielt. Stellen Sie sich vor, Sie schließen mit jemandem einen Vertrag ab. Es geht darum, dass Sie sich gegen einen Dritten verteidigen und dafür die Hilfe des Partners nutzen wollen. Der Partner gedenkt allerdings, nicht unter Ihnen oder auch nur für Sie zu arbeiten, sondern mit Ihnen zusammen. Er arbeitet auch nur unter seiner eigenen Regie. Sobald er souverän ist, dürfen Sie ihm nicht mehr seine Aufgaben stellen. Doch Sie sollen diesen ganzen Spaß finanzieren. Ihr Partner gibt Ihnen dafür die Informationen, die er für richtig hält, die Sie aber in absehbarer Zeit nicht überprüfen können. Ist Ihr Partner einmal souverän, kann er darüber entscheiden, ob diese Arbeit fortgesetzt wird oder nicht. Sie dürfen den Partner aber nur bis zu diesem Zeitpunkt betreuen. Sollte Ihr Partner einmal in einer Lage sein, in der Ihr und sein Interesse voneinander abweichen, so steht es dem Partner frei, der Linie des eigenen Interesses zu folgen. Sie haben sich aber zuvor schon verpflichtet, Ihrem Partner die entstehenden Unkosten zu begleichen. Wenn Sie dabei mitspielen würden, sind Sie so naiv wie ein Amerikaner.

1.) Es wird eine deutsche nachrichtendienstliche Organisation unter Benutzung des vorhandenen Potenzials geschaffen, die nach Osten aufklärt, bzw. die alte Arbeit im gleichen Sinne fortsetzt. Die Grundlage ist das gemeinsame Interesse an der Verteidigung gegen den Kommunismus.
2.) Diese deutsche Organisation arbeitet nicht „für" oder „unter" den Amerikanern, sondern „mit den Amerikanern zusammen".
3.) Die Organisation arbeitet unter ausschließlich deutscher Führung, die ihre Aufgaben von amerikanischer Seite gestellt bekommt, solange in Deutschland noch keine neue deutsche Regierung besteht.
4.) Die Organisation wird von amerikanischer Seite finanziert, wobei vereinbart wird, dass die Mittel dafür nicht aus den Besatzungskosten genommen werden. Dafür liefert die Organisation alle Aufklärungsergebnisse an die Amerikaner.

5.) Sobald wieder eine souveräne deutsche Regierung besteht, obliegt dieser Regierung die Entscheidung darüber, ob die Arbeit fortgesetzt wird oder nicht. Bis dahin liegt die Betreuung dieser Organisation (später „trusteeship" genannt) bei den Amerikanern.
6.) Sollte die Organisation einmal vor einer Lage stehen, in der das amerikanische und das deutsche Interesse voneinander abweichen, so steht es der Organisation frei, der Linie des deutschen Interesses zu folgen.[23] (Ich sage nur: Genau das ist der Fall von Anfang an.)

Soll Gehlen selbst kommentieren: „Besonders der letzte Punkt mag verwundern, da hier doch zur Diskussion stehen könnte, ob der Vertreter der Amerikaner dem Deutschen nicht zu viel zugestanden habe. Gerade dieser Punkt zeugt jedoch von der Weitsichtigkeit des Generals Sibert. Er übersah klar, dass die Interessen zwischen den Vereinigten Staaten und der Bundesrepublik auf lange Zeit identisch sein würden." Ein Arzt wird einem Patienten mit Weitsichtigkeit eine Brille empfehlen. Da wird man ja noch einmal fragen dürfen, ob jemand bei der CIA 1972 die Memoiren Gehlens gelesen hat, und wenn, ob sein Zynismus in der Sprache auffiel. Schon die Stelle *Besonders der letzte Punkt* macht klar, dass er sehr gut weiß, dass er dem Amerikaner '46 ein unverschämtes Stück Papier vorgetragen hat, wobei noch nicht einmal gesagt wird, ob er seinen Vortrag überhaupt zu Ende bringen konnte, weil Sibert sich vorzeitig zurückzog, um seine sieben Sachen für die Heimreise zu packen. Vielleicht hätte er die historisch bedeutsame Sitzung schon für den 29. August einberufen sollen, um genug Zeit zu haben für seinen persönlichen Krimskrams.[24]

Was sagt Critchfield? „Es ist schon bemerkenswert, dass Gehlen dachte, solche Bedingungen würden von den amerikanischen Geheimdienstbehörden hingenommen. Letzten Endes gelang es ihm aber, den größten Teil davon zu verwirklichen." Dieser Umstand geht klar auf das Schuldkonto von Critchfield selbst. Dem Amerikaner ist durchaus aufgefallen, dass „nicht wenige Verantwortliche in der CIA" der Meinung sind, „dass die Entscheidung, die Aufsicht über die Operation zu übernehmen, die

Agentur und die Interessen der Vereinigten Staaten gefährden" könnte. Sie werden es nicht glauben, er sagt zu dem Thema kein weiteres Wort. Nach der Pensionierung freute er sich: „Letztlich aber war dieser Schritt ein absoluter Wendepunkt in meiner Karriere." Das freut einen wirklich sehr, doch dieser fatale Schritt war das Grab für die Verwirklichung des amerikanischen Traumes von demokratischen Staaten vom Atlantik bis zur sowjetischen Grenze oder gleich bis zum Pazifik.[25]

Es ist ja auch nicht so, dass Critchfield vielleicht keine Zweifel hätte. Obwohl er neu bei der CIA und „kein Veteran der OSS", also der Vorläuferorganisation der CIA aus den Jahren des Krieges gegen Deutschland ist, ist er mit der ersten Bewertung der Tätigkeit der deutschen Spezialisten betraut worden, ein Auftrag, den er „ausgesprochen faszinierend" findet. Bei der ersten Begegnung mit Reinhard Gehlen lässt er ihn wissen, dass er „die Identität jedes einzelnen Angehörigen seiner Organisation sowie deren Aufbau kennen lernen und eine umfassende Beschreibung seiner Operationen vorgelegt haben" will. Gehlen sagt ihm, er wolle seinerseits die Integrität und die Selbstständigkeit der deutschen Organisation beibehalten. Critchfield antwortet, dass er gar kein Problem darin sehe, die Organisation eigenständig arbeiten zu lassen, wenn die Amerikaner angemessen unterrichtet werden. Darüber hinaus weist er darauf hin, dass seine Zielvorstellungen, so wie er sie beschrieben hatte, nicht unbedingt im Gegensatz zu denen der CIA stehen müssten. Aber genau das könnte geschehen, wenn die Amerikaner nun nicht auf dem Laufenden gehalten würden. Bei dieser Ansage entdeckt er die erste Anspannung in Gehlens Reaktion. Nach einer auffälligen Unterbrechung, in der er an der Zigarre zieht und die Tasse austrinkt, lehnt er sich zurück und erläutert Critchfield seine Überlegungen, warum er die Selbstständigkeit und deutschen Grundzüge seiner Organisation erhalten will. Doch darum geht es nicht. Er soll die Identität aller Angehörigen seiner Organisation und eine umfassende Beschreibung seiner Operationen vorlegen. Mir will es einfach nicht in den Kopf, wie Critchfield nach Szenen wie dieser auf die Formulierung kommt: „Ich glaube nicht, dass Gehlen die Frage, ob er eine vertrauensvolle und aufrichtige Beziehung zur CIA aufnehmen sollte oder nicht, jemals richtig zu Ende gedacht hatte."[26] Hauptsache, der Ami wird das irgendwann einmal richtig zu Ende denken.

Vielleicht noch ein Wort zum Ergebnis von James Critchfields Analyse, die völlig wirklichkeitsfremd in bloß vier Wochen darüber befinden soll, ob man Gehlens Truppe machen lassen soll oder nicht. J. Critchfield ist überzeugt, dass den langfristigen Interessen der Vereinigten Staaten am besten damit gedient ist, wenn man auf die Vorstellung Gehlens eingeht, seiner Organisation die deutsche Prägung und Struktur zu lassen. In Anbetracht des Wandels in Europa sei das sinnvoll. Allerdings gelangt der Amerikaner ebenso zur Schlussfolgerung, dass man im Moment Gehlens Plänen, seine Organisation in einen neuen amtlichen Geheimdienst der zukünftigen deutschen Regierung umzuwandeln, noch die Zustimmung verweigern sollte. Das wäre gewiss sinnvoll; der amerikanische Aufseher gibt aber seinen Widerstand gegen die Überführung der Truppe Gehlens in einen amtlichen Geheimdienst (West-)Deutschlands bald auf. Es hat beinahe etwas Urkomisches, mit welcher sagenhaften Naivität man aufseiten der Amerikaner probiert, ausgerechnet von den besiegten Militärs der Wehrmacht Informationen über die bis vor einem Jahr mit Amerika verbündete Rote Armee zu erlangen. Wie gesagt, die Originaldokumente ließ Gehlen vernichten und was den Amerikanern gezeigt wird, sind die gefälschten Unterlagen auf Mikrofilm. Unter denen, die sich nun hervortun und den Amerikanern mit Gewalt die Augen aufreißen, ist beispielsweise auch der altbekannte Friedrich Wilhelm Heinz*. Es kann natürlich sein oder eben auch nicht: Möglicherweise über den altbekannten Hans Bernd Gisevius* kommt '46 der Kontakt zum US-amerikanischen Major Fred Stalder zustande, der während des Kriegs ein Mitarbeiter des oberschlauen Allen Dulles in der Schweiz war und der nun in Berlin tätig ist. Heinz, Heinz, Friedrich Wilhelm Heinz, woher kenne ich denn bloß den Namen? Ja, klar! Der war seit 1938 im Kampf gegen Hitler immer vorn an der Front.[27]

Weichenstellungen an Rhein und Donau

1946 wird das Ost-Büro der SPD gegründet. Zwei ganz unterschiedliche Gruppen gelangen darin zu Einfluss. Es gibt die Zuarbeiter von Dr. Kurt Schumacher in Bonn, die Informationen aus der sowjetischen Zone und Ost-Europa besorgen und Kontakte dorthin unterhalten, um das Gebiet zwischen Ostsee und Erzgebirge alleine lebensfähig zu machen und den Amis kontinuierlich Horrorberichte aus der sowjetischen Zone zu überbringen, und es gibt am anderen Ende Leute, die versuchen, von diesem Kommandoposten aus etwas gegen die Missstände östlich des Harzes zu unternehmen. Das kann ja ein fröhliches Hauen und Stechen werden.

Im Laufe des Jahres '46 sammelt sich weiter das politische Personal für eine eigene Staatsgründung in West-Deutschland. Viele der denkbaren Persönlichkeiten für hohe öffentliche Positionen haben bereits studiert, und die jungen Leute, derer man für spätere Jahrzehnte bedarf, nutzen die Zeit nach dem Ende des Krieges für geeignete Studiengänge, so zum Beispiel Erich Mende, Rainer Barzel, Ludwig Rehlinger, Conrad Ahlers, Richard von Weizsäcker, Helmut Schmidt und Hans-Jochen Vogel. Dass sich die im Osten aufstrebenden kommunistischen Kader ebenso darauf vorbereiten, einen Staat oder vielleicht gar einen Staat auf wissenschaftlichen Grundlagen aufzubauen, lässt sich zumindest nicht aus ihren Bemühungen um nachgeholte Bildung ableiten. Haben Sie einmal so einen Schachtelsatz von Karl Marx mit fünf fremdsprachlichen ökonomischen Termini gelesen? Und verstanden? Den Dr. Karl Marx. Es ist doch schon recht bedenklich, wie sich zum Beispiel Alexander Schalck-Golodkowski über sein Not-Abi oder seine allgemeine Einstellung zur Bildung äußert. Da fallen dann Sätze wie dieser hier: „Die Praxis war mein Element, die Theorie nicht meine größte Stärke.“ Sozialismus basiert jedoch im Kern auf einer Theorie. Die müsste man dann wenigstens beherrschen.[28]

Helmut Schmidt war seinerseits schon 1945 von den Briten vorzeitig aus der Kriegsgefangenschaft entlassen worden, weil er durch uneinsichtige

Kameraden ob eines Vortrages über seinen Eindruck vom Verfahren gegen zwei der Verschwörer des 20. Juli vor dem Leipziger Volksgerichtshof gemobbt worden war, und beginnt 1946 ein Studium der Volkswirtschaft und der Staatswissenschaft in Hamburg, das er als Diplomvolkswirt mit der Arbeit *Die Währungsreformen in Japan und Deutschland im Vergleich* abschließt. So kann es kaum verwundern, dass er zu einem Brillanten der Ökonomie und Finanzen gedeiht. Schmidt schreibt später über sein Bemühen, die Bildung nachzuholen, die ihm wegen der Jahre des Weltkrieges entgangen waren: „Deswegen stürzte ich mich, wie viele meiner Kommilitonen auch, in alle mir verständlichen Vorlesungen anderer Disziplinen und Fakultäten, um meine Allgemeinbildung nachzuholen, so gut das neben dem eigenen Brotstudium eben ging.“ Wie steht es mit politischer Bildung? „Wir lasen auch alles, was jetzt erstmals für uns greifbar wurde. Für mich wurden die Hamburger Gruppe des 1945 gegründeten Sozialistischen Deutschen Studentenbundes (SDS) und die dort auftretenden deutschen und ausländischen Vortragenden ein wichtiger Ort der politischen Erziehung, und quasi nebenher lernte ich dort auch zu diskutieren.“ Und wie geht es für seine liebe Frau und ihn denn nun politisch weiter? „So war es für Loki und mich praktisch eine Selbstverständlichkeit, noch 1945 in Hamburg-Neugraben, wo wir ein Zimmer gefunden hatten, zur SPD zu gehen und nach kurzer Zeit auch Mitglieder zu werden.“ Auch seine Frau ist keine Bildungsverächterin. Voller Hochachtung berichtet Helmut Schmidt: „Loki war damals bereits wieder als Lehrerin tätig und verdiente den bei Weitem größten Teil des Familieneinkommens.“ Er selbst wird 1947 der Bundesvorsitzende des SDS.[29]

Am 23. September 1946 kommen Herbert Wehner, Charlotte Burmester sowie deren zwei Kinder in Lübeck an und fahren nach Hamburg weiter. Wehner war aus Hitlers Reich 1935 in Richtung Moskau geflüchtet. Im Krieg hatte er von der Moskauer Führung einen Auftrag bekommen, von Schweden aus die Kommunistische Partei im Deutschen Reich zu reaktivieren, wissend, dass die Gestapo die Strukturen zerschlagen hatte, so dass es sich bei dem Auftrag um ein sinnloses Himmelfahrtskommando gehandelt hat. Daraufhin hat er es vorgezogen, wegen „Gefährdung der Neutralität" Schwedens einfach hinter schwedische Gardinen zu gehen, und wurde prompt aus der KPD ausgeschlossen. In den Tagen kurz nach seiner Rückkehr kommt es zu der für Wehners weiteren Lebensweg ausschlaggebenden Begegnung mit dem Vorsitzenden der West-SPD, Herrn Dr. Kurt Schumacher. Auf eine interne Anfrage über die Vertrauenswürdigkeit Herbert Wehners, antwortet Kurt Schumacher 1951, „für Wehner lege er nicht nur seine Hand, sondern seinen Kopf ins Feuer". Mich lässt es aufhorchen, wie dramatisch es in den hohen Rängen der Demokratie in West-Deutschland zugeht. Für einen Mann würde er also seinen Kopf ins Feuer legen. Das sagt viel aus. Bei dieser Gelegenheit sagt Kurt Schumacher auch, er habe „vollstes Vertrauen in seine Vertrauenswürdigkeit und habe es zu keinem Zeitpunkt bereut, ihn – übrigens mit viel Mühe – überredet zu haben, in die SPD einzutreten".[30] Das geschieht dann schon am 8. Oktober 1946. Der Publizist Peter Bender schätzt ein, dass die einschlägigen politischen Handlungen Herbert Wehners ganz gewiss keine spontanen Regungen sind. Sie beruhen nach Benders Meinung nicht auf Eingebungen des Augenblicks. Ihm geht es weniger um Deutschland als um die Deutschen. Denken Sie ruhig über den feinen Unterschied nach. Deutschland im Sinne von Gebiet und Geschichte komme bei ihm kaum vor. Deutschland als Mythos erscheine ihm absurd.[31] Aber er ist doch in die SPD eingetreten und die will doch auf Biegen und Brechen das Reich bis hinüber an die Memel erhalten? Wie passt das denn zusammen?

P.S.: Wehner kommt seine Untergrundarbeit in den Jahren zuvor schon zugute, das kann man nicht bezweifeln. Seine Notizen über alles, was im politischen Geschäft festgehalten werden sollte, fertigt er in seiner konspirativen Geheimschrift an. Es war nicht alles schlecht. Neugierige, die wissen wollen, was der Mann aus dem sächsischen Dresden geschrieben hat, haben hoffentlich Erfolg beim Entziffern, wenn Wehners Papiere im nächsten Jahrtausend vielleicht einmal für eine Auswertung freigegeben werden sollten. Was dieses Gebaren allerdings mit einem transparenten demokratischen Wirken zu tun hat, müsste noch geklärt werden.

Selbst Todesurteile sind noch zu milde

Seit Hitler tot ist, sind nun auch die Engländer bereit, die restliche Nazi-Führung vor ein Gericht zu stellen, wenn sie auch noch nicht ganz sicher sind, ob das eine gute Idee ist. Die Londoner Führung träumte noch im Sommer 1945 von einem Massenselbstmord unter den Angeklagten. So könne man sich „jede Menge Ärger ersparen", erklärte der hochrangige Diplomat Sir Ivone Kirkpatrick. In Moskau ist die Interessenlage jedenfalls ganz anders. Der *Rechtsstaatsexperte* Jossif W. Stalin war zu einem Verfahren schon lange bereit – wenn es ein Tribunal über die Nazis wird und kein Gerichtsprozess, bei dem Vergehen bis hin zu den Verbrechen aller Beteiligten verhandelt werden. In dieser Hinsicht weiß er die Chefetagen in London und Washington auf seiner Seite. Sie haben ebenfalls kein Interesse daran, dass die wirtschaftliche, finanzielle, diplomatische und politische Unterstützung aus *America and England* auf den Tresen gepackt und in ein Verhältnis gesetzt wird zu den Untaten der deutschen Verbrecher. Die Geisterfahrer in Berlin haben ja noch nicht einmal verstanden, dass sie angefangen mit den Autobahnen nichts erreicht hätten einschließlich des Krieges ohne den *support* aus dem Westen.[32]

Es lässt sich schnell erklären, wie man die Einseitigkeit begründen kann. In der angelsächsischen Tradition können Richter das Beweismaterial, das ihnen für einen konkreten Fall als „unerheblich" erscheint, zurückweisen; auf die Übernahme der Regeln habe man sich geeinigt, um eine rasche Abwicklung des Verfahrens zu gewährleisten, kurz und schmerzlos gewissermaßen. Überdies solle den Angeklagten die Möglichkeit genommen werden, den Prozess unabsehbar in die Länge zu ziehen durch den Vorwurf, auch die Alliierten hätten Kriegsverbrechen verübt. Würde es also viel zu lange dauern, einen solchen Vorwurf zu entschärfen? Man muss hierzu wissen, dass die Wehrmachtuntersuchungsstelle neben den Verbrechen, die von fremden Staatsangehörigen verübt wurden, ebenso Verbrechen dokumentierte, die von Deutschen begangen wurden. Über die Letzteren werden wir bestimmt in Zukunft in aller Länge und Breite informiert werden. Hauptsache, die anderen bleiben unerwähnt.[33]

Wo verständigten sie sich denn über die Linie in einem Gerichtsprozess? 1945 hatten vom 26. Juni bis zum 8. August die Rechtsdelegationen der vier alliierten Mächte im Londoner *Church House* gesessen und in insgesamt 15 Sitzungen die Rahmenbedingungen miteinander abgekartet. Ausgerechnet am 6. August 1945, als die japanische Stadt Hiroshima im Blitz des ersten amerikanischen Atombombenabwurfes verglühte, haben die *Menschenrechtsexperten* der Siegermächte die Texte jener Londoner Tagung Korrektur gelesen, und am 8. August wurde unterzeichnet. Bloß einen Tag später ging eine zweite Atombombe über Nagasaki nieder.[34]

Es ist natürlich zweckdienlich, dass ausgerechnet die Engländer, die den Prozess jahrelang durch das Abmetzeln der hohen Chargen des Regimes ersetzen wollten und noch im Juni 1945 bloß bereit waren, Heß, Göring, Ley und von Ribbentrop zur Verhandlung vor einem alliierten Gerichtshof zuzulassen, sich letztlich die Verantwortung für die Verwaltung der deutschen diplomatischen Akten übertragen ließen. So viel Zufall gibt es ja gar nicht. Aber sollen die Russen wissen, wie London 1939 mit Berlin operiert hat? Der vom Londoner Außenministerium gesandte Historiker Robert C. Thomson hätte den Staatsanwälten gern den Zugriff auf dieses Material von Anfang an ganz verwehrt. Erst nach heftigen Auseinandersetzungen gelingt es dem amerikanischen Chefankläger Jackson, an die Papiere heranzukommen. Es ist hochnotpeinlich, mit welchen Sprüchen der Engländer dafür um sich wirft. So erklärt er, dass die Mitarbeiter des Rechercheteams Amerikaner sind und „fast die Hälfte von ihnen Juden“ oder dass die Amis bloß aus „persönlicher journalistischer Neugier“ die originalen Dokumente sehen wollen. Gegen die Juden spricht nur, dass sie als Betroffene nicht unparteiisch sein können. Aber wer könnte denn noch besser die Spreu vom Weizen trennen als der vormalige Beamte im preußischen Innenministerium Robert M. W. Kempner oder andere, die Männer wie Göring zum Beispiel in Amt und Würden erlebt haben? Gut tut es einem rechtsstaatlichen Verfahren auch nicht wirklich, dass man versucht hat, den Kriegsgefangenen diesen Status abzuerkennen und die anwaltliche Vertretung untersagen wollte.[35]

Bleiben wir noch einen Augenblick bei den Voraussetzungen für rechtsstaatliche Verfahren. Immerhin sind nicht nur Männer angeklagt, die es nicht besser verdient haben. Hjalmar Schacht, Konstantin von Neurath oder auch Franz von Papen haben es gewiss verdient, dass man ihr Tun differenzierter betrachtet. Die frisch vereidigten Richter stellen angeblich erst nach dem Beginn des Prozesses mit großem Bedauern fest, dass die Häftlinge vor der Übergabe der Anklageschriften gar keinem Richter oder Anwalt vorgeführt worden waren. Wenn Sie bei den Erstaunten wie auch bei den fehlenden Gesprächspartnern *Richter* gelesen haben, dann haben Sie keinen Knick in der Optik. Die Richter haben also zuvor nicht bemerkt, dass sie mit keinem der Männer gesprochen haben. Wie schön. Die Missachtung der Rechte der Angeklagten ist die Folge des Londoner Strafprozessrechts, das den Zeitabschnitt zwischen dem Beginn des Ermittlungsverfahrens und der Eröffnung der Hauptverhandlung ungeregelt gelassen hatte. So konnte die Staatsanwaltschaft schon mal während der Untersuchungshaft Zeugen befragen und Beweise suchen, ohne dass die Beschuldigten wussten, welche Vorwürfe man gegen sie erhebt. Das Schöne ist, dass dies während des Prozesses mehrfach kritisiert wurde. Das Unschöne ist, dass es auch während der amerikanischen Nachfolgeprozesse zu keiner grundsätzlichen Nachbesserung kommen wird. Darf man das als Hinweis darauf werten, dass es genau so gedacht ist?[36]

Die Bewältigung des wichtigsten Streitpunktes zwischen den Alliierten – der Strafbarkeit von Angriffskriegen – konnte dadurch erreicht werden, dass der US-amerikanische Chefankläger Robert H. Jackson die von den Sowjets geforderte Klausel über die „europäischen Achsenmächte" in die Einleitung des Artikels 6 IMT-Charta gesetzt hat. Das Rückwirkungsverbot, das aus moralischen Gründen durchaus verletzt wurde, gilt plötzlich bei den Verbrechen gegen Deutsche, Juden und Staatenlose, die vor '39, also vor dem Kriegsausbruch begangen worden sind. Wer im Deutschen Reich zwischen 1933 und 1939 Pech hatte, der hat es bei den Gerechtigkeitsexperten 45/46 wieder. Sie spielen weder vor dem Internationalen Militärtribunal noch in den nachfolgenden Verfahren eine große Rolle.[37]

Nun laufen in Nürnberg, nicht nur zufällig in der Stadt der Reichsparteitage, bereits seit dem 14. November 1945 die Prozesse des *International Military Tribunal*, bei dem die Verantwortlichen für den erneuten Weltkrieg und den gleichzeitigen Mord an vielen Juden und vielen weiteren Europäern ihrem gerechten Urteil zugeführt werden sollen. Es geht los. In seiner Eröffnungsrede unterscheidet der US-amerikanische Ankläger Jackson zwischen einer Riege aus „NS-Revolutionären", den „deutschen Reaktionären" und „deutschen Militaristen" auf der einen Seite und der Masse der deutschen Bevölkerung auf der anderen Seite. Er bewertet die Einrichtung von Konzentrationslagern „als Beweis für den ausgeprägten Widerstandswillen des deutschen Volkes". Das sieht aus völlig unerfindlichen Gründen *l'équipe française* absolut anders. Deren Leiter François de Menthon versteigt sich in seiner Eröffnungsrede in Nürnberg zu der undifferenzierten Entgleisung von der Mitschuld des ganzen deutschen Volkes an dem, was passiert ist. Bei den Reichsparteitagen in Nürnberg hat jedoch nicht das ganze deutsche Volk dem Führer seine Aufwartung gemacht und ihn so vor aller Welt aufgewertet, sondern die Diplomaten vom Pariser *Quai d'Orsay*. Wer von den Deutschen nicht seinen großen Rand halten konnte, verbrachte den Reichsparteitag in einem der vielen Lager für Übermütige. Das französische Volk trägt auf der anderen Seite auch weder die Verantwortung noch eine Schuld für die Außenpolitik in Paris. Die Kinder von Propagandaminister Goebbels saßen zum Beispiel seinerzeit in Berlin auf dem Schoß des französischen Botschafters. Nicht ohne Hintersinn hat Konrad Adenauer eines der Fotos dieser Anekdoten der Weltgeschichte aufgehoben. Das kann er bei Gelegenheit zücken und daran erinnern, dass die Franzosen ebenfalls eine Vergangenheit haben. Die Rede ist von André François-Poncet. Er war bis 1938 Botschafter in Berlin und gibt doch wohl nun nicht ernstlich nochmal den Diplomaten?

Sinnfällig fasst ein nach der Rede Robert Houghwout Jacksons befragter Durchschnittsdeutscher die allgemeine Wahrnehmung dieses Prozesses durch viele Leute zusammen: „Wir sind einfach zu hungrig, um uns über irgendwelche Rechtsfragen den Kopf zu zerbrechen. Für diese Schweinehunde ist selbst ein Todesurteil noch zu milde, aber letztlich ist uns das auch egal." Seine Worte stehen am folgenden Tag in Stars and Stripes.[38]

Bleiben wir noch einen Moment bei den Franzosen. Während sie wegen ihrer prozessualen Zuständigkeit für „Verbrechen gegen die Menschlichkeit" eigentlich die Aufgabe haben, die rassistisch motivierte Ermordung der Juden aller Herren Ländern in den Focus der Anklage zu rücken, ist *l'équipe française* im Gegenteil bestrebt, dieses Thema möglichst auszuklammern. Stattdessen legen sie den Schwerpunkt auf Verbrechen gegen nicht-jüdische französische Zivilisten. Das wird pauschal als Vergeltung für den französischen Widerstand gegen die Besatzungsherrschaft interpretiert. Als es um Auschwitz geht, wird die französische Zeugin Marie-Claude Vaillant-Couturier geladen. Sie ist eben gerade keine Jüdin und wurde deportiert, weil sie in der *Résistance* tätig war. Diesen selektiven Ansatz in der Betrachtung wird der Historiker Henry Rousso später als eine Folge des „Vichy-Syndroms" bezeichnen. Angesichts der seinerzeit weitreichenden Kooperationsbereitschaft, die französische Politiker und Verwaltungsbeamte bei der Aussonderung, Verhaftung und der Deportierung eigener Staatsbürger sowie vor allem ausländischer und staatenloser Juden geleistet haben, ist die Nürnberger Anklagevertretung nicht daran interessiert, den Judenmord genauer zu beleuchten. Auch die Verfolgung von Sinti und Roma spielt in der Anklageschrift keine Rolle.[39]

Bei den Sowjets ist es hingegen beinahe verständlich, dass bei insgesamt ungefähr zwanzig Millionen Opfern der Anteil an Juden nicht gesondert betont wird. Auf jeden Fall sind die sowjetischen Vertreter der Anklage die einzigen, die eine Vielzahl von Beweisen vorlegen, die dezidiert und ausschließlich dem Themenkomplex Judenmord zuzuordnen sind. Kein Mensch muss sich wundern, wenn die Rolle Englands in diesem ganzen

Drama angesprochen wird. Während die Sowjets wenigstens drei Juden als Zeugen vorgeladen haben, wollen die Vertreter Englands ebenso wie jene Frankreichs keine Aussagen von Juden hören. Das gilt speziell und zuerst für den Präsidenten der *Jewish Agency* Chaim Weizmann, denn dieser hatte am 7. Juli 1944 den Londoner Außenminister Anthony Eden eindringlich gebeten, den Verbrechen im Lager Auschwitz Einhalt zu gebieten, indem man das Lager oder die Bahngleise dorthin bombardiert. In Nürnberg will man nicht aufs Butterbrot geschmiert bekommen, dass das abgelehnt worden war. In der früheren Stadt der jährlichen Reichsparteitage, die auch immer gerne von Prominenten aus England besucht wurden, ist die Begründung dafür, weshalb Chaim Weizmann nicht auftreten darf, seine Anhörung könne doch negative Rückwirkungen für die (imperialistische) britische Palästina-Politik haben.[40]

Landläufig denkt man ja, bei so einem Prozess wird über die Beweisaufnahme und Zeugenaussagen geklärt, wie sich der jeweilige Vorgang zugetragen hat, und am Ende kommt der Chef des Gerichts zu der *conclusio*, wer sich so oder so verhalten hatte und wer zu verurteilen ist. Am besten sind natürlich Prozesse, bei denen das Gericht vorher schon festlegt, was am Ende herauskommen soll, und sich dann an die Arbeit macht. Beim Prozess gegen diese Hauptkriegsverbrecher in Nürnberg entwickelt zum Beispiel der amerikanische Ankläger Jackson großen Eifer, wenn es um das Suchen und Finden von Material geht, das belegen soll, dass es sich um eine kriminelle Verschwörung zum Führen eines Angriffskrieges gehandelt habe. Die tatsächlichen Vorgänge in diesen zwölf Jahren, die wir bei der Lektüre der vorherigen Bände dieser Serie *live* miterlebt haben, dürfen also keine Rolle spielen. Da muss dann schon mal ein Papier wie das Protokoll von Oberst Friedrich Hoßbach über eine Sitzung mit Adolf Hitler aus dem Jahr 1937 abhanden kommen, wenn es aus dem Original hervorgeht, dass es Widerstand gegen Hitlers Idee vom Überfall auf die mit Frankreich verbündete Tschechoslowakei gab. Im Herbst '46 stellen Archivare der in Berlin befindlichen *Ministerial Document Branch* fest, dass Jacksons *team* bereits tausend Originale „ausgeliehen" hat; davon sind „die meisten jedoch nicht wieder auffindbar". Da wird sich niemand darüber wundern, dass es wie ein Hohn wirkt, wenn Jackson das Credo verkündet, er wünsche keine Pseudoprozesse und man dürfe es nicht als rechtsstaatliches Gerichtsverfahren bezeichnen, sofern man nicht gewillt ist, jemanden freizusprechen, wenn seine Schuld nicht erwiesen ist. Man muss dem Gericht zugute halten, dass es doch drei Freisprüche gibt.[41]

Der Kracher wird der von den Sowjets aufgetischte Wunsch, jetzt einmal das Massaker an „925 polnischen Offizieren" in einem Wald bei Katyn in den Prozess einzubringen. Das wäre schön, wenn dieses Gericht das den Deutschen überhelfen könnte. Die Zahl 925 zeigt, dass man 1943 längst nicht alle Toten gefunden hat. Wissend, dass die sowjetischen *Polizisten* viel mehr Menschen dort vom Leben zum Tode befördert hatten, gelingt es ihnen, die Zahl der beklagenswerten Opfer auf 11.000 hochzutreiben. Obwohl die tatsächliche Anzahl mehr als das Doppelte betrug, bleibt die Zahl bei 11.000. Die Vertreter Englands und Amerikas können die Vertreter der Sowjetunion nicht vom juristischen Schlittschuhlauf in dieser heiklen Angelegenheit abbringen. Sie beratschlagen sodann, ob man zur sicheren Prozessführung Beweismittel unterdrücken soll, die den armen Sowjets am ehesten gefährlich werden könnten. Zuerst kommt man auf die Idee, jenes geheime Zusatzprotokoll zum Molotov-Ribbentrop-Pakt vom August 1939 nicht in die Anklage aufzunehmen. Gesagt, getan. Aber der Münchener Anwalt Alfred Seidl stellt für seinen Mandanten Rudolf Heß den Antrag, das Dokument in die Verhandlung aufzunehmen. Erst dadurch kommt das Ergebnis der üblen englisch-französischen Spiele in den Monaten vor dem Beginn des Krieges gegen Polen im Prozess doch noch auf den Tisch. *Am Ende des Tages* geht der Gerichtshof über jenen Pakt und den Fall Katyn kurzerhand hinweg.[42]

Das Stück müsste „Prozess gegen die *deutschen* Hauptkriegsverbrecher" statt Prozess gegen die Hauptkriegsverbrecher genannt werden, wenn es um eine ehrliche Bezeichnung für diese Veranstaltung ginge. Es ist hier nicht nötig, den gesamten diplomatischen Vorlauf bis zum August 1939 noch einmal herzubeten. Das können Sie gerne in *God Save the Fuehrer* in aller Ruhe nachlesen. Es reicht völlig aus, wenn man an das Gespräch des englischen Außenministers Lord Halifax mit dem Botschafter Polens am 25. August 1939 erinnert, das die weiteren Schritte der Führungen in Berlin und in Warschau vorzeichnete, die Polen ins offene Messer laufen und es dann vertragsbrüchig alleine gegen die Wehrmacht kämpfen ließ. Der Botschafter war ja seinerzeit Edward Bernard Maria Graf Raczyński. Die Hauptverantwortlichen in London wollen nicht, dass die Sabotage in den besetzten Ländern, mit der Churchills *Special Operations Executive* „Europa in Flammen setzen“ sollte, ausgewertet wird. Dies gilt auch für den kriegsrechtswidrigen Bombenterror gegen Zivilisten, der in London *schon 1936* beschlossen und im Krieg auch zuerst eingesetzt wurde. Aus dem Grund wird die Nazi-Führung ja auch nicht für die Bombardierung englischer Städte angeklagt. Sonst würden andere Europäer womöglich ihre Hauptkriegsverbrecher bei den vorgeblich Verbündeten suchen und zuerst den vertragswidrigen Abzug der Briten vom Kontinent auswerten, durch den die größte und stärkste Armee der Welt gegen die schwächere Wehrmacht den Norden von Frankreich an Hitler abtreten musste. Kein Verantwortlicher will, dass in Nürnberg gesagt wird, dass beispielsweise Auschwitz-Monowitz ein unternehmenseigenes Konzentrationslager der IG Farben war, die von US-Konzernen finanziert wurde, und dass Zinsen auf die Investitionen *bis 1945* an die Bank of England gezahlt wurden.[43]

In den nahen und fernen Städten und Dörfern Deutschlands erfährt man von diesem Prozess entweder aus dem Radio oder aus der Zeitung, wenn man nicht rein zufällig einen kennt, der mit im Gerichtssaal sitzt. Sefton Delmer, ein englischer Geheimdienstmann, der während des Krieges für Radiosendungen zur politischen Kriegführung gearbeitet hat, zieht jetzt mit einem Rucksack durch Deutschland und gibt sich als Deutscher aus. So kann er auch die Wirkung der Berichterstattung über den Prozess im frisch entkernten Nürnberg beobachten. Die Leute, die gerade noch den Nachrichten aufmerksam gefolgt waren, reden laut über den alltäglichen Bericht aus Nürnberg hinweg, und er kann sogar verstehen, warum. Auf der einen Seite haben sie „genug mit ihrem eigenen Unglück zu tun, das sie, wie es nun einmal der menschlichen Natur entspricht, lieber der Ungerechtigkeit der Alliierten als Hitler und seinem Krieg zuschrieben." So kann man die Sache allerdings auch drehen. Dass Leute aber das Gefühl haben, dass hier nicht die vollständige Geschichte der letzten zehn Jahre oder sagen wir besser der letzten dreißig *fair* aufgerollt wird, lässt unser Deutschlandkenner nicht an sich heran. An einseitiger Rechthaberei gab es schon bei Dr. Goebbels genug. Sefton Delmer entdeckt jedoch weitere verständliche Gründe für den Widerwillen beim Anhören jener Berichte. So werden sie von einem Mann vorgetragen, dessen *Wiener* Dialekt den Deutschen besonders unsympathisch ist, und dass sie in einer Weise dargeboten werden, die auch er selbst abstoßend findet. Schon weil er einen Deutschen gibt, ist er gezwungen, sich einmal in die Leute hineinzuversetzen, die er *live* und in Farbe erlebt. Obendrein scheint die Dauer der Sendung nie zu variieren. Gleichgültig, ob sie fesselnde Einzelheiten enthält oder nur das übliche Routinematerial, der Sprecher, Herr Ullmann, der sich den chilenischen Namen Gaston Oulmàn zugelegt hat, dehnt sie stets zur gleichen Länge aus. Daneben moniert Delmer auch, dass keiner der Richter ein Deutscher ist. Das könne zum Eindruck führen, dass die Urteile nicht durch das Bemühen um die Gerechtigkeit, sondern Rachegelüste zustande kommen.[44]

Abgesehen davon hat Walter Ullmann ein durchaus interessantes Leben geführt. Er hat zahlreiche Eigentumsdelikte auf dem Kerbholz und neigt zur Hochstapelei. Sein Doktorgrad ist zum Beispiel lediglich angemaßt. In der Weimarer Republik hatte er unter dem Namen Lherman den Ruf eines Theaterbesessenen, der zahlreiche Uraufführungen von lebenden Dramatikern ins Werk setzte, was er jedoch oft mit ungedeckten Schecks finanziert hat und gelegentlich hat er auch Autorenrechte verletzt. Selbst bei seiner Einstellung als offizieller Radioberichterstatter des Prozesses gegen die Hauptkriegsverbrecher in Nürnberg für Radio München hat er nicht nur ein Pseudonym benutzt, sondern sich mit gefälschtem Lebenslauf und missbräuchlich geführtem Doktorgrad beworben.[45]

Der Schlapphut aus England erhält die Möglichkeit zu sehen, warum die Deutschen von der Willkür der Besatzer so wenig zu begeistern sind wie von der Willkür, als Deutschland noch „ein besetztes Gebiet der SA“ war, wie sich Erich Ludendorff einst ausdrückte. Als er in Hamburg nach dem geeigneten Raum für einen Rundfunksender sucht, stößt er auf ein völlig unzerstörtes Gebäude. Der Hamburger Rundfunk und die umliegenden Gebäude sind „eine erquickende Oase in dieser Trümmerwüste“. Aber in dem Gebäude des leitenden britischen Offiziers Keith Thomson soll nach dessen Bekunden gar kein Platz sein. Stattdessen verweist jener auf eine Reihe von Häusern gegenüber an der Rothenbaumchaussee. Man müsse nur zugreifen, sagt er ihm. „Aber die sind doch bewohnt. Ich kann diese Menschen doch nicht einfach auf die Straße setzen“, hält er Thomson vor und schaut hinüber zu den Häusern. Selbst auf diese Entfernung ist es zu sehen, dass sie überbelegt sind mit deutschen Familien. Die Antwort gibt eine Vorstellung davon, was sich bei uns im Lande abspielt: „Oh, so zartfühlend können Sie nicht sein. Ihr Arbeit muss getan werden. Die Leute da drüben werden ausziehen müssen. Mehr ist dazu nicht zu sagen.“ Wie andächtig wird man wohl den Berichten von diesem *Prozess in Franken* lauschen, wenn man das *Rechtsempfinden* der Besatzer einmal hautnah erlebt und an die frische Luft hinausgesetzt wird mit seinen Kindern, ob man nun gegen Hitlers braunes Regime war oder dafür?[46]

Sefton Delmer war zweimal als Zuhörer im Nürnberger Gerichtssaal und er schreibt einen Bericht darüber für die Leute in England, in dem er die „absolute Fairness des Verfahrens“ hervorhebt. Er kann durchaus sagen, warum er es so sieht. Der Prozess sei ein angenehmer Kontrast zu allem, was er bis dahin in einigen der Entnazifizierungsgerichte erlebt habe. Da ist zum Beispiel jenes in Hamburg, bei dem keiner der brutalen SS-Leute in einem der Lager beurteilt werden soll, sondern ein harmloser, eingeschüchterter Ingenieur, der 1932 in die NSDAP eingetreten war. Delmer sieht, dass das noch vor den Nürnberger Gesetzen von 1935 und vor den Pogromen von 1938 war, ganz zu schweigen vom Beginn des Krieges. Es ist die Krönung, dass *er beweisen konnte*, dass er 1935 mit der Partei gebrochen hatte und sich mit anderen zu einer Gruppe zusammenschloss, die Feindsender abhörte und politische Diskussionen durchführte. Dann erinnerte er sich: „Ich hatte die Absicht, nach Südamerika zu emigrieren, aber ich schob es immer wieder auf – bis es zu spät war." Delmer erlebte diese Szene so: „Ein bebrillter Gewerkschaftler führte den Vorsitz. Seine Qualifikation zu diesem Amt war die Tatsache, dass er mehrere Jahre in einem Konzentrationslager verbracht hatte – ich glaube, es handelte sich um eins der Lager in der Lüneburger Heide. Jetzt genoss er die Möglichkeit, sich zu rächen. Offensichtlich kam er sich wie ein Robespierre des 20. Jahrhunderts vor, der die Unterdrücker des Volks auf die Guillotine schickte." Hören wir da kurz zu: „Aha!" schnauzte er ihn an. „Erst haben Sie uns in die Scheiße geritten, und dann wollten Sie uns auch noch drin sitzen lassen und selber ins Ausland verduften. Reizend! Und jetzt bilden Sie sich wohl noch ein, dass wir sie dafür freisprechen sollen. Da sind Sie aber schwer auf dem Holzweg!" Ja, zweifellos ist die Wut, mit der er geladen ist, völlig verständlich. Verstehen Sie auch die Wut des Ingenieurs, der sich 1935 abgewendet hatte? So wird dieses Entnazifizierungsgericht nicht zu einer Wahrheitskommission, in der die draußen erfahren, wie es drinnen war, und die drinnen erfahren, wie es draußen war. Jetzt gibt es zwei Möglichkeiten: Alle Beteiligten kommen mit den Jahren vom Baum herunter und beginnen, die Motive der anderen differenziert anzusehen, oder der Disput wird mit jeder Generation noch holzschnittartiger. Dem Ingenieur wurde jedenfalls „erniedrigende Zwangsarbeit" aufgebrummt und obendrein noch eine Geldstrafe. Da Engländer gute Menschen sind, versuchte Sefton Delmer, bei dem einen Mann helfend einzugreifen, gab ihm und seinem Anwalt seine Karte und versprach ihnen, für den Mann einzutreten, falls er bei den Engländern Berufung einlegen wollte.[47]

Eine ähnliche Szene, die ihn empörte, erlebte Delmer in Wiesbaden mit. Es ging um eine ältere Witwe, der ihre Witwenrente entzogen wurde, da sie für die NSV gearbeitet hat, also für die Nationalsozialistische Volkswohlfahrt. Delmer erinnert sich, dass sein Radiosender von England aus „in unserer »schwarzen« Propaganda während des Krieges die übelsten

Gerüchte über diese Organisation verbreitet“ hatte. Er hat auch eine Erklärung für dieses Unterfangen im Kriege: „Wir hatten damit ihre Wirksamkeit untergraben und verhindern wollen, dass sie nach den Bombenangriffen einen wohltuenden Einfluss auf die Stimmung der deutschen Bevölkerung ausübte. Aber ich hatte ihre Arbeit aufmerksam genug studiert, um zu wissen, dass ihre gewöhnlichen Mitglieder wie diese ältere Frau nur das Gleiche getan hatten wie bei uns die freiwilligen Helferinnen in den Wohlfahrtsorganisationen.“[48]

Kommen wir damit noch einmal zurück zum Nürnberger Prozess, der im Vergleich mit den kleinen Tribunalen wie in Hamburg und in Wiesbaden durch „die absolute Fairness“ gekennzeichnet ist. Delmer ist im Saal, als am letzten Tage die Urteile verkündet werden. Neben Todesurteilen und langjährigen Gefängnisstrafen werden die Angeklagten Franz von Papen, Hjalmar Schacht und Hans Fritzsche freigesprochen. Über zwei Männer aus der Runde der für diesmal mit einem Schrecken Davongekommenen haben wir in unserer Serie schon etwas gehört. Jetzt bleibt also noch der Journalist Hans Fritzsche. Er sollte für Goebbels herhalten, der sich ’45 umgebracht hatte, denn Fritzsche war oben angesiedelt im Propagandaministerium und wurde bekannt mit einer wöchentlichen Radiosendung unter dem Titel: „Hier spricht Hans Fritzsche“. Sefton Delmer hatte auf seine Kommentare über das Radio geantwortet und wer von den Hörern und Hörerinnen hätte nicht gerne einmal die beiden in einem unmittelbaren Zwiegespräch erlebt, um unterschiedliche Standpunkte gegeneinander abwägen zu können. Das ist ja genau das, was in Diktaturen nicht erwünscht ist. Um zu verstehen, wie eine Diktatur funktioniert, darf man sich die nachfolgende Szene auf keinen Fall entgehen lassen. Nach dem Urteilsspruch wollen alle Journalistinnen und Journalisten zugleich mit den Herren von den Anklagebänken sprechen. Dieses Durcheinander ist bloß zu bewältigen, indem eine junge Französin und der gute Delmer zu Sprechern der französisch beziehungsweise englisch sprechenden Journalisten ernannt werden. Fritzsche hört den Namen Delmer, springt auf und kommt mit ausgestreckter Hand auf diesen Engländer zu. „Sind Sie wirklich Sefton Delmer?“ fragt er den guten Mann. „Ich habe mir immer gewünscht, Ihnen einmal die Hand schütteln zu können. Wie oft, wenn ich Ihre Antworten auf meine Kommentare hörte, habe ich gedacht, was für ein Vergnügen es sein müsste, Sie an irgendeinem neutralen Ort zu treffen, ein Glas mit Ihnen zu trinken und mich mit Ihnen zu unterhalten. Dass wir uns auf diese Weise treffen würden, habe ich allerdings nie gedacht!“[49]

Sefton Delmer grinst verlegen und ein amerikanischer Reporter ruft dem Kameramann aus dem *team* zu: „Nimm das auf, Joe! Zwei Stimmen begegnen sich!“ Delmer und Fritzsche schütteln sich die Hände und dann spricht Fritzsche zwei Sätze, die den Engländer treffen: „Sefton Delmer, Sie waren ein fairer Gegner. Ich hoffe, Sie sagen dasselbe von mir!“ Hier schlagen zwei Welten aufeinander. Vor Hitler wurden durchschnittliche Deutsche mit dem Grundsatz erzogen: Üb‘ immer Treu und Redlichkeit! In England wird ein Kind reicher Eltern seit jeher mit dem Spruch großgezogen: *Right or wrong – my country!* Oder in unserer Muttersprache, ob es nun richtig ist oder falsch, was ich ausführen soll, es geht um mein Land, da spielen andere Erwägungen überhaupt keine Rolle. Delmer ist es absolut bewusst, dass er gelogen hat, dass sich die Balken biegen. Der Engländer nickt und grinst nur, denn beim Anhören der Urteile drinnen im Gerichtssaal hatte sich Delmer schon überlegt, was geschehen würde, wenn die Rollen vertauscht wären und man diese Gesetze auf ihn angewendet hätte. Hans Fritzsches Freispruch haben die Richter nämlich damit begründet, dass er tatsächlich jenen Lügen, mit denen man ihn und das deutsche Volk irregeführt hatte, Glauben schenkte. Fritzsche hat das vor Gericht glaubhaft gemacht und wir können ihm das glauben oder es auch lassen. Aber Delmer steht bloß unter dem Druck seines Gewissens, wenn er sich ausmalt: „Welche schreckliche Strafe hätte mich getroffen, den Mann mit dem Wahlspruch: Genauigkeit zuerst, zuletzt und in allen Dingen! Alle unsere Lügen müssen wohlüberlegte Lügen sein!“[50]

Der Handschlag mit dem Mann von der Anklagebank, ob verurteilt oder freigesprochen, fliegt Delmer postwendend um die Ohren. Am nächsten Tage empören sich die Liberalen und Anhänger der Linken auf der Welt über Sefton Delmer, der „dem Mord die Hand gereicht hatte“, als ob der gute Mann Himmler oder gleich Hitler seine Hand überlassen hätte. Die sozialdemokratische Berliner Zeitung Telegraf beglückwünscht ihn zwar in ihrem Leitartikel „zu dem glänzenden Stil“ seiner einstigen Antworten an Fritzsche, fügt jedoch hinzu: „Wenn das alles nur ein Boxkampf war, mit einem Shakehands am Ende, dann tut es uns wirklich leid, dass wir damals beim Anhören der BBC Kopf und Kragen riskiert haben.“ Das ist ebenso verständlich, doch was würde der Kommentator sagen, wenn er wüsste, dass Delmer wohlweislich gelogen hatte? Zum Wohle des Volkes auf der Insel im Atlantik. In der Wahrnehmung Delmers war das auf alle Fälle „Spiel, Satz und Sieg für Fritzsche“.[51]

Delmer weiß, dass die englische Propaganda die Leute im eigenen Lande genau so wie die in der Welt mit den *Informationen* versorgt hat, die für die jeweilige Lage zweckdienlich waren, gehörte er doch zu der *Political Warfare Executive*, dem Ausschuss für Politische Kriegführung. Für den *job* als Radiosprecher gegen Deutschland ist er wie geschaffen. Er ist in Berlin-Charlottenburg geboren und spricht astreines Deutsch. Sein Vater ist ein australischer Professor für Anglistik, der an der sehr angesehenen Friedrich-Wilhelms-Universität zu Berlin gewirkt hatte, bis 1914 Europa im Krieg versank und der Vater als feindlicher Ausländer im Lager Ruhleben interniert wurde. Damals schnappte der kleine Sefton ein Wort auf vom „sich zu Tode erobern“, ein Wort, das deutsche Zweifel an Ziel und Zweck des Krieges auf den Punkt brachte. In Gestalt der Übersetzung zu *conquering himself to death* ist es zu einer festen Redewendung bei der *British Broadcasting Corporation BBC* geworden – umgemünzt in eine englische Weisheit. So wurde die Berliner Schnodderschnauze *gegen die da oben* zum geflügelten deutsch-englischen Wort. Er verstand sich nun im zweiten großen Krieg dieses Jahrhunderts selbst als „psychologischer Krieger“ und als „ein Spezialist für Fälschungen und Lügen“.[52] Da bleibt nur zu hoffen, dass sich spätere Generationen der Mühe unterziehen, die einzelnen Aussagen auf ihren konkreten Wahrheitsgehalt im Einzelfalle zu prüfen, damit die Gnade der späten Geburt für die jungen Leute nicht zum Pech für die Kuh Elsa wird.

Nürnberg wird den Deutschen erhalten bleiben, obgleich die *Freunde* im Westen die Stadt fast komplett demoliert haben. Am 30. September '46 verliest dort der Vorsitzende des Gerichts, was in Zukunft über den Hergang der deutschen Geschichte seit dem 5. Januar 1919 in den Büchern stehen soll. Woher das Geld kam für die Arbeit der NSDAP oder für die Ausrüstung der SA oder das Papier für *Mein Kampf*, das der arbeitslose Meuterer Adolf Hitler während der Festungshaft in Landsberg verfasste, darf nicht in die Geschichtsbücher kommen. Finden können Sie das von Seite 470 bis Seite 520 in Band 22 der Sammlung *Der Prozess gegen die Hauptkriegsverbrecher vor dem Internationalen Militärgerichtshof*. In den Büchern wird aber hoffentlich wenigstens stehen, dass ans Licht gekommen ist, dass es eine nennenswerte Anzahl Deutsche gab, die sich in Briefen an staatliche Stellen zum Beispiel über die „Euthanasie-Morde" beschwert haben, genau wie viele Leute 1933 und '34 noch Eingaben an den Innenminister Hermann Göring geschickt haben, bis auffiel, dass es einen selbst ins Lager delegierte, wenn man sich beschwerte. Das haben Sie ja im ersten und zweiten Band der Serie schon gefunden. Es wird Sie nicht sonderlich überraschen, dass davon niemals ein Sterbenswörtchen im Völkischen Beobachter stand. Fragen müsste man erst dann stellen, wenn davon auch später nichts in der Zeitung steht. Das ist es ja: Was in den Medien nicht erwähnt wird, das hat sozusagen nie stattgefunden.[53]

P.S.: Die Männer und Frauen, die in den Entnazifizierungsgerichten den Nazis den Druck und das Leiden der vergangenen zwölf Jahre einmal so richtig heimzahlen wollen, tun sich langfristig gar keinen Gefallen, denn in ihrem Abscheu gegen die wahnwitzigen Urteile der Entnazifizierungsgerichte übertragen die Alliierten den Deutschen selber die Aufgabe, die Urteile zu revidieren, wie Sefton Delmer anmerkt. Und danach gibt es in

West-Deutschland sozusagen über Nacht *keine Hauptschuldigen* mehr. Nun werden umgekehrt samt und sonders alle unsere braunen Vögel zu einfachen Mitläufern. Die Deutschen machen ihre Witze über die neuen Gerichtshöfe. Man nennt sie Persil-Gerichte, weil sie sich so erfolgreich bemühen, die Braunhemden weiß zu waschen.[54]

Auch hier gilt: Das Gegenteil von gut ist *gut gemeint*. Anschließend wird das in Mittel-Deutschland einmal die Runde machen und die öffentliche Meinung beeinflussen. Noch Jahrzehnte später werden Leute, die Missstände sehr wohl wahrnehmen, dem pseudosozialistischen Regime doch zugute halten, dass bei ihnen immerhin die Nazis einen vor die Badehose bekommen haben, unabhängig davon, dass dort wiederum genug Nazis die Kurve gekriegt haben in die leuchtende Zukunft, was bloß nicht über die Medien hinausposaunt wurde. Über das Grundproblem der Kritiker *jedes* Systems lohnt es sich an dieser Stelle einmal einen Moment länger nachzudenken: Der durchschnittliche Mensch sucht einfach Harmonie, mit seinen Eltern, egal wie sie gestrickt sind, mit einer aktuellen Politik, einer Regierung, einer Religionsgemeinschaft. Man mag nicht glauben, dass er, sie, es kritikwürdig sei, da man dann etwas dagegen tun müsste, und erstens macht das Mühe, zweitens bringt das nur Probleme und an dritter oder erster Stelle steht, dass man den „Glauben an das Gute" verlieren würde. Lachen Sie bitte nicht, denken Sie einmal völlig entspannt darüber nach. Wenn alle rundum sagen, dass diese Erde der Mittelpunkt der Welt ist, kostet es ungeheuer viel Rückgrat zu sagen, dass es angeblich Anhaltspunkte dafür geben soll, dass es nicht so ist, wie es alle oder so ziemlich alle rundum sagen. Im Kern geht es den lieben Mitmenschen normalerweise um Harmonie. So hatte sich der Kaiser gehalten, so hatte sich Hitler gehalten, und so wird sich ein jeder neuer Strickmusterbogen halten, der es schafft, sich die Massenmedien unter den Nagel zu reißen. Zu wenige Leute trauen ihrem eigenen Verstand mehr als den Medien.

Die ersten Landtagswahlen zwischen Oder und Rhein

1990 wird Erich Honecker gefragt, ob die sozialistische Umgestaltung in Ost-Deutschland von den sowjetischen Besatzern initiiert worden sei. Er antwortet darauf: „Sie haben Recht, wenn Sie sagen, dass die westlichen Alliierten ihr System auf ihr Besatzungsgebiet übertragen haben. Man kann aber keinesfalls davon sprechen, dass die Sowjetunion, im Gegensatz zu der Erklärung der KPD, ihr System einschließlich der Wirtschaft auf die sowjetische Besatzungszone übertragen hat. Es wurden bekanntlich Kreisverwaltungen und Länderverwaltungen geschaffen. Es kam ja auch zu den ersten freien Wahlen in der sowjetischen Besatzungszone." Über die Zeit nach dem April '46 sagt Honecker: „Nach der Vereinigung zwischen Kommunisten und Sozialdemokraten stand die neugebildete SED in Konkurrenz zur Liberal-Demokratischen Partei und zur Christlich-Demokratischen Union. Bei diesen ersten freien Wahlen in der sowjetischen Besatzungszone ging die SED mit Erfolg als die stärkste Partei hervor. In den meisten Landtagen besaß sie sogar die Mehrheit."[55]

Interessant ist auf jeden Fall, dass die Sowjets, die vor einem Jahr zuerst politische Parteien zugelassen haben, in ihrer Zone auch bereits am 20. Oktober 1946 wählen lassen. So weit geht der Spaß in den Westzonen ja noch lange nicht. Und auch mit Büchern, Radio und Zeitungen sind die Sowjets nicht so zurückhaltend wie die anderen. Geradezu witzig ist das bei Kabarett-Programmen. In jenen Monaten, die die Sowjets über ganz Berlin bestimmen konnten, wurde eine Redefreiheit ermöglicht, von der die drei Westsektoren der Stadt weiterhin profitieren. So weit dürfen sie in West-Deutschland die Klappe nicht aufreißen. Dass die SED, die von früheren Wählern der SPD und der KPD gewählt wird, bei diesen ersten Wahlen die stärkste Partei wird, kann man nicht einfach bloß auf Druck zurückführen, der auch erst Ende 1947 zu verzeichnen ist. In Rheinland-Pfalz bekommt die SPD 1947 34,3 Prozent und die KPD 8,7 Prozent der Stimmen. Das ergibt zusammen ebenso 43 Prozent. Das schlechteste Ergebnis in den westlichen Besatzungszonen erzielen die SPD und die KPD mit 20,8 und 7,3 Prozent in Württemberg-Hohenzollern. Für Hessen ergeben sich 42,7 und 10,7 Prozent, also zusammen 53,4 Prozent, und für die Stadt Hamburg 43,1 und 10,4 Prozent, also zusammen 53,5 Prozent. In Bremen erhalten die zwei Arbeiterparteien 47,7 und 8,1 Prozent, also zusammen 55,8 Prozent der Stimmen. Die KPD bekommt in Nordrhein-Westfalen und in Baden mit 14 beziehungsweise 14,3 Prozent die besten Wahlergebnisse. Auch gut: Während die SPD in Bremen aus dem Stand auf 43,8 Prozent kommt, erreicht die SED in Brandenburg alles in allem lediglich 43,9 Prozent. Und während die Wählerinnen und die Wähler in Hamburg den Arbeiterparteien SPD und KPD die absolute Mehrheit von 53,5 Prozent bringen, bringen es diese beiden Parteien in Thüringen nur auf 49,3 Prozent der Stimmen. Selbst in Mecklenburg, wo die neue SED auf die meisten Stimmen kommt, bleibt sie bei 49,5 Prozent. Wenn denn politischer Druck in Mitteldeutschland 1946 überhaupt etwas bewirken kann, dann hat er das Wahlergebnis der SED offenbar mehr nach unten gedrückt. Max Leube und Paul Conradi haben diese SED mit Sicherheit nicht gewählt. Das sind zwei antiautoritäre Energiebündel.[56]

Auf die Frage, ob diese östliche Zone nicht doch sowjetisiert worden sei, antwortet der Genosse Erich Honecker, der 1946 erst einmal der Vorsitzende der Freien Deutschen Jugend FDJ geworden ist: „Ich habe Ihnen gegenüber ja bereits betont, dass das Zentralkomitee der KPD bereits im Juni“, er meint ’45, „offen erklärt hat, es habe nicht die Absicht, das Sowjetsystem auf Deutschland zu übertragen. Das war keine, wie man zuweilen hört, taktische Erklärung, sondern die Schlussfolgerung nach den Jahren der Hitlerdiktatur, um durch die Vereinigung aller Kräfte für das deutsche Volk überhaupt wieder eine Lebensgrundlage zu schaffen.“ Das erklärt er mit Stalins Meinung: „Die Hitler kommen und gehen, aber der deutsche Staat bleibt.“[57] Gut, und von Erich Honecker kommt zwei Jahrzehnte später das Wort von einer sozialistischen Nation vom Fichtelberg bis zur Insel Rügen. Moskau kann mit jener Entwicklung in Verbindung gebracht werden, weil es zur eigenen Sicherheit bis zum Abschluss eines Friedensvertrages seine Truppen in Deutschland belassen will.

In Moskau geben sie nicht auf

Im April 1946 war die Sozialistische Einheitspartei Deutschlands bereits gegründet worden, im Westen agitieren Sozialdemokraten aber unbeeindruckt weiter gegen die Kommunisten. Da unternehmen die Sowjets im Oktober 1946 einen neuen Anlauf, um die wirtschaftliche und politische Einheit Deutschlands aktiv zu fördern, ohne auf die Etablierung der SED und somit auch das schnelle Verschwinden der Kommunistischen Partei in den Westzonen zu warten. In bilateralen Verhandlungen am Rand des Kontrollrats, die sie mit der Ankündigung weitgehender Zugeständnisse auf den Weg bringen, gestehen die Sowjets den Amerikanern als Gegenleistung für Reparationslieferungen aus der laufenden Produktion nicht nur eine entsprechende Versorgung der Westzonen mit Rohstoffen und einen ausgeglichenen Export-Import-Plan auf der Basis einer Verdoppelung der Produktionsquoten zu, sondern auch eine sofortige wirtschaftliche Vereinigung aller Zonen und die Errichtung gesamtdeutscher Verwaltungsbehörden. Mit ihrer Hilfe soll eine nach dem Krieg notwendige Währungsreform durchgeführt und die gemeinsame Nutzung vorhandener Rohstoffe und Hilfsquellen in Angriff genommen werden. Nur um es deutlich zu sagen: Wir sind jetzt erst im Jahr '46 und noch nicht im Jahr 1948. Da General Lucius Clay, der Stellvertreter des Militärgouverneurs für Deutschland, inzwischen zu Zugeständnissen bei den eingeforderten Reparationen in Verbindung mit der Erhöhung des Produktionsniveaus bereit ist, lässt sich schnell der Entwurf eines Kompromisses erarbeiten, mit dem die Realisierung der Potsdamer Einheitsbeschlüsse in greifbare Nähe rückt.[58]

Vom 1. November bis zum 12. Dezember findet ein Außenministertreffen in New York statt. James F. Byrnes, der die USA vertritt, schlägt vor, alsbald zu der ausstehenden Sondersitzung des Rates zur Deutschlandfrage zusammenzutreten. Wjatscheslaw M. Molotov als Vertreter der Sowjetunion stimmt ihm sofort zu und akzeptiert jetzt ebenfalls den Vorschlag, Stellvertreter der Außenminister mit der Vorbereitung der Konferenz zu beauftragen. Er ist einverstanden, dass dem Kontrollrat der Auftrag erteilt wird, dem Rat einen Bericht über den Stand der Verwirklichung der Beschlüsse der Potsdamer Konferenz vorzulegen.[59]

Ab Dezember 1946 erwägt die Moskauer Führung, die SPD in ihrem Teil Deutschlands wieder zuzulassen. So soll einerseits der Widerstand Kurt Schumachers, des SPD-Chefs im Westen, unterlaufen werden. Andererseits sollen die westlichen Besatzungsmächte dazu gebracht werden, im Gegenzug die SED als zusätzliche Partei in ihren Zonen zuzulassen. Man wird doch wohl die Kommunisten irgendwie wegzaubern können. Dabei hat man die Rechnung ohne die beiden Wirte gemacht. In Berlin haben die Kommunisten kein Interesse an dem Plan, der am 23. Dezember '46 erstmals bei der Militärverwaltung in Berlin-Karlshorst vorgelegt wird. Wissend um die ablehnenden Stimmen gegen die Vereinigung zur SED fürchten sie eine Schrumpfung ihrer Partei auf die Größe der alten KPD. Im Westen haben die relevanten Chefs der Sozialdemokratie auch keine Ambitionen in diese Richtung. Sie bleiben auf ihrer Linie, den Osten des Reiches als russische Einflusszone abzuschreiben.[60] Die Argumentation kommt bei der Bevölkerung schon deshalb an, weil damit seit Stalingrad 1943 im süd- und westdeutschen Raum gerechnet wurde. Das war schon im siebten Band *Ende und Anfang* unter den Leuten im Gespräch. Eine Stunde null gibt es auch in dieser Hinsicht nur in Sonntagsreden.

1 Delmer (1963), S. 672
Gehlen (1971), S. 145
Felfe (1989), S. 181

2 Sudoplatow (2013), S. 274

3 Graml (1985), S. 130f.

4 Loth (1994), S. 57

5 Graml (1985), S. 130f.

6 UdSSR war die Abkürzung für Union der Sozialistischen Sowjetrepubliken oder kurz und knackig Sowjetunion.
Wilson Center. Digital Archive. International History Declassified (2021), April 05, 1946 Cable from B. Smith to Secretary of State [online]. Verfügbar unter https://digitalarchive.wilsoncenter.org/document/134362.pdf?v=be59b1b381f4a316454babccac27f6f2 [11.10.2021]

7 Ebd.

8 Ebd.

9 Ebd.

10 Ebd.
Weiner (2008), S. 43

11 Loth (1994), S. 25f.
Graml (1985), S. 130 und 168f.
Speidel (1977), S. 238
Hirche (1964), S. 195

12 Loth (1994), S. 52f.

13 Ebd., S. 50f.

14 Ebd.

15 Ebd., S. 51ff.

16 Ebd., S. 53 und 56f.

17 Gisevius (1947), Band 1, S. 157
Hirche (1964), S. 214

18 Fest (1991), S. 768, Joachim Fest zitiert nach Paul Seabury, Die Wilhelmstraße, S. 149. Ausführlich zitiert von Dr. Stefan Scheil, leider ohne Quelle.

19 Rothfels (1960), S. 181

20 Critchfield (2005), S. 44

21 Ebd., S. 48ff.

22 Ebd., S. 52

23 Gehlen (1971), S. 149f.

24 Ebd., S. 150

25 Critchfield (2005), S. 59 und 104

26 Ebd., S. 93 und 98

27 Meinl & Krüger (1994), S. 54f.
Delmer (1963), S. 672

28 Schalck-Golodkowski (2000), S. 94

29 Schmidt (1995), S. 274
SDS war der Sozialistische Deutsche Studentenbund.

30 Seebacher (2004), S. 256
Arndt, Claus (1994), Was Kurt Schumacher von Wehner hielt.
In: Frankfurter Allgemeine Zeitung, 01.02.1994
Artikel: Gefährlich, den Verräter in einer Art zu analysieren, die dazu führen wird, dass man ihn versteht. In: Frankfurter Allgemeine Zeitung, 10.01.1994, S. 3

31 Gefunden bei Baring (1982), S. 611 f.

32 Weinke (2006), S. 17f. und 33f.
Knightley (1990), S. 118
Hughes (1955), S. 189f.

33 Weinke (2006), S. 22f.
Zayas (2001). Die Wehrmacht-Untersuchungsstelle.
Dokumentation alliierter Kriegsverbrechen im Zweiten Weltkrieg.
Der Autor war ein US-amerikanischer Völkerrechtler und UN-Beamter.

34 Weinke (2006), S. 18 und 22

35 Ebd., S. 26f. und 33

36 Ebd., S. 37

37 Ebd., S. 22f., 51 und 54
IMT war das International Military Tribunal.

38 Strauß (1989), S. 259
Weinke (2006), S. 40f.

39 Ebd., S. 49

40 Overy (2013), S. 402f.
Weinke (2006), S. 50

41 Weinke (2006), S. 20 und 26f.

42 Ebd., S. 36, 50 und 54

43 LeBor (2014), 115 und 120

44 Delmer (1963), S. 680f.

45 Wikipedia (2022), Jo Lhermann [online]. Verfügbar unter https://de.wikipedia.org/wiki/Jo_Lherman#Literatur [10.03.2022]
Sicherheitshalber gebe ich Ihnen auch die dort aufgeführten Quellenangaben:
Will Schaber: Der Fall Ullmann – Lherman – Oulmàn. In: Exilforschung. 7 (1989): Publizistik im Exil, S. 107–118.
Karl Corino: Ein Seelenstück als Hackfleisch. Der „Schwärmer"-Skandal. In: ders.: Robert Musil. Reinbek 2003, S. 737–767 und 1683–1700.
Arnolt Bronnen: Ein Dollar kostete eine Million Mark! und Das bessere Wetter auf dem Marsch war Brecht selber. In: ders.: Tage mit Bertolt Brecht. Desch, München 1960, S. 145–158.
Konstantin von Bayern: Dritter Bericht. In: ders.: Nach der Sintflut. Berichte aus einer Zeit des Umbruchs 1945–1948. Süddeutscher Verlag, München 1986
Carl von Ossietzky: Lherman: Ders.: Sämtliche Schriften. Band 2, S. 622ff. Zuerst in: Montag Morgen. 22. Februar 1926.
Gaston in allen Gassen (ohne Verfasserangabe). In: Der Spiegel. 10. April 1948.
Entzückende Begegnung mit Frau Steckel. (Hörstück). Gespräch von David Herzog mit Hermine Steckel, der Sekretärin von Gaston Oulmàn 1945/1946 und späteren Frau von Leonard Steckel, am 10. Januar 2001.

46 Fest (1991), S. 465
Delmer (1963), S. 648f.

47 Ebd., S. 681 und 683f.

48 Ebd., S. 684

49 Ebd., S. 681f.

50 Ebd., S. 682

51 Ebd., S. 682

52 Ebd., S. 688f.
Wikipedia (2022), Sefton Delmer [online]. Verfügbar unter https://de.wikipedia.org/wiki/Sefton_Delmer [04.02.2022]

53 Weinke (2006), S. 69f.

54 Delmer (1963), S. 685

55 Andert & Herzberg (1990) S. 209f.

56 Fischer Chronik (1999), S. 33
Das waren die beiden Großväter des Autoren.

57 Andert & Herzberg (1990), S. 210

58 Loth (1994), S, 79

59 Ebd., S. 79

60 Ebd., S. 80

1947

Todesanzeige

Schmerzerfüllt teilen wir Ihnen mit, dass heute früh
6 Uhr unser letztes Brot im Alter von fast zwei Tagen
verschieden ist. Ihm folgte gleichzeitig das letzte Achtel
Butter in die Ewigkeit. Mit knurrendem Magen werden
wir ihrer stets wehmütig gedenken.

In großer Sorge
Karl Hunger und Frau Lotti geb. Fleischlos
Willi Hunger und Frau Mausi geb. Eiermangel
August Hunger und Frau Rose geb. Magermilch
Emma Kartoffelknapp als Braut

Bad Elend im Kalorienjahr 1947
Steckrübenstraße 13
Etwaige Brotspenden bitte unauffällig
im Trauerhaus abgeben.

Bei der Arbeit und dem Essen
kann man Hitler nicht vergessen.

„Worin besteht der Unterschied zwischen einem Jäger und einem Hamsterer?“ – „Wenn ein Jäger erzählt, was er geschossen hat, glaubt man höchstens die Hälfte. Wenn aber ein Hamsterer berichtet, was er alles heimgebracht hat, glaubt man mindestens das Doppelte.

Diese Texte finden Sie in *Der braune und der rote Witz*
von Kurt Hirche auf der Seite 197. Das ist wirklich lesenswert.

Unter solchen erbarmungswürdigen Rahmenbedingungen entsteht eine überraschend revolutionäre Erklärung: „Das kapitalistische Wirtschaftssystem ist den staatlichen und sozialen Lebensinteressen des deutschen Volkes nicht gerecht geworden. Nach dem furchtbaren politischen, wirtschaftlichen und sozialen Zusammenbruch als Folge einer verbrecherischen Machtpolitik kann nur eine Neuordnung von Grund aus erfolgen. Inhalt und Ziel dieser sozialen und wirtschaftlichen Neuordnung kann nicht mehr das kapitalistische Gewinn- und Machtstreben, sondern nur das Wohlergehen unseres Volkes sein." Sie können ja schon einmal eine Schätzung liefern, wer das bekundet: „Durch eine gemeinwirtschaftliche Ordnung soll das deutsche Volk eine Wirtschafts- und Sozialverfassung erhalten, die dem Recht und der Würde des Menschen entspricht, dem geistigen und materiellen Aufbau unseres Volkes dient und den inneren und äußeren Frieden sichert." Nun weiß ich nicht, wen sie als Urheber in Verdacht haben, aber darauf sind Sie sicher nicht gekommen, dass diese Erklärung vom Zonenausschuss der CDU für die britische Zone stammt, der während seiner Tagung vom 1. bis 3. Februar 1947 in Ahlen die eben angerissene programmatische Erklärung verabschiedet hat.[1]

Als Heißsporne solche tollen Parolen beim Wort nehmen und in der Bi-Zone der Engländer und Amerikaner einen richtigen Bergarbeiterstreik mit der zentralen Forderung nach einer Enteignung der „Kohlebarone" vom Zaun brechen, ist Schluss mit lustig. Dieser demokratische Wunsch wird eiskalt abgewürgt, indem man den Streikenden mitten im Hungerjahr 1947 die Lebensmittelrationen um die Hälfte kürzt. In Hessen führt die Hungerkrise im Frühjahr 1947 zu Streiks und Protesten, die von der amerikanischen Militärregierung unter Androhung der Todesstrafe abgewürgt und verboten werden. Ähnlich undemokratisch wird mit Protest in Niedersachsen verfahren. Dort setzen die britischen Besatzer gnadenlos gepanzerte Fahrzeuge gegen die Protestierenden ein. Jetzt wissen die Menschen im freien Westen schon einmal, wo der Hammer hängt, wenn sie an der althergebrachten Ordnung etwas verändern möchten.[2]

Die Arbeit an den Grundlagen

1947 wird unter anderem das Institut für Demoskopie in Allensbach gegründet. Es ist unerheblich, ob das einfach eine gute Geschäftsidee von Frau Prof. Dr. Dr. h.c. Elisabeth Noelle ist, oder ob es sich dabei um eine gewünschte Institutsgründung handelt. Immerhin müssen die Leute bezahlt werden, die andere befragen. Aber wenn alles gut geht, gibt es bald einen eigenen Staat im Westen und mit den Befragungsergebnissen des Instituts für Demoskopie weiß die Staatsführung auch ohne die nicht erwünschten Volksabstimmungen, wie das Publikum über die essenziellen Fragen denkt. Mit diesem Wissen ausgerüstet kann man auf der demokratischen Bühne rechtzeitig therapeutisch auf kritische Stimmungen in der Bevölkerung Einfluss nehmen. Wenn man es geschickt anstellt, kann man *alles* mit dem Etikett *Nazi* belegen, was nicht gedacht werden darf. Dafür muss man nur das Wort *Nazi* von seinen ursprünglichen Inhalten lösen. So kann man sich Pawlowsche Hunde heranzüchten, die ein gutes Stück Fleisch aus dem Maul fallen lassen, wenn das Wort „Nazi" gerufen wird, und lieber in eine trockene Wurzel beißen. Mal sehen, was herauskommt, wenn eine Suche nach guten Argumenten dem religiösen Reflex von *gut* und *böse* gewichen ist. Wahrscheinlich stirbt dann das Denken, wenn der Betroffene ahnt, dass er *etwas Böses* denkt.

Just in dieser Zeit sammeln sich auch die Netzwerke des Widerstands im Dritten Reich. Greifen wir uns wahllos ein Beispiel heraus. Kann ja sein, dass Sie sich an die Tätigkeit von Kurt Georg Kiesinger in der Rundfunkpolitischen Abteilung vom Auswärtigen Amt erinnern. Es war ein Kampf gegen Windmühlen, ein Einstreuen von Sandkörnern gegen die Hetzerei auf die Juden. Übrig geblieben sind seine persönlichen Bekanntschaften mit wichtig gewordenen Persönlichkeiten Württemberg-Hohenzollerns, die zum Teil schon ein Vierteljahrhundert währen. Der erste Ansprechpartner in politischer Hinsicht ist bei Kiesingers Rückkehr in die Heimat Paul Binder, den er schon seit der Studentenzeit kennt. Sein ehemaliger Lehrer im Rottweiler Seminar Dr. Karl Amann ermöglicht Kiesinger bei seinem Besuch in Tübingen im Februar auch, beim Chef des Direktorialamts der von Carlo Schmid (SPD) geführten provisorischen Regierung, Ministerialrat G. H. Müller, vorzusprechen. Müller, genau wie Kiesinger ein Intellektueller und eine Ausnahme-Erscheinung bei dem politischen Neubeginn, war in der NS-Zeit auf Grund seiner politischen Einstellung schon während seines Rechtsreferendariats auf gewisse Schwierigkeiten gestoßen und hatte die ungesicherte Existenz eines freien Schriftstellers einer Laufbahn im württembergischen Justizdienst, die in seinem Falle mit laufender Beobachtung durch die NSDAP verbunden gewesen wäre, vorgezogen.[3] Apropos NSDAP: Kurt Kiesinger war 1933 in die Partei eingetreten und bekam die Mitgliedsnummer 2.633.930. In meinem Band *Atemberaubend* sowie in *Katz-und-Maus-Spiele* können Sie nachlesen, wie es weiterging, als der Jurist sah, wohin der Zug der Zeit fuhr. Haben Sie eine andere Erklärung als ein Spiel mit doppelten Karten, wenn Herr Kiesingers glorreiche Vergangenheit nicht großartig herausgestellt wird, sondern für den Rest seiner Tage auf Erden verheimlicht?

Im Unterschied zu Kiesinger* kommt Hans-Dietrich Genscher in das erlauchte Netzwerk der Sternchen aus der Zeit der Diktatur wie die sprichwörtliche Jungfrau zum Kinde. Während Kiesinger schon seine 43 Jahre auf dem Buckel hat, ist Genscher gerade mal 19 geworden. Weihnachten '46 war er heftig erkrankt. Auf eine Kiefernhöhlenentzündung folgt eine Stirnhöhlenvereiterung, danach eine Lungenentzündung und schließlich noch eine feuchte Rippenfellentzündung. Durch diese Umstände landete unser kluger Kopf erst einmal im Elisabeth-Krankenhaus in Halle an der Saale. Der Chefarzt der Inneren Abteilung ist Professor Walter Hülse. Er ist, wie es der Zufall so will, einer der Verschwörer des Staatsstreichs im Juli '44. Er selbst will nicht mehr auf Politik umsteigen, sucht aber nach jemandem in seiner Umgebung, der dies sehr wohl zu seiner Lebensaufgabe machen könnte. Bei dem jungen Kerl, der gerade sein Jurastudium begonnen hat, wird er fündig. Hans-Dietrich Genscher staunt Bauklötze, denn Prof. Hülse wird in „den kommenden Jahren zentrale Bedeutung" für seine Entwicklung bekommen. Eines Tages setzt sich der eindrucksvolle Mann an das Bett von Hans-Dietrich. Er duzt ihn, wie er alle anderen Studenten duzt. Was er ihm sagt, das sitzt: „Du stehst jetzt vor einer Grundentscheidung. Entweder du ergibst dich dieser Krankheit oder du gehst gegen sie an! Du hast eine Krankheit, die dich dein ganzes Leben lang begleiten wird. Gibst du auf, wirst du versagen." Er werde weder ein Studium zu Ende führen noch ein Examen ablegen, und das alles mit der Begründung, dass er Lungentuberkulose habe. Mit der Krankheit werde er auch erklären, warum er bei den Mädchen scheitere. Er werde einfach einen Misserfolg nach dem anderen mit seiner Krankheit entschuldigen. Seine Worte sind wie ein Zaubertrank: „Aber es geht auch anders! Wenn du den Willen hast, überall der Erste und Beste zu sein, dann kannst du es packen. Aber du musst den Kampf gegen deine Krankheit aufnehmen, diesen Willen musst du haben! Die Überwindung dieser Krankheit ist zu fünfzig Prozent abhängig von deinem Willen und von der inneren Kraft. Entwickelst du diese innere Stärke, dann kannst du es schaffen!"[4]

Prof. Hülses persönliches wie auch politisches Schicksal beeindruckt den jungen Hans-Dietrich. Immer wieder setzt sich der Professor an das Bett und diskutiert mit ihm über Politik. An dieser Stelle verstummt der alte Mann in seinen Memoiren. Was Prof. Walter Hülse in dieser Hinsicht zu ihm sagt, will er nicht detailliert wiedergeben, wofür bestimmt niemand mehr Verständnis hat als ich. Allerdings erwähnt der alte Genscher noch eine Persönlichkeit, die ihn ebenfalls in die richtige Richtung manövriert hat: Staatsanwalt Dr. Georg Geißler, vor 1933 ein Mitglied der Zentrumspartei und bis dahin Oberbürgermeister von Gleiwitz. Bei ihm wird noch deutlicher, bei welchem Werk Genscher mittun soll: „Adenauer will von uns im Osten nicht viel wissen. Ich kenne ihn aus dem »Kränzchen« der preußischen Oberbürgermeister von der Zentrumspartei." Genscher will an dieser Stelle nur noch so viel sagen: Dr. Geißler habe bei ihm Zweifel geweckt, ob die Wiedervereinigung für Adenauer Herzenssache sei. Aber jetzt muss der junge Genscher natürlich erst einmal sein Jurastudium in der sowjetischen Besatzungszone zum Ersten Staatsexamen bringen.[5]

Die Ausschaltung von Querulanten

So schön es auch wäre, wenn alle an einem Strang zögen, gibt es immer auch Situationen, in denen Eigenbrötler ihre eigenen Vorstellungen von der weiteren Entwicklung haben. In der Diktatur war das viel einfacher. Da war eine Parole ausgegeben worden: Führer befiehl – wir folgen Dir. Die Alliierten bestehen nun aber auf Demokratie im neuen Deutschland, sodass jene, die die Teilung Deutschlands verhindern wollen, aussortiert werden müssen. Dabei darf natürlich nicht auffallen, warum sie von den Schaltstellen der Macht ferngehalten werden. Am schwierigsten ist das bei den Vertretern der drei westlichen Sektoren von Berlin, die nicht den Sowjets in die Hände fallen wollen. Neben solchen Persönlichkeiten wie Ernst Reuter, Klaus Schütz, Willy Brandt und anderen, die verbissen für eine Verbesserung der Lage ihrer Stadt kämpfen, fällt immer wieder der Name Jakob Kaiser. Auch er setzt sich bei Adenauer dafür ein, die Stadt Berlin als Hauptstadt Deutschlands zu belassen. Dummerweise ist er jedoch in Adenauers CDU und gilt als ein Kandidat für höhere Weihen. Er will erreichen, dass es zu ernsthaften Verhandlungen über Deutschland kommt. Briefe und Aktennotizen Adenauers und Jakob Kaisers aus dem Frühjahr 1946 offenbaren den Dissens der beiden Politiker, der auch aus der rigorosen Weigerung Adenauers entstanden war, den Hauptsitz der CDU jemals nach Berlin zu verlegen. Franz Josef Strauß weiß um diesen Konflikt. Nach seiner Beobachtung sieht Konrad Adenauer die deutsche Einheit nicht in „jener fast mythologischen Verklärung" wie eben Jakob Kaiser. Das fällt Letzterem auf die Füße und bedeutet das Aus für dessen politische Konzeption. Wie räumt Konrad Adenauer solche Querdenker aus dem Weg?[6]

Unter der Überschrift „Inwieweit ein Fürst sein Wort halten muss" hatte Niccolò Machiavelli in seinem Buch *Der Fürst* empfohlen: „Jeder weiß, wie lobenswert es ist, wenn ein Fürst sein Wort hält und rechtschaffen, nicht hinterlistig handelt. Dennoch sieht man aus der Erfahrung unsrer Tage, dass diejenigen Fürsten, welche sich aus Treu und Glauben wenig gemacht haben, und mit List die Gemüter der Menschen zu betören verstanden, große Dinge ausgerichtet, und am Ende diejenigen, welche redlich handelten, überwunden haben." Es ist zu bedenken, dass die Worte schon fünfhundert Jahre alt sind. „Man muss also wissen, dass es zwei Wege gibt, zu kämpfen: auf gesetzlichem und gewaltsamem Wege. Das erste ist die Sitte der Menschen, das zweite die Weise der Tiere. Oft aber reicht das Erste nicht zu, und so muss zu der zweiten Manier gegriffen werden." Da hatte der alte Fürstenberater Machiavelli vermutlich recht. „Dem Fürsten ist also nötig, bald den Menschen, bald das reißende Tier spielen zu können. Einen solchen Lehrer haben, halb Mensch, halb Tier, heißt nichts anderes, als dass ein Fürst beide Naturen, die menschliche und die tierische, gut zu gebrauchen wissen soll, weil eine ohne die andre nicht lange besteht. Muss sich darum notwendig der Fürst darauf verstehen, die Bestie zu spielen, so muss er dazu von beiden nehmen, vom Fuchs und vom Löwen; denn der Löwe entgeht den Schlingen nicht, und der Fuchs kann sich gegen den Wolf nicht wehren. Die Fuchsgestalt ist also nötig, um die Schlingen kennenzulernen, und die Löwenmaske, um die Wölfe zu verjagen." Aus alledem schlussfolgert Niccolò Machiavelli treffend: „Wer sich allein darauf verlegt, den Löwen zu spielen, versteht seine Sache nicht. Ein kluger Fürst kann und darf daher sein Wort nicht halten, wenn dessen Erfüllung sich gegen ihn selbst kehren würde, und wenn die Ursachen aufhören, die ihn bewogen haben, es zu geben."[7]

Adenauer versteht es meisterlich, die Lehren Machiavellis praktisch anzuwenden. Franz Josef Strauß aus der bayerischen CSU hat Gelegenheit, bei ihm zu lernen, wie man Personalpolitik betreibt. Den ersten persönlichen Eindruck von Adenauer gewinnt er im Februar 1947 in Königstein bei der Gründung der „Arbeitsgemeinschaft der CDU und CSU Deutschlands". Als es am Ende des zweiten Tages darum geht, den Vorsitzenden dieser Arbeitsgemeinschaft zu wählen, läuft diese Entscheidung wie von selbst auf Konrad Adenauer hinaus. Mit der Wahl Adenauers zum Vorsitzenden ist stillschweigend die Annahme verbunden, dass jetzt Jakob Kaiser zum Vorsitzenden des Ausschusses für zwischenstaatliche Beziehungen gewählt wird. Der Begriff auswärtige Politik darf wegen der Vorgaben der Alliierten noch nicht verwendet werden. Was als Routineangelegenheit gedacht ist, gerät zur großen Überraschung. Adenauer, der fast zwei Tage lang die Verhandlungen kraftvoll geführt hat, wartet auf einmal mit der Erklärung auf, er sei ja schon über 70 und jetzt müde, er wolle im Vorsitz vorübergehend abgelöst werden. Alle sind davon ganz ergriffen, auch dann noch, als Konrad Adenauer – sozusagen mit letzter Kraft – „meinen Freund Jakob Kaiser" für den Vorsitz vorschlägt. Deshalb übernimmt Kaiser die Verhandlungsführung. Der nächste Punkt ist die Besetzung dieses Ausschusses für zwischenstaatliche Beziehungen. Die Bedeutung dieser Personalie wird klar, wenn man bedenkt, dass bei der Veranstaltung in Königstein im Taunus die Landesvorsitzenden aus der sowjetischen Besatzungszone unter den anwesenden Politikern sind. Ernst Lemmer schlägt, wie es vorgesehen ist, Jakob Kaiser vor. An dem Punkte meldet sich Carl Schröter, der CDU-Vorsitzende von Schleswig-Holstein, zu Wort, und erklärt, er müsse gegen die Wahl Jakob Kaisers protestieren. In der allgemeinen Bestürzung ist Franz Josef Strauß noch am wenigsten überrascht, hat er doch vor wenigen Minuten beobachtet, wie sich Adenauer neben Schröter setzte und heftig auf diesen einredete. Der Vorwurf, den Schröter nun vorträgt, lautet, Kaiser habe vor wenigen Wochen in einem Berliner Kellerlokal im Gespräch mit CDU-Politikern in Berlin die Aufstellung einer „schwarzen Reichswehr" erörtert. Das ist natürlich unerhört, denn solche paramilitärischen Einheiten waren aus den 1920er Jahren bekannt. Sie sollten seinerzeit die Einschränkungen des Versailler Vertrages bezüglich der offiziellen Reichswehr umgehen. Wenn die Deutschen erneut solche Sperenzien machen, muss das sofort die Alliierten auf den Plan rufen. Diese Information ist natürlich falsch, aber Adenauer benutzte sie, um Kaiser zu disqualifizieren. Lähmendes Entsetzen in der Runde. Adenauer gibt sich erschüttert – Jakob Kaiser wäre wirklich der einzig Richtige gewesen, aber wenn das so sei, wie es Schröter gesagt hat, erwiesen „wir unserem Freunde Jakob Kaiser" gar keinen Gefallen mit einer Wahl, die sofort zu Maßnahmen der Alliierten führen müsste. Jetzt müsse eine andere Lösung gesucht werden. Es folgt eine erregte, ja hitzige Diskussion. Kaisers Freunde ergreifen empört das Wort, auch Kaiser selbst spricht, weist diese Anschuldigung zurück und erneuert seinen Anspruch auf diese Führungsposition. Adenauer bleibt hart und unnachgiebig. Es gelingt nicht, einen arbeitsfähigen Ausschuss zu bilden. Von bayerischer Seite wird zum Ersatz Friedrich Wilhelm von Prittwitz und Gaffron vorgeschlagen – von 1928 bis 1933 deutscher Botschafter in den USA und nun der stellvertretende Fraktionsvorsitzende der CSU im Bayerischen Landtag. Prittwitz wird mit Vorarbeiten beauftragt, aber zusammengetreten ist der Ausschuss nie. Carl Schröter wird Franz Josef Strauß gegenüber später bestätigen, dass er bis zu dem Tag von den angeblichen Kaiser-Plänen einer „schwarzen Reichswehr" nicht die geringste Ahnung gehabt hatte. Hätte Strauß diesen Vorfall nicht aus dieser Veranstaltung hinausgetragen, wäre sie mir nie an die Ohren gelangt. Bei ihm sollte man allerdings immer vorsichtig sein und die Hälfte dessen, was er erzählt, besser nicht glauben. Ich gebe den Rest trotzdem wieder, weil er ihn nutzt, um die Bestätigung dafür zu liefern, dass es in diesen Kreisen *1947* bekannt ist, dass die ostdeutschen Provinzen hinter der Oder und der Neiße bei Polen verbleiben: „Jakob Kaiser hatte zwar Gespräche über dieses Thema geführt, aber etwa in der Richtung, dass es nach Wiedergründung oder nach Wiedererrichtung eines deutschen Staates auch wieder einmal Streitkräfte geben könnte oder müsste. Dies hat Konrad Adenauer verdreht in Gründung einer »schwarzen Reichswehr« und zu einem Argument gegen Jakob Kaiser verwendet. Immerhin ist die Schlussfolgerung berechtigt, dass Jakob Kaiser damals noch immer die Vorstellung eines einheitlichen deutschen Staates hatte, natürlich ohne die Gebiete östlich von Oder und Neiße, aber doch mit eigenem Militär." Wenn das „natürlich" bekannt ist, dürfen wir gespannt sein, wie lange Politiker gegenüber den Alliierten sowie den Deutschen behaupten, dass über die Oder-Neiße-Grenze zu diskutieren wäre.[8]

Wann geht es denn nun vorwärts?

Vom 10. März bis zum 24. April 1947 tagt in Moskau der Rat der Außenminister der Alliierten. Der sowjetische Außenminister Molotov will nun endlich eine gesamtdeutsche Regierung auf der Grundlage von gesamtdeutschen Wahlen. Das wäre das Gegenteil dessen, was man im Westen wünscht. Mit der gesamtdeutschen Regierung wäre der Friedensvertrag im Bereich des Denkbaren. Er fordert einen Einheitsstaat, Mitkontrolle des Ruhrgebiets, zehn Milliarden Dollar Reparationen, die Anerkennung der Oder-Neiße-Grenze und die Rückgabe des Saargebietes an Deutschland. Mit anderen Worten, er tritt für den *status quo ante* ein, wie er im Jahr 1945 in den Verhandlungen der Alliierten noch ganz unstrittig war. Die Minister George Catlett Marshall, jr. für die USA sowie Ernest Bevin für Großbritannien treten für eine wirtschaftliche Einheit Deutschlands, den föderativen Aufbau und die Einsetzung einer Grenzkommission zur Festlegung der deutschen Ostgrenze ein. Trotz aller rhetorischen Tänze der vergangenen beiden Jahre halten sie weiter an der Einheit Deutschlands fest, bloß um das hier festzuhalten. Minister Georges Bidault setzt sich vonseiten Frankreichs für die Abtrennung des Saar- und des Rhein-Ruhr-Gebiets ein und legt sich ansonsten nicht fest. Auch jene Wünsche der drei Westalliierten entsprechen hiesigen nicht. Die Konferenz steht unterm Schatten der Ausrufung der Truman-Doktrin, die der Präsident am 12. März 1947 verkündet: Sie verbindet die Zusicherung finanzieller Hilfe für das im Bürgerkrieg zerrissene Griechenland und für die Türkei mit einer Erklärung zur Unverletzlichkeit aller Staaten im Nahen Osten und sagt die Unterstützung der USA für die in ihrer Freiheit bedrohten freien Völker zu. Amerika geht damit zu einer Eindämmungspolitik des neuen US-Außenministers Marshall und seines Beraters George Kennan über, die als *Containment* die künftige Außenpolitik bestimmen soll. Sie ist ein weiterer echter Erfolg der Desinformationskampagne der Männer um den Ex-Chef der Abteilung Fremde Heere Ost Reinhard Gehlen. Die Moskauer Konferenz markiert die Wende der amerikanischen Deutschlandpolitik, die der vormalige Außenminister James Byrnes in Stuttgart am 6. September 1946 angedeutet, aber noch nicht vollzogen hatte. Von Paul Sethe kann man erfahren, die Westmächte seien 1947 deshalb nicht für freie Wahlen in ganz Deutschland, weil sie befürchten, eine gesamtdeutsche Regierung werde gegen sie eine feindliche Haltung einnehmen. Gott weiß, woher er jene Weisheit hat. Wenn Paul Sethe nicht gerade an einem Buch schreibt, verfasst er übrigens Artikel für Die Welt, eines der ersten Blätter, das die westlichen Alliierten 1946 zuließen. Ein Wort von Paul Sethe wird bleiben: „Pressefreiheit ist die Freiheit von zweihundert reichen Leuten, ihre Meinung zu verbreiten." Da Journalisten eben nicht reich seien, seien sie auch nicht frei.[9]

Also wenn Sie mich fragen, war es vielleicht kein Ausdruck von riesigem diplomatischem Geschick, die Truman-Doktrin am zweiten Tag des Rats der Außenminister der Alliierten zu verkünden. Damit war diese Tagung doch automatisch zum Rohrkrepierer verdammt worden, wenn es nicht schon durch Churchills Rede vom eisernen Vorhang durch Europa 1946 eine steile Rutsche in einen kalten Krieg gegeben hat. Mit der fixen Idee von zwei Lagern in der Welt verbaut der amerikanische Präsident jedenfalls seiner Politik und den amerikanischen Unternehmen jeden Zugriff auf die Länder Ost-Europas. In Moskau filtern sie als Hauptpunkte des künftigen Kurses die heraus: „1. Schaffung amerikanischer Stützpunkte im Ostteil des Mittelmeerraums mit dem Ziel, die amerikanische Herrschaft in dieser Zone zu errichten. 2. Demonstrative Unterstützung der reaktionären Regimes in Griechenland und in der Türkei als Bastionen des amerikanischen Imperialismus gegen die neue Demokratie auf dem Balkan (Erweisung militärischer und technischer Hilfe an Griechenland und die Türkei, Gewährung von Anleihen)." Schaut man sich beispielsweise die *Wiedereinsetzung von Menschenrechten* in Griechenland nach dem Abzug der deutschen Wehrmacht an oder die Politik der Türkei, so können unvoreingenommene Beobachter nur zu einem Urteil gelangen, das dem in Moskau entspricht. Andererseits muss man umgekehrt einräumen, dass sie in Washington nun nicht auf brutale Militärdiktaturen zur Abwehr des russischen Bären setzen würden, wenn sie wüssten, dass sie da falsch informiert wurden. Als dritten Punkt kritisieren die Sowjets den Druck auf die Staaten der neuen Demokratien, der sich darin zeige, dass man sie fälschlicherweise des Totalitarismus und der Expansionsbestrebungen beschuldigt, Grundlagen der neuen Demokratie attackiert, sich in die inneren Angelegenheiten dieser Staaten einmischt, die staatsfeindlichen und antidemokratischen Elemente in diesen Ländern unterstützt und die Wirtschaftsbeziehungen zu diesen Ländern demonstrativ abbricht, um wirtschaftliche Schwierigkeiten zu schaffen und auf die Art die Wirtschaftsentwicklung dieser Länder zu hemmen. In Moskau wird registriert, dass die neue US-amerikanische Linie sogar „in den Kreisen der an alles gewöhnten amerikanischen Kapitalisten eine gewisse Verwirrung" ausgelöst habe. „Die progressiven Elemente der Öffentlichkeit in den USA und anderen Ländern protestierten entschlossen gegen den herausfordernden, unverhüllt imperialistischen Charakter der Truman-Rede", sagt Andrej Shdanow im September in Polen. Umgekehrt will es nicht einleuchten, warum Stalin auf den technologischen Austausch mit den Weltmarktführern in fast allen Bereichen gegen sein eigenes Lager von Ländern eintauschen sollte, deren Soldaten bis vor Kurzem mit dem Gewehr in der Hand gegen die Rote Armee gekämpft haben. Stalin hatte die Kommunisten im Osten Europas höchstpersönlich ins offene Messer freier Wahlen laufen und so unterliegen lassen. Das war doch eindeutig. In den ersten Monaten des Jahres 1947 setzt Moskau seinen zweiten Anlauf für die Vereinigung der Zonen in Deutschland fort. Molotov drängt auf ein Parteiengesetz, das es allen Parteien gestattet, „sich im gesamtdeutschen Rahmen zu vereinigen". Der Chef des Parteiaktivs der SMAD Sergej Tulpanow sagt Erich Gniffke gegenüber: „Vielleicht war die Vereinigung von KPD und SPD verfrüht, vielleicht war sie in ihrer Totalität in der sowjetisch besetzten Zone ein Fehler. Gemachte Fehler sollte man korrigieren." Wenn die Vereinigung von SPD und KPD nicht den Erfolg brachte, den man sich davon erhofft hat, muss die SPD wieder her.[10]

Das Blatt beginnt sich zu wenden

Ein finanzielles Aufbauprogramm für das zerstörte Europa liegt von der Sache her bereits länger in der Luft und in Moskau beabsichtigen sie, in die Planungen des amerikanischen Außenministers Marshall einbezogen zu werden. Die Politik der verbrannten Erde hat das Land ja hinreichend qualifiziert... Pawel Anatoljewitsch Sudoplatow vom Moskauer Geheimdienst führt dazu im Juni 1947 ein Gespräch mit Michail Wetrow, einem Berater des Außenministers Molotov, kurz vor der Abreise der zwei nach Paris, wo sie an *talks* über den Wiederaufbau Europas nach dem letzten Krieg teilnehmen sollen. Wetrow sagt Sudoplatow, dass ihre Delegation die Direktive bekommen habe, mit den drei westlichen Alliierten bei der Durchführung des Marshallplans zusammenzuarbeiten. Dabei solle dem Wiederaufbau der zerstörten Industrieanlagen in der Ukraine, in Weißrussland und Leningrad besondere Aufmerksamkeit gelten. Sudoplatow wird in die Planung für die Konferenz in Paris bloß aus dem Grund einbezogen, weil der stellvertretende Außenminister Andrej J. Wyschinskij ein Telegramm vom Ersten Sekretär der britischen Botschaft in *America* Donald Maclean erhalten hat, der als Agent mit dem Decknamen *Waise* für die Sowjets arbeitet. Als Kanzleichef hat Maclean Zugang zu den Verschlusssachen der Botschaft. Wenn sich die Quelle als vertrauenswürdig erweisen sollte, würde das zu einem Umschwung in der gesamten Politik in Moskau führen. In dem Telegramm steht, dass der Marshall-Plan das Ziel verfolge, die wirtschaftliche Vormachtstellung der USA in Europa zu sichern. Die neue internationale Wirtschaftsorganisation zur Wiederherstellung der Produktivität in Europa solle durch amerikanisches Finanzkapital kontrolliert wenden. Macleans Bericht, der auf Äußerungen vom englischen Außenminister Ernest Bevin fußen soll, lässt eine zukünftige Ungleichkeit in der ökonomischen Entwicklung in Ost- und Westeuropa erwarten.[11]

Wyschinskij weiß, dass er diese Nachrichten sofort an Stalin weiterleiten muss. Doch um hier keinen Fehler zu begehen, will er die Glaubwürdigkeit von Maclean und den Agenten der Gruppe, Philby, Burgess, Cairncross und Blunt überprüfen. Wyschinskij fürchtet, das Alexander Orlow, der zum Westen übergelaufen ist, eventuell Kontakt mit diesen Agenten gehabt und sie beeinflusst haben könnte. Zu der Beratung zieht er neben Pawel Sudoplatow seinen Stellvertreter in den Büros des Informationskomitees Pjotr Fedotow zurate und fragt, ob sie sich vorstellen könnten, dass Philby, Maclean und Burgess ein doppeltes Spiel spielen. Man wird sich einig, dass bislang keine Hinweise für so einen Verdacht vorliegen, sodass diese Informationen ernst genommen werden. Die Infos machen einen entscheidenden Punkt deutlich: Der Marshall-Plan soll den Ersatz für die bisherigen Reparationszahlungen Deutschlands an die kaputt geschossene Sowjetunion darstellen. Das bereitet zweifellos der Moskauer Führung Sorge, weil sie lediglich durch diese Kriegsreparationen Zugang zu Auslandskapital für den Wiederaufbau hat.[12]

In Jalta sowie in Potsdam war vereinbart worden, dass Deutschland fünf Jahre lang regelmäßig Ausrüstungsgüter, Produktionsmaschinen, Autos, Lastwagen und Baubedarf aller Art als Reparationen an die Sowjetunion liefern soll. Das ist ein durchaus entscheidender Beitrag für die Modernisierung der sowjetischen Chemie- und Werkzeugmaschinenindustrie. Die Lieferungen sollten ja auch nicht durch internationale Kontrollen reguliert werden. Das heißt, dass man die Güter für die Zwecke verwenden kann, die für Moskau Vorrang haben. Der Marschall-Plan ist aber völlig anders konzipiert, da sämtliche Wirtschaftsprojekte internationaler oder gleich amerikanischer Kontrolle unterstehen sollen. Der Plan wäre lediglich unter der Bedingung attraktiv, wenn er als zusätzliches Element die regelmäßigen Reparationszahlungen aus Deutschland und Finnland ergänzen würde. Der neue Plan ist aus Moskauer Sicht ebenso unannehmbar, weil er der Festigung der sowjetischen Kontrolle über Osteuropa im Wege stehen würde. Das muss man sich auch nicht ausdenken, das sagt der Mann aus der Spitze des sowjetischen Geheimdienstes. Die Realisierung des Plans würde bedeuten, dass die kommunistischen Parteien, die in Rumänien, Bulgarien, Polen, in der Tschechoslowakei und in Ungarn inzwischen etabliert sind, mit der Kontrolle über die Wirtschaft auch die Macht in ihren Ländern einbüßen würden. Das wiederum widerspräche dem Konzept des Sicherheitsvorhofes für die Sowjetunion in Osteuropa. Die Truman-Doktrin war der Tropfen, der das Fass zum Überlaufen gebracht hat. Stalin will seine Pufferzone zwischen sich und dem Einflussbereich der alten Weltmächte und ist jetzt bereit, sich „in den Gebieten, in denen die Rote Armee nach Kriegsende stationiert blieb, harten Konfrontationen zu stellen." Um die neue Linie zu begründen, ändert Stalin radikal den Kurs. So brutal er auch '37 noch gegen Verfechter der Weltrevolution vorging, macht er sich deren These 1947 selbst zu eigen. Von Sudoplatow wird seine neue Argumentation mit einer kommunistischen Weltrevolution als probater „ideologischer Vorwand" charakterisiert. Er sagt, dass der Kreml „die Mission des Weltkommunismus vorrangig als Festigung der Macht des Sowjetstaates" versteht. Die militärische Stärke und die Vorherrschaft über ihre Nachbarländer könne jetzt die Rolle der Sowjetunion als Supermacht garantieren.[13]

Nach der Verhärtung in den Beziehungen zu den Staaten des Westens ist Stalin also umgeschwenkt. In den Ländern zwischen seinem roten Reich und der deutschen Ostgrenze will er jetzt Regierungen haben, die mehr oder minder unter seiner Kontrolle stehen. Pawel A. Sudoplatow aus der Führung des Moskauer Auslandsgeheimdienstes lässt in dieser Hinsicht keine Zweifel aufkommen. In Jalta hatte man sich geeinigt, in den Ländern außerhalb der Sowjetunion Mehrparteiensysteme zuzulassen. Doch das war nach Sudoplatows Erinnerung „nur während der Übergangszeit nach der Niederlage Deutschlands akzeptabel, als das Schicksal Osteuropas noch in der Schwebe war." Dieser Zustand geht zu Ende. In Jalta hat man noch von Regierungen in Ost-Europa gesprochen, die beiden Seiten freundlich gesonnen sind. Rudimentär findet sich das in diesen Worten Henry Kissingers: „Ich möchte sogar bezweifeln, dass Stalin ursprünglich damit gerechnet hat, alle osteuropäischen Länder in den Kreis seiner Satelliten aufnehmen zu können; aus seinen ersten nach dem Kriege unternommenen Schritten – etwa der Zulassung freier Wahlen in Polen, der Tschechoslowakei und in Ungarn, die die Kommunisten überall verloren haben – könnte man schließen, dass er bereit gewesen ist, ihnen einen ähnlichen Status wie Finnland zuzubilligen. Doch unerwartet verschoben wir ernsthafte Verhandlungen auf einen Zeitpunkt, zu dem wir unsere potenzielle Streitkraft stärker mobilisiert hatten."[14] Dies wird der Punkt, an dem sie endgültig von Politik auf Militärpolitik umschalten.

Stalins Freizügigkeit hatte freilich viel damit zu tun, dass diejenigen, die in Osteuropa regierten, seinem Land eben „freundlich gesonnen" waren. Bezüglich der Wahlen meint Sudoplatow: „Da die Exilregierungen unseren Einfluss nicht in Frage stellten, konnten wir uns flexibel zeigen und demokratische Wahlen zulassen." Dieser ganze Zauber lag freilich noch vor Churchills Spruch vom „eisernen Vorhang", vor der Truman-Doktrin und dem Marshall-Plan. Jetzt gibt es eine ganz neue Lage. Wenn infolge der neuen außenpolitischen Linie die osteuropäischen Länder das Bollwerk gegen den Kommunismus verstärken sollen, macht sich in Moskau der Selbsterhaltungstrieb bemerkbar. Seit 1946 tritt bereits das Komitee für Information unter Leitung des Außenministers Molotov zusammen. Es ist seit 1947 auch das zentrale Beschlussorgan, das Auslandsinformationen sammelt und entsprechende Maßnahmen trifft. In Jalta sahen die Sowjets, dass weder die amerikanische noch die britische Delegation ein schlüssiges Programm für die Nachkriegspolitik in den Staaten Osteuropas besaß. Sie verfolgten nur das Ziel, die einstigen Regierungschefs von Polen und der Tschechoslowakei wiedereinzusetzen, welche sich noch in London im Exil befanden. Noch in Vorbereitung der Konferenz von Jalta 1945 deuteten die Berichte des militärischen Nachrichtendienstes darauf hin, dass die Amerikaner damals kompromissbereit waren.[15]

Ohne die für Moskau unverständliche Änderung der US-amerikanischen Außenpolitik, die da als eine Rückkehr zu den antikommunistischen Ansätzen aus den 1920er und dreißiger Jahren interpretiert wird, könnte ja sogar der amerikanische Traum von der gemeinsamen Wirtschaftszone am Pazifik noch realisiert werden. Stalin vollzieht also den Schwenk um

180 Grad und sorgt für die praktische Eliminierung der nichtkommunistischen Parteien in Osteuropa. An dieser Stelle wird der Unterschied im Umgang mit Osteuropa und Stalins Besatzungszone hier in Deutschland deutlich, denn hier gibt es nach wie vor eine LDPD, die CDU, die NDPD und die DBD, die Bauernpartei. Kommen wir an der Stelle jedoch zurück in den Sommer '47. Auf Anweisung Stalins schickt Wyschinskij eine verschlüsselte Mitteilung an Molotov in Paris, die den Maclean-Bericht zusammenfasst. Auf dieser Grundlage wird Molotov instruiert, die Durchführung des Marshallplans in Osteuropa zu blockieren.[16]

Am 5. Juni 1947 verkündet der Außenminister der USA George Marshall das finanzielle Hilfs- und Wiederaufbauprogramm für Europa, welches als Marshall-Plan in die Geschichte eingeht. Es unterfüttert in politisch-ökonomischer Hinsicht die diplomatisch-militärische Truman-Doktrin. Nachdem sie in Moskau im März die Rede Trumans über die Teilung der Welt in zwei Lager zur Kenntnis genommen hatten, wird das folgendermaßen kommentiert: „Die ungünstige Aufnahme der »Truman-Doktrin« machte das Auftauchen des »Marshall-Plans« notwendig – eines besser getarnten Versuches, dieselbe Expansionspolitik durchzuführen." Genau so wird die neue Washingtoner Linie verstanden, als Expansionspolitik, mag sie nun Truman-Doktrin heißen oder Marshall-Plan. Dies kann das Missverständnis zwischen Amerika und der Sowjetunion bloß vertiefen, denn in Amerika haben wichtige Entscheidungsträger wirklich Angst vor den Waffen, die die Sowjets nicht haben. Umgekehrt sind sie in Moskau so im alten internationalen Klassenkampf gefangen, dass sie jene neuen Töne aus Amerika genau in diesen Hals bekommen. Da sie nicht auf die alberne Idee kommen, die Administration in Washington würde sich auf *Informationen* der geschlagenen Deutschen stützen, werfen sie jetzt den erwiesenen Londoner Imperialismus mit den Absichten der Amerikaner in einem Topf. Jetzt noch Fett zugeben und umrühren. Die Auswertung, die wir ruhig noch weiter ansehen sollten, wird Andrej Shdanow bereits ein Vierteljahr danach bei einem Treffen von kommunistischen Parteien Europas in Polen laut aussprechen.[17]

Das Wesen der nebelhaften, bewusst verschleierten Formulierungen des Marshall-Planes bestehe darin, einen Block von Staaten, die durch Verpflichtungen den USA gegenüber verbunden sind, zusammenzuzimmern und die amerikanischen Anleihen als Gegenleistung für den Verzicht der Staaten Europas auf die wirtschaftliche und später auf politische Selbstständigkeit zu gewähren, so Shdanow. Hier stelle die Wiederherstellung der von den amerikanischen Monopolen kontrollierten Industriegebiete ausgerechnet von West-Deutschland die Grundlage des Marshall-Planes dar. Wie sich aus den folgenden Beratungen und Reden amerikanischer Staatsmänner ergebe, bestehe der „Marshall-Plan" darin, Hilfe in erster Linie nicht den verarmten Siegerländern, den Verbündeten Amerikas im Kampf gegen Deutschland, sondern den (west)deutschen Kapitalisten zu gewähren, um die Staaten, die Kohle und Metall brauchen, in Abhängigkeit von der Wirtschaftsmacht Deutschlands zu bringen, indem die USA sich die Hauptquellen der Kohleförderung und Metallerzeugung für den Bedarf Europas und Deutschlands unterstellen.[18]

Shdanow wird darauf hinweisen, dass England bereits die ihm im Jahre 1946 gewährte US-Anleihe in Höhe von 3 Milliarden und 750 Millionen Dollar in der Hauptsache ausgegeben hat. Es sei ferner bekannt, sagt der Vertreter Moskaus, dass die Knebelbedingungen dieser Anleihe England an Händen und Füßen gebunden haben. Als die Labour-Regierung Englands schon in die Schlinge einer finanziellen Abhängigkeit von den USA geraten sei, habe sie den einzigen Ausweg in neuen Anleihen gesehen. In der Folge habe sie den Marshall-Plan als Ausweg aus einer entstandenen wirtschaftlichen Sackgasse verstanden und als eine Chance, um weitere Kredite zu erhalten. Die englischen Politiker rechneten außerdem damit, die Schaffung eines Blocks der westeuropäischen Länder, die Schuldner der USA sind, auszunutzen, um den Versuch zu unternehmen, innerhalb dieses Blocks „die Rolle des amerikanischen Kommis" zu spielen, dem es vielleicht gelingen könnte, sich auf Kosten von schwachen Länder zu bereichern. Die englische Bourgeoisie träume davon, mit diesem Marshall-Plan durch Dienstleistungen an amerikanische Monopole und durch die

Unterwerfung unter ihre Kontrolle die verlorenen Positionen in einigen Ländern wiederzugewinnen und besonders ihre Positionen im Balkan-Donau-Raum wiederherzustellen. Um den amerikanischen Vorschlägen eine größere Objektivität zu verleihen, habe man beschlossen, als Initiatoren der Vorbereitung zur Durchführung des Planes Frankreich hinzuzuziehen, das seine Souveränität zugunsten der USA zur Hälfte geopfert habe, weil die von den Vereinigten Staaten von Amerika im Mai 1947 an Frankreich gewährte Anleihe von der Entfernung der Kommunisten aus der französischen Regierung abhängig gemacht worden ist.[19] Ich wäre ja auch nicht restlos davon überzeugt, ob das dann noch so eine lupenreine Demokratie ist, wenn linksdrehende Aminosäuren mit so frivolen Maßnahmen von der allgemeinen Meinungsbildung ausgeschlossen werden. Es ist zu befürchten, dass ich bei Ihnen in den Verdacht gerate, einer der Stalin-Versteher zu sein, die man überall in Europa vorfindet, besonders dort, wo sie nicht von der Roten Armee höchstselbst befreit wurden.

In Moskau geht die Führung nach der von Donald Maclean aus *America* durchgestochenen Botschaft davon aus, dass die Regierungen Englands und Frankreichs der Sowjetunion auf Weisung Washingtons angeboten hätten, an der Erörterung der Vorschläge Marshalls teilzunehmen. Solch ein Schritt solle den der UdSSR gegenüber feindlichen Charakter dieser Vorschläge tarnen. Zu einem anderen Schluss komme ich auch nicht, da Truman von zwei Lagern in der Welt sprach. Welches Land soll Kopf des anderen Lagers sein, wenn nicht die Sowjetunion? Shdanow wird weiter ausführen, die Berechnung habe darin bestanden, dass die Sowjetunion die Erörterung von Vorschlägen für eine amerikanische Hilfe unter den von Marshall genannten Bedingungen ablehnen würde. Es müsse so der Eindruck entstehen, dass sie „nicht den Wunsch hätte, zum wirtschaftlichen Wiederaufbau Europas beizutragen." So sollen Sowjets und andere Europäer, die Hilfe brauchen, gegeneinander ausgespielt werden. Nimmt Moskau freilich an den Besprechungen teil, wäre es bloß um so leichter, die ost- und südosteuropäischen Länder in die Falle der wirtschaftlichen Wiederherstellung Europas mit amerikanischer Hilfe zu locken.[20]

Während Trumans Plan seine Hoffnung auf die Einschüchterung dieser Länder setze, sei der Marshall-Plan darauf berechnet, ihre Standhaftigkeit in wirtschaftlicher Hinsicht zu sondieren und den Versuch zu unternehmen, diese Länder zu verführen und sie dann mit der Dollar-Hilfe zu fesseln. Man merkt der umständlichen Moskauer Formulierung an, dass sie da noch nicht so viel Übung beim Kaschieren der Motive für ihre Absichten haben, wie traditionsreiche imperialistische Staaten im Westen. Dort versprechen sie immer Demokratie und Menschenrechte durchzusetzen und vor Ort bekommt man doch nur Folter, Mord und Totschlag. Dieser Plan, heißt es weiter, sei dazu angetan, zur Verwirklichung einer der wichtigsten Aufgaben des allgemeinen amerikanischen Programmes beizutragen, die Macht des Imperialismus jetzt auch in den Ländern der neuen Demokratie wiederherzustellen und sie zu einem Verzicht auf die wirtschaftliche und politische Zusammenarbeit mit der Sowjetunion zu zwingen. Besonderes Misstrauen ruft der entstandene Eindruck hervor, dass der Marshall-Plan die Gefahr der Spaltung Europas und der Unterwerfung einer Reihe von europäischen Ländern unter die Interessen des amerikanischen Kapitalismus in sich birgt und darauf berechnet ist, den Monopolkonzernen Deutschlands, deren Wiederherstellung in dem Plan offenkundig eine besondere Rolle in Europa eingeräumt werde, noch vor den eigenen Alliierten Hilfe zu erweisen. Das lässt die alte Angst Stalins vor einer amerikanisch-deutschen Allianz gegen ihn wiederaufleben. In der Rede im polnischen Szklarska Poręba wird Andrej Shdanow darauf hinweisen, dass die alten Großmächte England und Frankreich die Aussicht auf die fröhliche Wiederherstellung „des deutschen Imperialismus" als einer realen Kraft, die imstande wäre, der Demokratie wie auch dem Kommunismus in Europa zu widerstehen, nicht als verlockend ansehen werden. Darin liege einer der Hauptwidersprüche innerhalb des Blockes England – USA – Frankreich.[21]

Der Appetit der amerikanischen Imperialisten müsse beträchtliche Unruhe in England und Frankreich hervorrufen. Washington habe unzweideutig zu verstehen gegeben, dass man das Ruhrgebiet den Engländern wegnehmen wolle. Die amerikanischen Imperialisten forderten darüber hinaus die Vereinigung der drei westlichen Besatzungszonen, die offene Vollziehung der Absonderung Westdeutschlands unter amerikanischer Kontrolle. Die USA bestehen auf einer Erhöhung der Stahlerzeugung im Ruhrbecken auf Basis der Erhaltung der kapitalistischen Betriebe unter der Ägide der USA. Die von George Marshall versprochenen Kredite für den Wiederaufbau in Europa würden in Amerika als vordringliche Hilfe für die deutschen Kapitalisten aufgefasst. So werde der „Westblock" von Amerika nicht nach dem Vorbild des Churchill-Planes der „Vereinigten Staaten von Europa" zusammengezimmert, die als Vollstrecker der englischen Politik gedacht seien, sondern als amerikanisches Protektorat, in dem den souveränen europäischen Staaten, England selbst nicht ausgeschlossen, ein Platz eingeräumt wird nahe dem 49. Staat der USA.[22]

Die gesamteuropäische Beratung sei schmählich gescheitert, so wird der Genosse Shdanow dann resümieren. Neun europäische Länder hätten es abgelehnt, an ihr teilzunehmen. Auch von den Staaten, die sich bereit erklärt haben, an der Erörterung des Marshall-Planes teilzunehmen sowie konkrete Maßnahmen zu seiner Durchführung auszuarbeiten, sei dieser Plan ohne Begeisterung aufgenommen worden, wird er feststellen – und dies um so mehr, da sich rasch herausgestellt habe, dass die Vermutung, dass es von diesem Plan bis zu einer realen Hilfe noch weit sei, sich „voll und ganz bewahrheitet" habe. Es habe sich erwiesen, dass sich die amerikanische Regierung überhaupt nicht beeilte, die Versprechungen auch zu realisieren. Von amerikanischen Parlamentariern sei schon zu hören, dass der Kongress die Frage jener neuen Anweisungen für Kredite an die einzelnen europäischen Länder nicht vor 1948 prüfen wird. Damit sei es offenkundig, dass England, Frankreich und die anderen Staaten, die das Pariser Muster der Realisierung des Marshallplans angenommen haben, zu Opfern der amerikanischen Erpressung wurden. Die Versuche, einen Westblock unter der Ägide Amerikas zu schaffen, dauerten jedoch an.[23]

Shdanow wird betonen, seine Regierung habe nie der Nutzung von ausländischen, insbesondere von amerikanischen Krediten widersprochen, so sie ein Mittel sind, das imstande ist, den Prozess des wirtschaftlichen Aufbaus zu beschleunigen. Die Sowjetunion sei jedoch stets davon ausgegangen, dass die Bedingungen eines Kredites keinen Knebelcharakter tragen und nicht zu einer wirtschaftlichen und politischen Versklavung des Schuldnerstaates durch den Gläubigerstaat führen dürften. Von dieser politischen Einstellung ausgehend, habe die Sowjetunion immer den Standpunkt vertreten, dass Auslandskredite nicht als Hauptmittel beim Wiederaufbau der Wirtschaft des Landes dienen dürften. Die wichtigste und entscheidende Voraussetzung für eine wirtschaftliche Entwicklung müsse die Ausnutzung der inneren Kräfte und Hilfsquellen eines jeden Landes und die Schaffung einer eigenen Industrie sein. Nur in dieser Art könne die Unabhängigkeit jedes Landes gegen Anschläge ausländischen Kapitals gewährleistet werden, das stets Tendenzen zeige, den Kredit als Werkzeug politischer und wirtschaftlicher Knebelung auszunutzen. Von eben dieser Art sei auch der Marshall-Plan.[24]

Die Moskauer marxistischen Analysten finden übrigens obendrein einen inneramerikanischen Grund für die Verkündung des Marshall-Plans. In Shdanows Rede heißt es auch, die offizielle Großzügigkeit Marshalls hat ihre gewichtigen Ursachen. Man müsste sich vor Augen halten, dass die USA von einer Wirtschaftskrise bedroht sind. Wenn die Länder im alten Europa keinen amerikanischen Kredit erhielten, sänke die Nachfrage in diesen Ländern nach amerikanischen Waren ab, und das würde eine Beschleunigung und Verstärkung der heranrückenden Wirtschaftskrise in den USA zur Folge haben. Also könnte *America*, wenn die europäischen Länder die nötige Ausdauer und die Widerstandsbereitschaft gegen die Knebelbedingungen des amerikanischen Kredits zeigen, zu einem Rückzug gezwungen werden.[25] Warum stellen sie in Moskau um Gottes willen nicht die Frage, welches Problem *America* auf einmal mit ihnen hat? In Washington wie in Moskau denken sie sich ihren Teil, doch das Zaubermittel jetzt wäre diskrete Kommunikation hinter den Kulissen.

In München wird Deutschland diesmal geschrumpft

Am 6. Juni beginnt ein Treffen von deutschen Spitzenpolitikern aus den vier Zonen. 200 Reporter aus aller Welt warten schon gespannt auf den Ausgang der Gespräche. Carlo Schmid, einer der SPD-Insider aus West-Deutschland vermittelt den Eindruck, dass die Repräsentanten aus dem Westen die aus dem Osten auflaufen lassen wollen. Bevor es da losgeht, weiß Schmid: „Die Unterhändler der Sowjetzone würden die Annahme ihrer volksdemokratischen Rezepte zur Bedingung einer jeden »gesamtdeutschen« Einigung machen.“[26] Dass er *gesamtdeutsch* in Anführungsstriche packt, halte ich für eine Freudsche Fehlleistung. Er hätte bei mir zumindest in diesem Satz erreicht, was er sagen wollte, hätte er sie weggelassen. Die Anführungsstriche unterstreichen nur seinen Ekel vor dem Wort an sich. Es macht ihm auch gar nichts aus, dass die Ost-Ministerpräsidenten letztlich keine volksdemokratischen Rezepte vortragen. Die Hauptsache ist, dass das Wort so im Raum stehenbleibt. Allein die anschließende Flucht von Politikern aus Mittel-Deutschland in den Westen beweist, dass sie bei sich zu Hause roten Experimenten abgeneigt sind.

Alle mitteldeutschen Ministerpräsidenten wünschen die „Bildung einer deutschen Zentralverwaltung durch Verständigung der demokratischen deutschen Parteien und Gewerkschaften zur Schaffung eines deutschen Einheitsstaates“. Carlo Schmid „war die Doppelbödigkeit dieser Formel bewusst“. Gerade so, als ob es eine Möglichkeit gäbe, dass im Gebiet, das von den Westalliierten bewacht wird, irgendetwas laufen könnte wie im Osten, erklärt er: „Mir war klar, dass ich nicht nur dem Antrag, sondern auch seiner Behandlung nicht zustimmen konnte.“ Sehen Sie. Natürlich wurde der Antrag folgerichtig auch nicht behandelt. Wäre es die Absicht gewesen, hier eine Lösung für die Leute von Aachen bis Frankfurt an der Oder zu finden, hätte man vielleicht erst einmal verhandeln müssen, um zu testen, was möglich ist. Dass es bereits in München um eine geregelte Teilung des Landes geht, wird deutlich, wenn man die Bereitschaft sieht, über Fragen des Handels zum Beispiel durchaus zu reden. Wäre gewollt, dass der rote Spuk jetzt aufhört, würde man das nicht tun. Kurz und gut, weil der erste Punkt nicht zur Verhandlung kommt, beschließen die Ost-Chefs, zu gehen. Es muss dort sehr emotional zugegangen sein, weshalb der Münchener Ministerpräsident Hans Ehard den Ministerpräsidenten von Thüringen Rudolf Paul „verschiedentlich bitten“ musste, „sachliche und persönliche Schärfen zu unterlassen“. Dass Rudolf Paul aufbrauste, wundert mich aber kaum, wenn Schmid schreibt, er sei „von vornherein entschlossen“ gewesen, sich gegen Vorschläge aus dem Osten zu stellen. Kennen Sie den Gefühlsausbruch, wenn sie sich überlastet fühlt und erzwingen will, dass er ihr hilft, und er dabei vollkommen gelassen bleibt? Schatz, du kannst die Küche morgen machen. Mir geht es gut, rege dich doch nicht so auf![27]

Lassen Sie uns an dieser Stelle vielleicht kurz schauen, ob der Ministerpräsident Thüringens vorhat, den Kommunismus in Bayerns Hauptstadt zu fördern: Am 7. Mai ’45 wurde er vom amerikanischen Stadtkommandanten und Militär-Gouverneur zum Geraer Oberbürgermeister ernannt und für kurze Zeit war er auch der stellvertretende Vorsitzende der noch nicht wieder zugelassenen DDP im „Thüringen-Ausschuss“, einem vorparlamentarischen Beratungs- und Kontrollgremium in den Wochen der US-amerikanischen Besatzung in Thüringen. Nach der Einrichtung des Thüringer Landtages wurde er im Januar 1947 zum Ministerpräsidenten gewählt, erhielt jedoch ein Vierteljahr danach mit dem SED-Landeschef Werner Eggerath einen kommunistischen Stellvertreter. Nachdem dem guten Mann bei der Konferenz der deutschen Ministerpräsidenten klargeworden ist, dass das Ganze auf die Teilung Deutschlands hinausläuft, flüchtet er am 1. September ’47 über den Westen der Stadt Berlin in die amerikanische Besatzungszone. Anschließend lässt er sich als Rechtsanwalt in Frankfurt am Main nieder.[28]

Das Darmstädter Wort der Evangelischen Kirche

Im August 1947 bringt der Anteil der Evangelische Kirche, der sich nicht mit den Nazis eingelassen hatte, das Darmstädter Wort unter die Leute. Da heißt es: „Wir sind in die Irre gegangen, als wir begannen, den Traum einer besonderen deutschen Sendung zu träumen, als ob am deutschen Wesen die Welt genesen könne. Dadurch haben wir dem schrankenlosen Gebrauch der politischen Macht den Weg bereitet und unsere Nation auf den Thron Gottes gesetzt.“ In diesem Text zur Bekehrung des deutschen Volkes ist zu lesen: „Es war verhängnisvoll, dass wir begannen, unseren Staat nach innen allein auf eine starke Regierung, nach außen allein auf militärische Machtentfaltung zu begründen. Damit haben wir unsere Berufung verleugnet, mit den uns Deutschen verliehenen Gaben mitzuarbeiten im Dienst an den gemeinsamen Aufgaben der Völker.“[29] Das war es dann mit der Litanei der Gruppe der Deutschen Christen. Es ist nicht zu glauben: So viel Vernunft auf so wenigen Zeilen. Sie dürfen aber nicht glauben, dass die Kirchen auch laut auswerten würden, dass sie vor Jahr und Tag schon die deutsch-nationalen Bischöfe leise vor die Tür gesetzt haben. Sicher erinnern Sie sich noch an meine Ausführungen zum Rausschmiss der schrägen Vögel nach dem Krieg.

Die USA bekommen wieder einen Geheimdienst

In *America* würden sie gerne wissen, was die Führungen anderer Länder vorhaben, damit sie wissen, was sie jetzt überhaupt tun sollen. Nachdem Präsident Harry Truman 1945 den Geheimdienst OSS aufgelöst hat, weil der Krieg siegreich geendet hatte, war nicht klar, ob man jetzt überhaupt noch einen Geheimdienst brauche. Die Ansichten dazu gehen lange wild durcheinander. Die relevanten Mitspieler haben sich in zwei gegnerische Lager aufgespalten. Ein Teil ist für bedächtiges und geduldiges Sammeln von Geheiminformationen durch Spionage, ein großer Teil will hingegen einen Geheimkrieg, will durch verdeckte Aktionen „den Kampf ins Lager des Feindes tragen“. Spionage will die Welt erkennen. Für die kluge Idee steht Richard Helms. Verdeckte Aktion will diese Welt verändern. Dafür steht Frank Wisner. General Magruder bringt die Angelegenheit auf den Punkt: Nachrichtendienstliche Geheimoperationen bedeuten den dauerhaften Verstoß gegen Regeln und Vorschriften. Solche Operationen sind „zwangsläufig außerlegal, manchmal auch illegal“. Aber seit dem Kriegsende sind die Kollegen in alle Winde zerstreut und etwas wie die frühere Auslandsaufklärung ist völlig zum Erliegen gekommen. Darüber können sich die deutschen Verschwörer freuen. Der Präsident erkannte, dass er ein heilloses Chaos angerichtet hat und machte am 24. Januar 1946 den reichen *businessman* und stellvertretenden Chef vom Marine-Nachrichtendienst Rear Admiral Sidney William Souers zum Chef eines zentralen Nachrichtendienstes der USA, CIG. Admiral Leahy hielt fest, wie seinem Kollegen das Amt angedreht wurde: „Heute zum Mittagessen im Weißen Haus, anwesend nur Mitglieder des Stabes. Rear Admiral Sidney Souers und ich erhielten jeder einen schwarzen Umhang, einen schwarzen Hut und einen Holzdegen“ von Truman geschenkt. Wer das weiß, muss seine Vorurteile gegen die Neue Welt hinterm Großen Teich nicht vergessen.[30]

Anschließend schlug *Mister President* Sidney W. Souers zum Ritter und Chef der *Mantel-und-Degen-Schnüfflergruppe* sowie zum *Direktor der zentralisierten Schnüffelei.* Dieses Komödientheater beförderte den echt sprachlosen Reservisten Sidney Souers an die Spitze der „schlecht konzipierten, kurzlebigen Organisation, die den Namen *Central Intelligence Group* erhielt.“ Einer der Anwesenden fragte den armen Mann nach der Vereidigung, was er nun gern tun würde, und Souers sagte: „Ich möchte nach Hause.“ Souers hielt sich dann auch nur ungefähr hundert Tage als Direktor, blieb aber als Berater des Präsidenten im Weißen Haus. Er hat lediglich eine einzige Aktennotiz hinterlassen. Es ist ein Appell mit dem Vermerk der höchsten Stufe der Geheimhaltung: „Es besteht dringender Bedarf an der Gewinnung möglichst erstklassiger Geheiminformationen über die UdSSR in möglichst kurzer Zeit.“ Nun ja, die Deutschen stehen schon Gewehr bei Fuß und wollen ihre neuen *Freunde* in dieser Hinsicht versorgen. Von amerikanischer Seite kommen alle Erkenntnisse auf der einen Seite bloß von ihrem neuen Botschafter in Moskau General Walter Bedell Smith und auf der anderen Seite von dem Sowjetunion-Experten aus der Zeit der Schauprozesse der 1930er Jahre George Frost Kennan.[31]

Neben all diesen erschröcklichen Erkenntnissen über die Ursprünge der CIA wird Smith selbst die Zahl der Ratgeber auf einen herunterholen. Er sagt, in George Kennan hat er „den besten Mentor, den sich ein neu angekommener Botschafter nur wünschen kann“. Unter solchen gruseligen Voraussetzungen wird am 18. September 1947 per *National Security Act* die *Central Intelligence Agency CIA* gegründet. Der zweifache Pulitzer-Preisträger Tim Weiner kommt zu dem Schluss, was die Agenten aus der *Agency* als *information* über Sowjet-Russland in West-Deutschland mit Dollarscheinen gekauft haben, „war ein von geschickten Lügnern hergestelltes Flickwerk aus Fälschungen“. Wer von Ihnen *Ende und Anfang* in der Hand hatte, hatte das aus erster Hand von Victor Marchetti und von Harry Rositzke aus der CIA. Es ist ja gleich das erste Problem, dass man osteuropäische Sprachen nicht versteht, und mit der deutschen Sprache haben es die modernen Ureinwohner *Americas* ja auch schon nicht so.[32]

Wissenswert ist, dass es noch 1947 nicht sicher ist, ob es den Deutschen gelingt, die USA und somit den entscheidenden Staat im Westen auf die Dauer endgültig zu der Zusammenarbeit mit den Geheimdienstexperten rund um Reinhard Gehlen zu bewegen. Der Direktor der neuen Central Intelligence Agency CIA, der Admiral Roscoe Henry Hillenkoetter macht 1947 höchsten Stellen in Washington den Vorschlag, die vom Heer (und nicht von Geheimdienstexperten der OSS) gesteuerte Operation mit den Deutschen einzustellen. Als der G 2 des Heeres, der fest entschlossen ist, diese Operation in die Verantwortung der CIA zu übertragen, gegen den nach James Critchfields Meinung *drastischen Vorschlag* Einspruch einlegt, macht der Admiral seinen Standpunkt unmissverständlich deutlich, dass der Fortbestand von Teilen des deutschen Generalstabes ein Risiko für die Sicherheit der Vereinigten Staaten darstelle. Das Risiko wiegt in seiner Gedankenwelt schwerer als alle nachrichtendienstlichen Informationen von Gehlens Organisation zusammen. *Ein* Mann freut sich spitzbübisch darüber, dass er infolge der dadurch ausgelösten Krise zu einem Auftrag kommt, seiner Mission geradezu, sich neu mit der umstrittenen Operation zu befassen: James Critchfield. Worüber? Weil er nun endlich den Auftrag erhält, diese Operation zu überprüfen. Das stammt wohl aus dem Handbuch *Gib mir eine Aufgabe, dann habe ich etwas zu tun.*[33]

Amerikaner und die *Black Box Germany*

Henry Kissinger erläutert in einem späteren historischen Rückblick auf die 40er Jahre: „Der Zweite Weltkrieg dauerte schon eine ganze Zeit, bis wir durch einen Überraschungsangriff gegen amerikanischen Boden aus unserer Isolation aufgeschreckt wurden. Doch dann waren wir von der Idee des totalen Sieges so besessen, dass wir die Vorstellung verächtlich beiseite schoben, die Sicherheit der Nachkriegswelt könnte von irgendeinem Gleichgewicht der Kräfte abhängen. Deshalb waren wir über die politischen Entwicklungen nach dem Kriege sehr erstaunt."[34] Anders als die US-Amerikaner weiß beispielsweise der 32-jährige Politiker Franz Josef Strauß, was gespielt wird. Jahrzehnte danach wird er lächeln, nach dem Zweiten Weltkrieg sei es schlussendlich gelungen, dass „die Amerikaner gegen ihre Tradition und gegen ihren Instinkt in Europa gewissermaßen festgenagelt" wurden. Es sei geglückt, „das Schicksal der Westmächte so eng an das deutsche und unser Schicksal so eng an das der Alliierten zu binden, dass sie uns nicht mehr fallenlassen konnten".[35] Das ist die Lehre aus zwei Weltkriegen. In Moskau sind sie so erstaunt wie in Amerika. Im Januar 1947 klagt der Kreml-Chef Stalin, dass seine Sowjetarmee wegen der Verzögerung des Friedensvertrages „länger in Deutschland bleiben" müsse, „als uns selbst lieb ist". Er versteht die Präsenz der Besatzungstruppen als zeitlich befristet, begründet allein mit der Notwendigkeit der demokratischen Umgestaltung und auf die Zeit dieser Umgestaltung beschränkt.[36] Von der jetzigen Pattsituation hier in Europa hat die Sowjetunion auf alle Fälle weniger als die Rolle einer europäischen Großmacht in den 1930er Jahren; besonders der Erwerb von Spitzentechnologie aus dem Westen ist jetzt erheblich schwerer geworden. Umgekehrt wird das rote Reich zunehmend als Feindstaat wahrgenommen und argwöhnisch beobachtet wie Hitlers Reich nach 1933. Von wegen *Supermacht*.

Der Nationalökonom, Politiker und Wirtschaftsjournalist Gustav Stolper (1888 bis 1947), dessen Haus 1933 *arisiert*, also banal enteignet worden war, und der anschließend ins Exil ging, arbeitet am Ende seines Lebens heraus, was sich mit den Diktaturen geändert hat: „Die Regierungen der Sieger hatten noch nicht verstanden, dass die geschichtliche Vorstellung, für die jede Nation eine eindeutige Persönlichkeit darstellte, inzwischen veraltet war. Der horizontale Schnitt, der im Gefolge von internationalen Ideologien wie Faschismus und Bolschewismus die europäischen Nationen spaltete, war ihnen noch verborgen." Im Ausland sollten sie Stolpers Worte auswendig lernen: „Lange ehe Hitlers Macht zerbrach, gab es eine deutsche Nation als Einheit nicht mehr, und dieser nationale Zerfall traf in größerem oder geringerem Maße alle Länder, in denen jene Ideologen fanatische Anhänger fanden." Verstehen können die lieben Alliierten in den demokratischen Staaten ihre Gesprächspartner aus der ehemaligen Diktatur wohl deshalb nur mangelhaft, weil sie einfach nicht in der Lage sind, sich in die Köpfe von Deutschen hineinzuversetzen, die unter dem Nationalsozialismus in Deutschland gelebt haben und in diesen Jahren eine lebensrettende Doppelzüngigkeit erlernt hatten. Sonst war jemand in jenen Jahren nämlich rasch weg vom Fenster. Wie der Mittzwanziger Erich Honecker.

Bei Marion Gräfin Dönhoff und Franz Josef Strauß klingt es an, wie sich das angefühlt hat und zu welchen rhetorischen Kunststückchen Leute in der Lage sein mussten, um ihre wahre Meinung nicht zu offenbaren und doch Mitstreiter zu finden im Kampf gegen das herrschende Regime. Als die Diktatur ihr Leben ausgehaucht hatte, beherrschten sie dann freilich diese Technik sowie solch doppelbödiges Denken. In einer freien Gesellschaft kann man alles sagen; man muss aber nicht jedem alles auf seine Nase binden. Werden die Alliierten jemals herausbekommen, dass sich viele Gruppen des Widerstandes schon sehr lange auf das Theaterstück einer rätselhaft stabilen Demokratie vorbereitet haben, bei dem es nicht mehr darauf ankommt, was die Bevölkerung in der Breite vielleicht will und was nicht? Wenn nicht, werden sie wohl noch lange für bare Münze nehmen, dass die Schwaben und Franken, die Hessen und vor allem die Bayern nichts *mehr* brauchen als Vorpommern und Hinterpommern.

Stalin besinnt sich wieder auf die Komintern

Schon Monate grübelt der Kreml-Chef über sein weiteres Vorgehen nach Trumans Erklärung, dass es nun zwei Lager in der Welt gebe. Was kann er tun? Da fällt ihm ein, dass er im Jahre 1943 den Klub der übereifrigen Weltrevolutionäre, die Kommunistische Internationale, schließlich ganz aufgelöst hat. Was wir damals noch nicht wussten, wissen wir jetzt: Ihm war über seinen Washingtoner Botschafter ausgerichtet worden, dass es in Amerika Probleme gab, den *Lend-Lease Act* auf die Sowjetunion auszuweiten, aber Stalin brauchte die Finanzspritze und das Kriegsgerät aus *America*, da ihm das Wasser nach dem Überfall der Wehrmacht bis zum Hals stand. Der sowjetische Botschafter sagte dem roten Zaren, er möge bitte die Unterdrückung der Orthodoxen Kirche zurückfahren, um damit keine negativen Schlagzeilen mehr zu produzieren, und er sollte bitte die Komintern auflösen. Bei der Komintern ließ sich Stalin zwar noch etwas mehr Zeit, aber wer sich in den vorherigen Bänden gewundert hat, dass die sowjetischen Kriegsgefangenen in Deutschland schwärmten, wie frei sie zu Hause ihrer Religion frönen konnten, der hat jetzt eine natürliche Erklärung.[37] Ein halbes Jahr nach Verkündung der Truman-Doktrin in *America* schickt er jetzt einen nachgeordneten Vasallen aus Moskau an die Front. Der Glückliche ist dann Andrej Shdanow, dritter Sekretär der Kommunistischen Partei der Sowjetunion (KPdSU). Am 22. September '47 kritisiert der Gute bei einem Treffen der kommunistischen Parteien Bulgariens, Frankreichs, Italiens, Jugoslawiens, Polens, Rumäniens, der Sowjetunion, der Tschechoslowakei und Ungarns in Szklarska Poręba in Polen die Truman-Doktrin und den Marshall-Plan. Die SED zählt schon nicht mehr zu den kommunistischen Parteien. Sanft säuselnd muss der Genosse nun erklären, weshalb Stalin die Revolutionäre vor vier Jahren zerstreut hatte: „Die Auflösung der Komintern, die den Forderungen der Entwicklung der Arbeiterbewegung unter den neuen historischen Verhältnissen entsprach, hat ihre positive Rolle gespielt. Die Auflösung der Komintern hat für immer der von den Gegnern des Kommunismus und der Arbeiterbewegung vorgebrachten verleumderischen Behauptung ein

Ende bereitet, dass Moskau sich angeblich in das innere Leben anderer Staaten einmische und dass die kommunistischen Parteien der verschiedenen Länder angeblich nicht im Interesse ihres Volkes, sondern auf Befehl von außen handeln.“ Dann erläutert er, die Komintern sei nach dem Ersten Weltkrieg geschaffen worden, als die kommunistischen Parteien noch schwach gewesen seien, als die Verbindung zwischen der Arbeiterklasse in den verschiedenen Ländern noch nicht so recht bestanden hat und die kommunistischen Parteien seinerzeit keine allgemein anerkannten Führer der Arbeiterbewegung besaßen. Verdienst der Komintern sei es, dass sie die Verbindungen zwischen den Werktätigen verschiedener Länder herstellte und festigte, die theoretischen Fragen der Arbeiterbewegung unter den Verhältnissen, wie sie sich nach dem ersten Weltkrieg ergaben, ausgearbeitet hat, allgemeine Normen für die Propaganda und Agitation der kommunistischen Ideen aufstellte und die Ausbildung von Führern der Arbeiterbewegung erleichterte. Shdanow würdigt, dass die Komintern die Voraussetzungen geschaffen habe, um die damals jungen kommunistischen Parteien zu Massenparteien der Arbeiter zu machen. Mit der Verwandlung der kommunistischen Parteien in Massenparteien der Arbeiter sei jedoch die Leitung der Parteien von einem Zentrum aus unmöglich und unzweckmäßig geworden.[38]

Shdanow erklärt, die gegenwärtige Lage der kommunistischen Parteien habe auch Defizite: „Einige Genossen haben die Sache so aufgefasst, als ob die Auflösung der Komintern die Beseitigung jeder Verbindung, jedes Kontakts zwischen den kommunistischen Bruderparteien bedeute.“ Die Erfahrung habe allerdings gezeigt, dass die Getrenntheit der kommunistischen Parteien voneinander unrichtig, schädlich, ja und im Grunde genommen unnatürlich sei. Will er damit sagen, dass sich Väterchen Stalin irrte, als er die internationalen Kämpfer in Gefängnisse und Lager überwiesen hat und kaltmachen ließ? Jetzt weht ein neuer Wind: „Die kommunistische Bewegung entwickelt sich im nationalen Rahmen, hat aber gleichzeitig für die Parteien der verschiedenen Länder gemeinsame Aufgaben und Interessen. Es entsteht ein recht sonderbares Bild: Die Sozialisten, die sich förmlich überschlugen, um zu beweisen, dass die Komintern angeblich die Richtlinien Moskaus für die Kommunisten aller Länder herausgäbe, haben ihre Internationale wieder hergestellt, während die Kommunisten aus Furcht vor der Verleumdung der Feinde bezüglich der *Hand von Moskau* sogar auf Zusammenkünfte verzichten, ganz zu schweigen von Beratungen zu Fragen von gemeinsamem Interesse."[39] Ja, urplötzlich benötigt Stalin diese Kommunisten, damit sich so wenige wie möglich in das andere Lager holen lassen, so sagt Shdanow: „Dieses Bedürfnis nach Beratung und freiwilliger Koordinierung der Tätigkeit der einzelnen Parteien ist jetzt ganz besonders dringlich, wo die andauernde Isolierung zu einer Abnahme des gegenseitigen Verständnisses und zuweilen zu ernsten Fehlern führen kann." Natürlich sagt er nicht, dass es sich als ein Denkfehler Stalins herausgestellt hat, dass er bis vor Kurzem sozialistische Revolutionen außerhalb seiner Sowjetunion unbedingt abwenden wollte. Ein wenig um den heißen Brei herum will er verhindern, dass jemand für die Kredite ist: „Gleichzeitig müssen die Kommunisten alle wirklich patriotischen Elemente unterstützen, die nicht gewillt sind, ihr Vaterland beleidigen zu lassen, und die gegen die Versklavung ihres Heimatlandes durch das Auslandskapital und für seine nationale Souveränität zu kämpfen bereit sind. Bei der Einbeziehung aller antifaschistischen freiheitsliebenden Elemente in den Kampf gegen die neuen amerikanischen Expansionspläne zur Versklavung Europas müssen die Kommunisten die führende Kraft sein."[40]

Dann kommt Shdanow auf die Konsequenz zu sprechen, wenn es wirklich zur Bildung von zwei Lagern in der Welt kommt. Dann gibt es Krieg und wie die Amerikaner Angst haben vor einem Angriff Moskaus gegen Westeuropa, so hat der Kreml Angst vor einem Neubeginn des Blutbads auf seinem eigenen Territorium. „Man muss sich vor Augen halten, dass es von dem Wunsche der Imperialisten, einen neuen Krieg zu entfesseln, bis zur Möglichkeit, einen solchen Krieg zu organisieren, gewaltig weit ist. Die Völker der Welt wollen keinen Krieg." Die theatralischen Worte aus Moskau klingen auch nicht künstlicher als die Polemik aus Washington.

Beide werden erst nachvollziehbar, wenn man weiß, dass sie auf falsche Informationen über die Sowjets an die Adresse der Amerikaner zurückgehen. Sonst können Reden, die beide Seiten schwingen, eben bloß nach Theaterdonner und sehr albern klingen: „Die Kräfte, die für den Frieden eintreten, sind so bedeutend und groß, dass die Pläne der Aggressoren ein völliges Fiasko erleiden, wenn diese Kräfte bei der Verteidigung des Friedens standhaft und fest bleiben, wenn sie Ausdauer und Unerschütterlichkeit zeigen werden. Man darf nicht vergessen, dass das Geschrei der imperialistischen Agenten über die Kriegsgefahr den Zweck hat, die Nervenschwachen und Schwankenden einzuschüchtern und durch Erpressung Konzessionen an den Aggressor zu erreichen.[41]

Die in Shdanows Rede hergestellte Analogie zu '38 basiert ihrerseits auf demselben Missverständnis: „Genau so, wie die München-Politik in der Vergangenheit der Hitleraggression die Hände frei gemacht hat, so können auch Konzessionen an den neuen Kurs der USA und des imperialistischen Lagers seine Inspiratoren nur noch frecher und aggressiver machen. Deshalb müssen die kommunistischen Parteien sich an die Spitze des Widerstandes gegen die Pläne der imperialistischen Expansion und Aggression auf allen Gebieten stellen - auf staatlichem, wirtschaftlichem und ideologischem -, sie müssen sich zusammenschließen, ihre Anstrengungen auf der Grundlage einer allgemeinen antiimperialistischen und demokratischen Plattform vereinigen und alle demokratischen und patriotischen Kräfte des Volkes um sich sammeln."[42] Die Kominform wird dann am 30. September 1947 offiziell gegründet. Aus der verspäteten Information in der Moskauer Prawda vom 5. Oktober 1947 ist lediglich zu entnehmen, dass Ende September 1947 in Polen auf einer Informationskonferenz ein Meinungsaustausch von kommunistischen Parteien stattgefunden hat und dass beschlossen worden sei, ein Informationsbüro zu schaffen, dessen Aufgaben „in der Organisierung des Erfahrungsaustausches zwischen den Parteien und nötigenfalls in der Koordinierung ihrer Tätigkeit auf der Grundlage gegenseitigen Übereinkommens bestehen" würden. Als Sitz der Kominform sei Belgrad bestimmt worden.[43]

1 Ahlener Erklärung der CDU [online]. Verfügbar unter https://www.kas.de/c/document_library/get_file?uuid=76a77614-6803-0750-c7a7-5d3ff7c46206&groupId=252038 [19.06.2022]

2 Warweg, Florian (2022), Einseitige Gedenkkultur zum 17. Juni: Die vergessene Repression bei Streiks und Volksaufständen im Westen Deutschlands. Auf: Nachdenkseiten [online]. Verfügbar unter https://www.nachdenkseiten.de/?p=84774&fbclid=IwAR0ORs4kPJI_zMu-GhZpogd8e48_x9rSJapUolyBiuYSrccgT5qmIhfZnTM [19.06.2022]

3 Klöckler (2005), S. 216 f. und 232

4 Genscher (1999), S. 60

5 Ebd., S. 66

6 Holzweißig, Gunter (1996), „Separatist, Spalter, Kanzler der Börsenjobber". Konrad Adenauer als Ziel der SED-Agitationsbürokratie. In: Frankfurter Allgemeine Zeitung am 01.03.1996
Strauß (1989), S. 133 und 203

7 Machiavelli (2009), S. 98

8 Strauß (1989), S. 116ff.

9 Sethe, S. 16 f.
Bundeszentrale für politische Bildung (2021), Vorentscheidungen der Siegermächte. 10. März – 24. April 1947 [online]. Verfügbar unter https://www.bpb.de/geschichte/zeitgeschichte/deutschland-chronik/131160/10-maerz-24-april- 1947 [19.10.2021]
Diese Seite liefert wieder eine Illustration für die Technik derjenigen, die hier auf das Geschichtsbild der Leute Einfluss nehmen. Wenn der Laie so der Reihe nach durch die Vorentscheidungen der Siegermächte durchklickt, hat 1.) der US-Außenminister George Marshall ein europäisches Hilfs- und Wiederaufbau-programm verkündet und die Sowjetunion hat es abgelehnt. 2.) Die Moskauer Konferenz der Außenminister scheitert. 1.) war freilich am *5. Juni* 1947 und 2.) war vom *10. März bis zum 24. April* 1947. Durch die verdrehte Reihenfolge hat „der Russe" wieder einmal den Schwarzen Peter in die Hand gedrückt bekommen. Natürlich ist das Publikum selbst schuld an dem Missverständnis. Denn warum vergleichen die Interessierten nicht die Daten miteinander? Aber man kann das auch anders sehen: Warum ordnen nicht gleich die Historiker die Daten?

10 Loth (1994), S. 80f.
cvce.eu (2015), Der Shdanow-Bericht (22. September 1947) [online]. Verfügbar unter https://www.cvce.eu/content/publication/1997/10/13/914edbc9-abdf-48a6-9c4a-02f3d6627a24/publishable_de.pdf [15.10.2021], S. 11

11 Sudoplatow (2013), S. 279 bis 282

12 Ebd.

13 Ebd., S. 279 bis 282 und 146

14 Kissinger (1981), Band I, S. 93

15 Sudoplatow (2013), S. 267 bis 270

16 Sudoplatow (2013), S. 280f.

17 cvce.eu (2015), Der Shdanow-Bericht (22. September 1947) [online]. Verfügbar unter https://www.cvce.eu/content/publication/1997/10/13/914edbc9-abdf-48a6-9c4a-02f3d6627a24/publishable_de.pdf [15.10.2021], S. 12

18 Ebd., S. 11

19 Ebd.

20 Ebd., UdSSR war eine Abkürzung für Sowjetunion.

21 cvce.eu (2015), Der Shdanow-Bericht (22. September 1947) [online]. Verfügbar unter https://www.cvce.eu/content/publication/1997/10/13/914edbc9-abdf-48a6-9c4a-02f3d6627a24/publishable_de.pdf [15.10.2021], S. 12f.

22 Ebd., S. 13f.

23 Ebd., S. 13

24 Ebd., S. 14

25 Ebd., S. 15

26 Schmid (1979), S. 287
Neues Deutschland, 20.05.1989, S. 7f.

27 Ebd.

28 Wikipedia (2021), Rudolf Paul [online]. Verfügbar unter https://de.wikipedia.org/wiki/Rudolf_Paul#cite_ref-Rede_1-0 [22.10.2021]

29 DFG-VK Darmstadt (2022), Darmstädter Wort [online]. Verfügbar unter https://dfg-vk-darmstadt.de/Lexikon_Auflage_2/DarmstaedterWort.htm [07.02.2022]

30 Weiner (2008), S. 36 und 38ff.

31 Ebd., S. 40f.
UdSSR war eine Abkürzung für Sowjetunion.

32 Ebd., 42 und 44

33 Critchfield (2005), S. 103

34 Kissinger (1979), Band I, S. 90

35 Strauß (1989), S. 258

36 Loth (1994), S. 25f.
Beim Empfang einer SED-Delegation; berichtet von Erich W. Gniffke (1966), Jahre mit Ulbricht. Köln. Gniffke starb 1964 in Bad Kissingen.

37 Sudoplatow (2013), S. 268

38 cvce.eu (2021), Der Shdanow-Bericht (22. September 1947) [online]. Verfügbar unter https://www.cvce.eu/content/publication/1997/10/13/914edbc9-abdf-48a6-9c4a-02f3d6627a24/publishable_de.pdf [15.10.2021], S. 15

39 Ebd., S. 16

40 cvce.eu (2021), Der Shdanow-Bericht (22. September 1947) [online]. Verfügbar unter https://www.cvce.eu/content/publication/1997/10/13/914edbc9-abdf-48a6-9c4a-02f3d6627a24/publishable_de.pdf [15.10.2021], S. 16

41 Ebd.

42 Ebd.

43 Gräfe, Karl-Heinz (1997), Kominform – die Konferenzen 1947 und 1948. In: UTOPIE kreativ, H. 84 (Oktober 1997), S. 51-60. Sie finden das auch online unter https://www.rosalux.de/fileadmin/rls_uploads/pdfs/Utopie_kreativ/84/84_Graefe.pdf [24.10.2021]

Die Juden werden auf einmal abserviert

Im Oktober 1946 wurde in Moskau zum ersten Mal von einer Bedrohung gesprochen, die von einem jüdischen bourgeoisen Nationalismus für die kommunistischen Lehren ausgehen, und zwar in einem an Stalin gerichteten Brief Viktor Semjonowitsch Abakumows, des neuen Ministers für Staatssicherheit. Das war ein erstes Warnzeichen. 1947 wurde alles noch schlimmer. Juden durften keine Offiziere mehr werden bei den Organen der Staatssicherheit der Sowjetunion. Pawel A. Sudoplatow, wir kennen den Geheimdienstmann, der mit einer Jüdin verheiratet ist, wird mit der Zeit klar, dass der Plan, die jüdischen Intellektuellen für die Zusammenarbeit mit Juden auf der ganzen Welt einzuspannen, aufgegeben worden war. Inzwischen hatten auch Juden an den Universitäten unter der antisemitischen Kampagne zu leiden.[1]

In den Jahren 1946 und 1947 schwand langsam die Hoffnung, dass sich die Zusammenarbeit mit den Westmächten nach dem Kriege weiterentwickeln würde. Die im Krieg vorherrschende Sichtweise, nach der Großbritannien und die Vereinigten Staaten als Verbündete Moskaus galten, wird Schritt für Schritt durch einen Konfrontationskurs ersetzt. Mit den Monaten schwinden auch die Hoffnungen auf jüdisches Kapital aus dem Westen und der Moskauer Führung wird klar, dass sie sich nicht darauf verlassen kann, dass jüdische Geschäftsleute mit ihren Investitionen zur Wiederbelebung der Sowjetunion beitragen. Der Staat Israel entsteht; er wird zum Anziehungspunkt der Ausreisewilligen und Stalin wünscht die Autonomie für Juden jetzt nicht mehr in seinem Staate. Das erste Opfer der neuen Linie wird der russisch-jüdische Schauspieler und Regisseur Solomon Michailowitsch Michoels. Er kommt bei einem *Autounfall* ums Leben, der unter dem Befehl des stellvertretenden Ministers für Staatssicherheit Sergej Ogolzow am 12. Januar 1948 inszeniert wird. Damit es bei den Leuten nicht allzu seltsam ankommt, bekommt der beliebte und hochdekorierte Künstler ein Staatsbegräbnis. Michoels wurde zum Verhängnis, dass er zu den Vorkämpfern einer jüdischen Republik gehörte.

Stalin fürchtete, Michoels setze vielleicht Kräfte frei, die zu nicht absehbaren politischen Konsequenzen führen könnten. Dieser interne Machtkampf weitet sich zu einer antisemitischen Kampagne aus, die unter der Chiffre Ärzteverschwörung durchgeführt wird. Doch sie ist beileibe nicht nur antisemitisch. Sie ist Teil eines Ringens um Machtpositionen innerhalb der Führung. Genosse Stalin versucht mit Hilfe von Malenkow und Chruschtschow, durch die „Säuberungen" alte Mitstreiter und den lieben Genossen Berija auszurotten. Ja, Sie haben richtig gehört. Nicht bloß der *Föhrer* aus dem Wald in Österreich war psychisch auffällig. Fakt ist hier nur ein Umstand: In den Machtkampf im Kreml ist die ganze Führungsriege verwickelt. Das klingt weniger nach der Realisierung einer wissenschaftlichen Weltanschauung, als vielmehr nach einem Familien-Treffen von Camorra-Bossen nach dem Motto: Wer von uns stirbt heute?[2]

Gezahlt wird später

Der ehemalige Staatspräsident der Tschechoslowakei Edvard Beneš war seinerzeit mithilfe sowjetischen Geheimdienstgeldes aus der Tschechoslowakei geflüchtet und nach Großbritannien entkommen, als Hitler den Staat unter seine Fittiche nahm. Beneš wurde in den 1930er Jahren „in hohem Maße" von Moskau beeinflusst. Da handelt es sich übrigens nicht um westliche Propaganda, sondern um die Einschätzung durch Pawel A. Sudoplatow aus dem Spitzenpersonal des sowjetischen Geheimdienstes. Nach der Befreiung jenes Landes aus den Klauen Hitlers wird Beneš, der seit dem Ende des Kriegs wieder Präsident des Landes ist, die Rechnung für seine Rettung präsentiert. Unter Freunden wird der Preis gerne auch einmal verdoppelt.[3]

Der Chef des tschechischen Nachrichtendienstes Oberst Muravitz ist ein fester Mitarbeiter des Moskauer NKWD, der vom seinerzeit zuständigen Repräsentanten in London Tschitschajew angeworben worden war. Anfang 1948 wird Sudoplatow von Außenminister Molotov in dessen Büro im Kreml gerufen. Dort gibt er ihm Anweisung, nach Prag zu fahren und ein geheimes Treffen mit Edvard Beneš zu arrangieren, der nach der Befreiung ganz sicher der richtige Mann an der Spitze der Demokratie war, und der eine Regierung führen konnte, die den Sowjets und dem Westen gleichermaßen freundlich gesonnen war, der jedoch nach der Aufteilung der Welt in gut und böse durch den Präsidenten der USA Harry Truman nicht mehr gefällt. Im Rahmen der geänderten Außenpolitik soll er jetzt aufgefordert werden, mit Würde zurückzutreten und Klement Gottwald, dem Führer der Kommunistischen Partei, die Macht *freimüßig* zu übergeben. Diese Wortschöpfung ist nicht wirklich taufrisch. Irgendetwas zu müssen, was man freiwillig nicht tun würde, wurde im Dritten Reich von den Leuten mit dem Terminus *freimüßig* belegt. Der langen Rede kurzer Sinn ist, dass Molotov sagt, Sudoplatow soll ihm die Quittung zeigen, die Beneš' Staatssekretär 1938 über die 10.000 Dollar für eine sichere Überfahrt nach Großbritannien ausgestellt hat, um ihn an enge und trotzdem inoffizielle Beziehungen zum Kreml zu erinnern. Andernfalls würde man die Moskauer finanzielle Hilfe für seine Flucht und seine Verwicklung in den Staatsstreich und die Attentate in Jugoslawien 1938 – 1940 bekannt machen. Da Sudoplatow aber den Moskauer Residenten in Prag vor dem Krieg Pjotr Subow durchaus für besser geeignet hält, führt jener das entscheidende Gespräch. Subow war im Gefängnis von Rodos gefoltert worden und infolgedessen praktisch Invalide. Er humpelt stark und braucht einen Stock. Als Resident zu Prag war Pjotr Subow der Führungsoffizier von Beneš und am Vorabend des Krieges auch sein Retter geworden. Die beiden werden also mit den Instruktionen Molotovs nach Prag geschickt und zwar begleitet von 400 Sondereinsatzsoldaten in Zivil. Der Geheimdienstmann Sudoplatow hält deren Einsatz jedoch für unnötig. Beneš ist zuvor von offiziellen Vertretern der Sowjets „bereits massiv unter Druck gesetzt worden“ und den Druck sollen die zwei Männer „noch ein wenig verstärken“. Und was soll ich sagen? Auch die Nummer wird ein Erfolg. Einen Monat später ist diese politische Krise in Prag durch die friedliche Machtübergabe von Beneš an Gottwald beendet.[4] Freimüßig, wie schön.

Stalin kann Berliner Experimente nicht verhindern

Anders als in Ost-Europa stehen die Kommunisten in der Sowjetzone in Deutschland dem roten Kreml einfach nur stur und steif im Weg herum. Der Genosse Jossif Wissarjonowitsch Stalin ist vom Marsch der Sozialistischen Einheitspartei durch die Institutionen Mitteldeutschlands nicht sonderlich begeistert. Im März 1948 beordert er die Führungsgenossen ob ihres Sozialismusfiebers nach Moskau, um ihnen ein für alle Mal gesamtdeutsches Denken näherzubringen. Von ihnen werde nun erwartet, „Keime eines gesamtdeutschen Parlaments und einer gesamtdeutschen Regierung zu schaffen". Stalin moniert: „Anstatt dabei politisch vorzugehen, seien sie typische Teutonen, die sich nackt in den Kampf mit den Römern stürzten."[5] Wenn die deutschen Kommunisten aber ohne seine Sowjetsoldaten nackt sind, sagt er klipp und klar, dass seine Truppen in Mitteldeutschland nicht zur Absicherung solcher Ambitionen da sind.

Also sind im Osten wie auch im Westen die Spalter unter uns. Pieck und Ulbricht hängen in den Träumen früherer Zeiten – eine Sowjetrepublik, wie sie im Buche steht, ein Freigehege ihres Schaltens und Waltens, das patroulliert wird von Besatzungstruppen. Moskau wartet hier auf einen Friedensvertrag und die deutschen Kommunisten freuen sich, dass alle glauben, die sowjetischen Soldaten wären dazu da, ihren „allmählichen Übergang zum Sozialismus" zu überwachen. Ulbricht igelt sich in *seinen* mitteldeutschen Provinzen ein und bittet um längere Fristen für gesamtdeutsche Aufträge, weil die Partei noch nicht so weit sei. Sie hat einfach keine Chance im offenen Wettbewerb. Vor Ort sagen Funktionäre, keine Frau in Thüringen wähle freiwillig Genossen der roten Soldateska. Das ist ein Problem, das sich den neuen Freunden der westlichen Bombenwerfer nicht stellt, denn dies rechneten viele Leute beidseitig zum Krieg. Davon abgesehen stellt man sich das Leben unter englischen oder auch amerikanischen Bedingungen ganz realistisch als immer noch ein wenig angenehmer vor als unter den Bedingungen des roten Zaren in Moskau. Vielleicht verachtet niemand Ulbricht gründlicher als dessen Moskauer

Genossen. „Ich habe noch nie im Leben einen solchen Idioten gesehen", sagt der Geheimpolizeichef Berija. „Sie werden eher die Sowjetzone verspielen als die Westzonen gewinnen."[6]

In London werden die Weichen gestellt

Dem Potsdamer Abkommen gemäß wollten sich die vier Alliierten nach dem Abschluss eines Friedensvertrages aus Deutschland zurückziehen. Nun zeitigte der aufkommende Kalte Krieg Folgen: Vor den eingeflüsterten Absichten der Russen hat man größten Respekt, ein Friedensvertrag ist längst nicht in Sicht und von einer Anerkennung der endgültigen Abtretung bisher deutscher Gebiete kann keine Rede sein, so dass sich die westlichen Alliierten auf einer Konferenz in London vom 23. Februar an darauf einigen, vorerst die westlichen Zonen zu einem Staat zusammenzulegen, bis der Kommunismus in der Sowjetunion besiegt ist. So lange kann das ja nicht dauern. Das Szenario erinnert schon einigermaßen an Goethe: Die ich rief die Geister, werd' ich nun nicht los. So war das nicht gedacht, als man das Zarenregime im Ersten Weltkrieg mit einer Revolte destabilisiert hat. Aus Russland sollte ein Armenhaus werden und keine Gefahr für den Westen. In einem *Kommuniqué* im Laufe der Konferenz heißt es am 6. März '48, dass die Besprechungen, die mit Vertretern der Vereinigten Staaten, des Vereinigten Königreiches und Frankreichs begannen und ab 26. Februar mit Vertretern Belgiens, Luxemburgs sowie der Niederlande fortgesetzt wurden, erst einmal ausgesetzt worden sind. In dem Papier fehlt nicht der Hinweis, dass die *talks* „auf Verlangen der übrigen Delegationen" unter dem Vorsitz des Vertreters des Vereinigten Königreiches Sir William Strang stattfanden. Mein Gott, wie bescheiden. Weiter heißt es, in der ersten Sitzung habe man sich darauf geeinigt, die genannten Benelux-Länder als gleichberechtigte Partner zur Aussprache über alle Punkte der Tagesordnung einzuladen, mit Ausnahme der Beratung über Verwaltungsfragen, die der unmittelbaren Verantwortung der

Besatzungsmächte in den drei Besatzungszonen in Deutschland unterliegen. Wichtige Fortschritte seien erzielt worden und man habe sich geeinigt, dass diese Besprechungen im April wieder aufgenommen werden sollen mit dem Ziel, in den noch verbleibenden Fragen Beschlüsse herbeizuführen. So sollen die Delegationen letztlich ihre Regierungen nach Beendigung der nächsten Tagung beraten können.[7]

Im Text dieses *Kommuniqués* wird deutlich, dass der Plan des Kreisauer Kreises aus dem deutschen Widerstand deshalb aufgeht, weil sich Westeuropa ansonsten selbst ins Knie schießen würde und auch nicht wieder auf die Beine käme. Da steht nämlich, das andauernde Unvermögen des Rates der Außenminister, zu einer Viermächte-Einigung über Deutschland zu kommen, habe eine Lage geschaffen, die in zunehmendem Maße unglückliche Folgen für Westeuropa haben würde, ließe man sie weiter fortdauern. Es sei nun notwendig, die dringenden politischen und wirtschaftlichen Probleme zu lösen, die sich aus dieser Lage in Deutschland ergäben. Die sechs Teilnehmerländer hätten die Notwendigkeit im Auge, den wirtschaftlichen Wiederaufbau Westeuropas inklusive Deutschlands sicherzustellen und eine Grundlage für die Beteiligung eines demokratischen Deutschlands an der Gemeinschaft der freien Völker zu schaffen. Am Ziel ihrer Wünsche sind die Kreisauer trotz allem noch nicht, denn im Text wird auch festgehalten, damit werde ein schließliches Zustandekommen einer Viermächte-Einigung nicht ausgeschlossen.[8]

Sicherheitsfragen sowie eine Besprechung der Gebietsfragen werden bis zur nächsten Tagung aufgeschoben. Obwohl es noch keine Regierung im aufgeteilten Deutschen Reich gibt, die einen Friedensvertrag unterzeichnen könnte, wird über vorläufige Reparationen gesprochen, jedoch auch über das Verhältnis der westlichen Zonen zum europäischen Wiederaufbauprogramm. Man ist sich einig, dass wegen des politischen Gleichgewichts und wirtschaftlichen Wohlergehens in den Ländern Westeuropas und eines demokratischen Deutschlands die enge Verbindung des Wirtschaftslebens vorhanden sein muss. Weil es sich als unmöglich erwiesen habe, die wirtschaftliche Einheit Deutschlands zustande zu bringen, und die Ostzone gehindert worden sei, ihre Rolle im europäischen Wiederaufbauprogramm zu spielen, stimmten die drei Westmächte jetzt überein, zwischen ihnen und den Besatzungsbehörden für Westdeutschland eine enge Zusammenarbeit in allen Angelegenheiten herbeizuführen, die sich aus dem europäischen Wiederaufbauprogramm in Bezug auf Westdeutschland ergeben. Die Zusammenarbeit sei unerlässlich, wenn West-Deutschland seinen vollen Beitrag zur Erholung Europas leisten soll.[9]

Bekanntgegeben wird ebenso, dass die Errichtung einer internationalen Kontrolle für das Ruhrgebiet, in der Vertreter aus Westdeutschland vertreten sein sollen, eingehend geprüft worden sei. Die Aufgabe der internationalen Kontrolle wäre es, sicherzustellen, dass die wirtschaftlichen Hilfsquellen der Ruhr nicht noch einmal für Zwecke der Aggression verwendet werden und dass ausreichender Zugang zur Kohlen-, Koks- und Stahlerzeugung des Ruhrgebietes zum Wohle weiter Teile Europas einschließlich Deutschlands geschaffen wird. Gemeinsame Empfehlungen über das Ausmaß und die Form der Kontrolle sollen den beteiligten Regierungen unterbreitet werden. Außerdem habe eine erfolgreiche Aussprache der Delegationen über die gegenwärtige Lage und die mögliche Entwicklung des politischen und wirtschaftlichen Aufbaus Deutschlands in der vereinigten britisch-amerikanischen und der französischen Zone stattgefunden. Weitgehende Einigung wurde in einer Anzahl umstrittener Punkte erreicht. Insbesondere kam man überein, dass eine föderative Regierungsform, die die Rechte der betreffenden Staaten ausreichend schützt, aber gleichzeitig für eine angemessene zentrale Autorität sorgt, am besten für die letztliche Wiederherstellung der gegenwärtig fehlenden Einheit Deutschlands geeignet ist. Weiterhin wurde, um eine Beteiligung Westdeutschlands am europäischen Wiederaufbauprogramm zu erleichtern, von den drei betroffenen Delegationen beschlossen, sofort Maßnahmen zu treffen, um die Wirtschaftspolitik der drei Zonen in Angelegenheiten wie Außen- und Interzonenhandel, Zollwesen und Freizügigkeit von Personen und Gütern möglichst gleichmäßig auszurichten.[10]

Als Anfang März die Londoner Beschlüsse mit dem Diktum eines Westzonenstaates und seiner Einbindung in den Marshall-Plan laut werden, kommt es im Alliierten Kontrollrat zum Eklat. Der Moskauer Vertreter Marschall Wassili Sokolowski fordert am 20. März '48 von seinen westlichen Partnern Auskunft über ihre neuen Richtlinien. Sie mögen „dem Kontrollrat ausführliche Erklärungen über die anderen Fragen abgeben, die im Kommuniqué nicht erwähnt wurden.“ Dazu sind die drei anderen Gouverneure in dem Gremium aber nicht bereit. Sokolowski als turnusmäßiger Vorsitzender für den Monat März erklärt, dass es keinen Zweck habe, die Sitzung an diesem Tag fortzusetzen und beschließt sie. Für die Zeit vom 24. bis 26. März berufen die sowjetischen Offiziere Beratungen des Finanzdirektorats und von anderen Unterkomitees ein, zu denen die Vertreter der Westmächte nicht mehr erscheinen. Sie finden auch einen Grund dafür: Sie lehnen es „angesichts des Charakters, den der Schluss der letzten Kontrollratssitzung angenommen hat“ ab, an den Sitzungen irgendwelcher Direktorate, Komitees oder Unterkomitees der alliierten Kontrollbehörden teilzunehmen.[11]

In Moskau wird die Entwicklung so gedeutet, dass es den Westmächten um die Abspaltung eines Teils des Reiches zum Aufbau einer Allianz der Westmächte gegen die Sowjetunion geht. Wie sollen sie aber in Moskau ahnen, dass sich die absehbare Allianz im Westen keineswegs auf die Eroberung polnischer oder sowjetischer Gebiete richtet, sondern lediglich auf die Eindämmung einer im Westen vermuteten Bedrohung durch die Sowjetunion? In England und Amerika ist man heilfroh, dass das Reich um seine Rohstoffkammer östlich von Oder und Neiße gebracht wurde – ganz ohne ihr eigenes Zutun. Den Schwarzen Peter halten die Sowjets in der Hand. Der fehlende logische Baustein, die Erklärung für die mangelhafte Kommunikation über die jeweiligen Ziele der vier großen Bündnispartner findet sich an der Stelle, dass die politisch Verantwortlichen im Westen „Experten“ und vermeintlichen deutschen Überläufern wie dem General Gehlen mehr Glauben schenken als den Beteuerungen ihres bisherigen Alliierten Stalin bezüglich seiner Ziele für die Zukunft. Von nun an wird die Angst der Russen vor dem Westen und des Westens vor den Russen den Lauf der Welt prägen. Die Berliner Operationsbasis der CIA hatte über ein Jahr lang erfolglos versucht, Informationen über die Rote Armee im besetzten Deutschland wie auch in Russland zu sammeln und herauszufinden, welche Fortschritte Moskau bei Atomwaffen, bei Jagdfliegern, bei Raketen sowie in der biologischen Kriegsführung macht. Je weniger sie finden, desto mehr müssen sie Gehlen & Co. vertrauen. Dazu kommt, dass in Washington viele Politiker ausgetauscht werden, weil sie den Träumen von einer Zusammenarbeit mit Sibirien und dem Rest von Russland anhängen. Ersetzt wird jene alte Elite zumindest teilweise von diplomatisch unerfahrenen amerikanischen Helden, die mit Gangstermethoden Furore machen. Frank Wisner zum Beispiel geht mit Verve in die Schlacht. Er will der politischen Strategie der USA Gestalt verleihen. Seinen Vorgesetzten im Außenministerium drängt er eine Kriegslist auf. Er will die Sowjets durch die Einführung einer neuen Währung in West-Deutschland zu Fall zu bringen. Mit Sicherheit werde Moskau diese Idee ablehnen, glaubt er, und damit würden alle Nachkriegs-Vereinbarungen über eine gemeinsame Kontrolle Deutschlands schnell null und nichtig. Gestützt auf die damit verbundene politische Dynamik, kann man nach seiner Überzeugung die Russen zurückdrängen.[12]

Der Wirtschaftssachverständige Gustav Stolper hatte schon im Jahr zuvor seinen Gedanken zu Protokoll gegeben: „Bestehen einmal eine westliche und eine östliche Währung nebeneinander, so wird die Trennung der beiden Teile Deutschlands vollkommen.“ Selbstverständlich hat der Experte Gustav Stolper recht: Ist das erst einmal in trockenen Tüchern, dann sind die beiden Teile getrennt und Berlin im Osten angekommen. Mit Gustav Stolper bewegen wir uns in den einschlägigen Kreisen. Bevor

Hitler 1933 zum Reichskanzler bestimmt worden war, war er viele Jahre der Herausgeber des Deutschen Volkswirts. Damals emigrierte er in die Vereinigten Staaten von Amerika. Dort erarbeitete sich bald einen Platz in der amerikanischen Publizistik. Im Februar 1947 nahm er bereits als wirtschaftlicher Sachverständiger an einer Reise des Ex-US-Präsidenten Herbert Hoover nach Deutschland teil, die zum Hoover-Report geführt hat, zweifellos einer wichtigen Urkunde für die veränderte Deutschland-Politik der Vereinigten Staaten. An der Ausarbeitung dieses Berichts war Stolper maßgeblich beteiligt.[13] Stammt Frank Wisners Gedanke von dem neuen Geld nur für West-Deutschland also ursprünglich von Stolper? Er hatte den Einfall jedenfalls schon 1947 schriftlich festgehalten.

So ganz ausgegoren ist der politische Ansatz, der in London beschlossen wurde, nicht, denn es gibt – zumindest offiziell – keine Perspektive, wie mit den alliierten Truppen verfahren werden soll, die in den westlichen Sektoren der Stadt Berlin stationiert wurden. Marschall Sokolowski hat offenkundig nicht zum Spaß Auskunft gewollt über die anderen Fragen, die im Kommuniqué von London nicht erwähnt wurden. Diese Stadt ist der größte Stolperstein auf dem Weg zur Abspaltung der französischen, der britischen und der amerikanischen Zone von der sowjetischen Zone in Deutschland. Es darf davon ausgegangen werden, dass der größte Teil der Berlinerinnen und Berliner dort nicht auch noch unter russische Besatzung geraten möchte, obgleich die Versorgung mit Lebensmitteln im Osten durchaus besser ist als im Westen. Sinngemäß steht ja bereits im Neuen Testament, der Mensch lebe nicht vom Brot allein. Matthäus 4,4. Weil sie in vielen Gebieten in West-Deutschland unter Hunger leiden, ist die Schöpfung im Umlauf: „Warum stehen denn immer noch Schlangen vor den Lebensmittelgeschäften?“ – „Weil wir Schlange-Schöningen als Unterernährungsminister haben.“[14]

Wer um Gottes willen ist Hans Schlange-Schöningen?

Nun ist Unterernährung nicht wirklich schön und Witze sind stets sehr lustig, vor allem dann, wenn es streng genommen überhaupt nichts zum Lachen gibt, aber wenn man zugleich hier und da wäre, wüsste man aus England, dass es dort auch noch immer Lebensmittelkarten gibt. Reden wir also besser darüber, wie Schlange-Schöningen zum Minister wurde.

In den Bänden zuvor hieß es immer, es habe ein Netzwerk von Leuten in Deutschland gegeben, die nach einem gelungenen Staatsstreich die Verwaltung übernehmen könnten, etwa zehntausend Leute stünden bereit. Hier haben wir wieder einen von ihnen. 1934 war Schlange-Schöningen mit knapper Not einem Hinrichtungskommando der SS entgangen, das nach dem „Röhm-Putsch" Repräsentanten der Weimarer Republik verfolgt hatte. Durch Helmuth James Graf von Moltke hatte er Kontakt zum Kreisauer Kreis und wurde für das Schattenkabinett Beck/Goerdeler als möglicher Ernährungsminister eingeplant. Nach seiner Flucht aus dem schönen Pommern in den Westen zählte er 1945 zu den Begründern der CDU in Plön und Ostholstein. 1946/47 gehörte er zu dem Zonenbeirat in der britischen Besatzungszone und leitete das Zentralamt für Ernährung und Landwirtschaft. Seit 1947 ist er im Direktorium des Wirtschaftsrates der sogenannten Bizone und wieder für Ernährung, Landwirtschaft und Forsten zuständig. Die gleichen Gebiete verantwortet er nun als Direktor im Verwaltungsrat des Wirtschaftsrats der sogenannten Trizone. Er wird als führender Kopf der CDU im Norden angesehen. Mich wundert das ja ehrlich gesagt nicht so sehr. Hauptsache, es heißt nicht irgendwann über die Politiker dieser Tage, das wären womöglich Nazis gewesen. Und dass man nach einem totalen Krieg ein paar Jahre nichts zu beißen bekommt, kann der löblichste Antifaschismus nicht verhindern.[15]

Zurück in die Trümmerwüste rund um den Kudamm

West-Berliner Politiker kämpfen jedenfalls verbissen um einen Verbleib der westlichen Streitkräfte in ihren Stadtbezirken. In Deutschland-West wird allerdings genauso verbissen gegen den Stolperstein mitten in der sowjetischen Zone agitiert. Manch ein Politiker widerspricht besonders heftig dem Gedanken, die alte Reichshauptstadt könne wieder zum Sitz der deutschen Regierung werden. Da ist im Westen von der heidnischen Stadt die Rede; im Süden heißt es, die deutsche Hauptstadt gehöre in die Nähe von Weinbergen, nicht von Kartoffeläckern. Eine solche Agitation lässt die Berliner frösteln. Es handelt sich dabei freilich bloß um billigste Rhetorik. Was auf den Kartoffeläckern wächst, stillt den Hunger. Was in den Weinbergen gedeiht, hat sicher auch Kalorien, fördert allerdings vor allem den Alkoholismus. In derartigen Situationen werden Menschen zu Helden und zu Legenden. Einer von ihnen ist Herbert Frahm. Vielleicht erinnern Sie sich ja noch: Er hatte seine Heimatstadt Lübeck unter dem Eindruck der Ernennung Hitlers zum Kanzler und der ersten Akte unter der neuen Regierung 1933 verlassen und war zuerst nach Dänemark und dann nach Norwegen gegangen, um von Oslo aus etwas gegen das neue Regime zu unternehmen. Dort nahm dieser junge Mann das Pseudonym Willy Brandt an. Als der Spuk vorüber war, sollte er Bürgermeister von Lübeck werden. Doch Norwegens Außenminister Halvard Lange hat ihm dann vorgeschlagen, lieber als Presseattaché an die Norwegische Militärmission nach Berlin zu gehen und der Regierung in Norwegen von dort aus vom aufziehenden Kalten Krieg zu berichten. Das wollte Brandt gerne tun und entschied sich gegen seine Geburtsstadt, denn Lübeck kam ihm „ein wenig eng vor", nach den Erfahrungen seit der Emigration. Am 1. Juli 1948 wurde ihm von der Landesregierung des neuen Landes Schleswig-Holstein wieder die deutsche Staatsbürgerschaft verliehen, mit Wirkung vom 24. September 1948. Ein Politiker wie Brandt weiß selbst, dass eine Stadt, von der aus Hitler regiert hatte, keinen besonders guten Klang in der Welt haben kann. Doch für ihn ist es ungerecht, wenn man nicht hören will, dass die Berliner nicht mehr, sondern weniger nazistisch waren als der Durchschnitt der Deutschen. Er hält sich zugute, dass er darum ringt, das Bild von Berlin zurechtzurücken. Das nützt aber nicht viel, denn die Stadt mit den Doppeldeckerbussen liegt trotzdem mitten in der russischen Zone und hält den Osten dieses Landes im Bewusstsein der Deutschen im Westen.[16]

Der Tagesspiegel aus West-Berlin schreibt am 8. Juni über die Reaktion des Vorgängers von Ernst Reuter auf die strategisch bedeutsame und für West-Berlin ganz einfach tödliche Vorgabe der drei Westmächte: „Der Berliner Bürgermeister Dr. Friedensburg (CDU) sagte, er sei über den Wortlaut des Londoner Kommuniqués »tief erschrocken«. Er gab »seiner Sorge Ausdruck«, dass durch den »ehrlich erhofften Versuch einer Staatskonstruktion für Westdeutschland« die Teilung Deutschlands beflügelt werde."

An gleicher Stelle schreibt die Zeitung, die kriegsbedingt noch nicht umfangreich ist: „Der Berliner LDP-Vorsitzende Carl-Hubert Schwennicke sagte, das Londoner Kommuniqué werde in Berlin mit Sorge aufgenommen und stelle insofern eine Enttäuschung dar, als die darin wiedergegebenen Empfehlungen zu stark auf die drei Westzonen bezogen seien." Weiter heißt es in diesem Artikel des Tagespiegels: „Man soll nicht von einer Verfassunggebenden Versammlung für Westdeutschland, sondern von einer Verfassunggebenden Versammlung für Deutschland schlechthin sprechen, ebenso nicht von einer westdeutschen, sondern von einer deutschen Regierung." Gehen Sie ruhig rein in eine Bibliothek, nehmen Sie einmal einen Tagesspiegel zur Hand und lesen Sie das dort nach. Bis jetzt sind wir noch nicht bei George Orwells Vision von *1984*, in der man die *Wahrheit* in den Bibliotheken regelmäßig aktualisiert.

Eine Währungsreform für die West-Zonen

Im Juni wird es für Deutschland ernst. Am 19. Juni 1948 wird der CDU-Politiker Johann Baptist Gradl aus Berlin in der Zeitung Der Tag mit der Einsicht wiedergegeben: „Von nun an läuft zwischen den Westzonen und der Sowjetzone auch eine Währungsgrenze. Jenseits der Zonengrenze ist Ausland, Devisenausland.“[17] Der Tagesspiegel schreibt dazu am 20. Juni 1948: „Marschall Sokolowski hat gelegentlich durchblicken lassen, dass er eine Währungsreform auf Viermächtebasis für möglich halte.“ Dabei ist von Vorbedingungen aus Moskau in der West-Berliner Zeitung keine Rede. Abgesehen davon hatten die Sowjets diese Reform seit Jahren anvisiert. In London hatte man sich allerdings bereits darauf geeinigt, dass die reformierte Währung ausschließlich in West-Deutschland eingeführt werden soll. Am 20. Juni gibt der Tagesspiegel den Daily Telegraph aus London so wieder: „Aus »klar ersichtlichen Gründen« könne »Berlin im Augenblick in dem Plan nicht berücksichtigt werden.«“

In West-Deutschland werden am 20. Juni D-Mark-Scheine ausgegeben und am 22. Juni zitiert der Tagesspiegel aus einem Brief von Marschall Sokolowski an die drei westlichen Besatzungsmächte, mit diesem Schritt sei der einheitliche Geldumlauf beseitigt und die Spaltung Deutschlands vollendet worden. Weil diese Währungsreform unmittelbar nach der Benachrichtigung der russischen Militärverwaltung vorgenommen worden sei, habe sich jene gezwungen gesehen, die notwendigen Maßnahmen zu ergreifen, um die Interessen der deutschen Bevölkerung und der Wirtschaft in der russischen Zone zu schützen. Mit Befriedigung habe er zur Kenntnis genommen, dass die westlichen Sektoren Berlins nicht in diese Währungsreform einbezogen worden seien.

Was Marschall Wassilij D. Sokolowski da mit Befriedigung zur Kenntnis nimmt, treibt den Berlinerinnen und Berlinern von Rudow bis Frohnau den Angstschweiß auf die Stirn. Der Politiker Ernst Reuter beschwört in diesem Frühsommer die Westmächte, Berlin, anders als gedacht, in die Währungsreform einzubeziehen, beziehungsweise wenigstens nicht die Währungshoheit über diese Stadt preiszugeben. Der 35-jährige Politiker Willy Brandt versteht nur zu gut, worum es geht: Die Gefahr, die es abzuwenden gilt, besteht darin, dass nicht nur der sowjetische Sektor von Berlin, sondern die ganze Stadt der Ostzone anheimfallen wird, wenn es von der DM West ausgeschlossen bleibt.[18]

So, wie es auch vorgesehen ist. *И почему не?* Blicken Sie nicht so finster drein. Russisch werden Sie im Osten schon lernen. Freimüßig. Spricht es nicht Bände, dass sich diese Kombination aus *freiwillig* und *müssen*, die im Lauf der zwölf Jahre von und mit Adolf Hitler nicht ohne Grund entstanden war, in der sowjetischen Zone Deutschlands hält und weiterverwendet wird? *И почему не?* heißt bloß: Und warum nicht? Magdeburg, wo Ernst Reuter 1931 Oberbürgermeister geworden war, ist doch ebenso der Ostzone anheimgefallen. Warum nicht auch Berlin?

Nur drei Tage nach der Einführung der D-Mark im Westen reagieren die sowjetischen Behörden von Thüringen bis Mecklenburg; sie lassen Aufkleber auf jene Reichsmarknoten, die in Mittel-Deutschland im Umlauf sind, aufbringen, um den finanziellen Kollaps ihrer Länder abzuwenden. Es ist zu befürchten, dass Schlauberger ihre im Westen ungültig gewordenen Reichsbanknoten in der sowjetischen Zone und Ost-Berlin einzulösen versuchen, was zu einem Zusammenbruch der Versorgung führen muss. Immerhin ist dort bislang zumindest die Lebensmittelversorgung reichhaltiger als im Westen. Erst am Mittwoch, dem 23. Juni, lenken die drei westlichen Alliierten unter dem Druck der Straße letztlich ein, was ganz bestimmt nicht bloß mit den aufrüttelnden Reden des engagierten Politikers Ernst Reuter vor Hunderttausenden am Reichstag zusammenhängt. Berühmt werden die Worte: Ihr Völker der Welt! Schaut auf diese Stadt! Besser hätte er wohl rufen sollen: Ihr Völker der Welt! Schaut auf die Bank deutscher Länder in Frankfurt am Main, die am 1. März '48 gegründet worden ist und besser Bank westdeutscher Länder heißen sollte, und nicht wie die Kaninchen auf die Stadt Moskau. Na gut, was Moskau nach dem Krieg will, hat ein Ernst Reuter auch nicht verstanden, obwohl er in seiner letzten Magdeburger Versammlung, seinerzeit im März 1933 vorausgesagt hatte, Hitler bedeute Krieg und dieser wiederum den Verlust des deutschen Ostens. Das hätte er dort vor dem Berliner Reichstag 15 Jahre später noch einmal hinausschreien sollen. Der deutsche Osten liegt östlich der Oder. Da liegt der Hase im Pfeffer. Dorthin will Moskau die Polen umsiedeln, die nach dem Krieg des gerade gegründeten Polens gegen Russland um 1920 herum die Ukraine und Weißrussland polnisch machen sollten.[19]

Als Ernst Reuter und Willy Brandt einen Tag danach im Berliner Bezirk Gesundbrunnen sind, ahnen sie, dass Entscheidungen allergrößter Tragweite bevorstehen. Wie sie aussehen und wohin sie führen, vielleicht gar an einen Wendepunkt des Weltgeschehens, ahnen sie nicht.

Großfeldbillard: Über Bande gespielt

An dieser Stelle kommt Stalin mit einer Kriegslist ins Spiel, die erst einmal gar nichts mit Deutschland zu tun hat. Folgen wir den einschlägigen Ausführungen Pawel A. Sudoplatows, der im sowjetischen Auslandsgeheimdienst hoch oben angesiedelt ist. Nach dessen Beobachtung steuert Stalin seit dem Beginn des Kalten Krieges einen harten Konfrontationskurs gegen die USA. Er sagt, ab Ende 1946 und damit ein Dreivierteljahr nach Churchills Rede vom *eisernen Vorhang* habe Moskau die Entwicklung als ernstlich bedrohlich wahrgenommen. Seitdem sucht Väterchen Frost Verbündete in Europa und in Asien. Jetzt laufen geraume Zeit die Kämpfe zwischen den Kommunisten in China und den Nationalchinesen und Stalin schlug sich auf die Seite der Kommunisten dort. Ihm wird bekannt, dass die Amerikaner planen, in das Ringen mit Atomwaffen einzugreifen. Um sich den möglichen Bündnispartner nicht wegbomben zu lassen, zieht er Mitte 1948 dem amerikanischen Stier das rote Tuch vom chinesischen Schauplatz weg und wedelt damit bei uns herum. Es folgen Berichte in der westlichen Presse, die darauf schließen lassen, dass US-Präsident Harry Truman und Clement Attlee, Londons Premierminister, bereit seien, Atomwaffen einzusetzen, um Berlin gegen die Kommunisten zu verteidigen. Stalin erfährt wiederum aus der sowjetischen Atomspionage in *America* durch den deutschen Wissenschaftler Klaus Fuchs, der nach Großbritannien emigriert war, dass sie da bloß 100 Kilogramm U-235 und 20 Kilo Plutonium pro Monat produzieren. Das heißt, dass es zur Zeit noch nicht möglich ist, dass sie die atomare Auseinandersetzung mit den Sowjets suchen können. Es ist absolut klar, dass die Atomwaffen der Amerikaner nicht ausreichen, um mit beiden Krisen parallel fertig zu werden. Darin sieht Stalin seine Chance. Sudoplatow sagt klipp und klar, dass Stalin die Krise rund um die Stadt Berlin „ganz bewusst provoziert, um die Aufmerksamkeit von dem entscheidenden Ringen um die Macht in China abzulenken.“ Die US-Regierung überschätzt die Bedrohlichkeit der Lage in Berlin und sie lässt sich darum die Chance durch die Lappen gehen, die Nationalisten in China durch die Drohung mit Atomwaffen zu unterstützen, befindet Sudoplatow.[20] Auch an dieser Stelle schwingen im Hinterkopf sicher immer die überzogenen Meldungen über militärische Möglichkeiten der Sowjets mit, die von den Schlaubergern rund um die Generäle Heusinger, Speidel, Foertsch sowie Gehlen an die Amerikaner ausgeschenkt werden. Sie geben dem Lauf der Dinge die Richtung vor.

Kommen wir auf Berlin zurück. Mögen sich die Historiker einst darüber streiten, in welchem Verhältnis die Wichtung der außenpolitischen Ziele Moskaus zwischen China und Berlin steht, 70 : 30, 60 : 40 oder 50 : 50. Fakt ist, dass die West-Mark jetzt im amerikanischen, englischen und im französischen Sektor Berlins eingeführt worden ist, wenn auch begrenzt. Jossif W. Stalin verhängt daraufhin eine Blockade über West-Berlin. In Anbetracht der Billardüberlegungen zu China bin ich mir nicht mehr so sicher, ob er unbedingt glaubt, die Teilung Deutschlands so verhindern zu können und die Währungsreform für das ganze Reich von Aachen bis Frankfurt an der Oder zu erzwingen. Unter Umständen befürchtet er ja einen Aufstand in seiner Zone, wenn den Leuten dort klar wird, dass sie nun auf Dauer vom Rest Deutschlands abgehängt sind. Wenn es dumm kommt, verliert er nachträglich den gewonnenen Krieg. Darüber hinaus dürfte es Stalin und seinen Beratern ihrerseits klar sein, dass es ganz alltägliche Probleme geben muss, wenn es in Berlin *zwei* Währungen gibt. Wie soll das praktisch geregelt werden? Doch wie will denn der Westen nun mit seiner Blockade umgehen? Washington richtet eine Luftbrücke ein, an der sich London ebenso beteiligt und die 322 Tage dauern wird. Mit 200.000 Flügen bringen sie alles in allem 1,4 Millionen Tonnen an Fracht aus ihren Besatzungszonen in den Westteil der Reichshauptstadt. Diese Aktion wird eines der größten Transportunternehmen der Weltgeschichte. Übrigens kommt inmitten der Blockade während einer Stromsperre beim Kerzenlicht der erste Sohn von Willy Brandt zur Welt. Doch das nur am Rande.[21]

Hatten die Diplomaten im Frühjahr in London nicht vorausgesehen, wie verzweifelt man sich in den westlichen Sektoren Berlins an den Westen klammern würde? Wie wollen sie mit dieser Insel im Roten Meer auf die Dauer umgehen? Hätten sie sich nicht doch mit den Sowjets unterhalten sollen, wie es nun weitergeht? Jedenfalls haben sie sich mit London und dann mit der Entscheidung für diese separate Währung auch im Westen von Berlin ziemliche Bauchschmerzen eingehandelt. Können Sie sich an den amerikanischen Diplomaten George Frost Kennan erinnern? Dieser Mann, der die sowjetfreundliche Linie von US-Präsident Roosevelt nicht verstehen konnte, hat nach dem Krieg zum Stimmungsumschwung beigetragen. Doch so sehr er sich gefreut hat, dass sich endlich die Skepsis ob der Zustände in der Sowjetunion der dreißiger Jahre in der offiziellen Linie der Administration in Washington niedergeschlagen hatte, so groß ist jetzt seine Sorge, wie es praktisch weitergehen soll. In den unendlich langen Wochen und Monaten der Blockade West-Berlins sitzt der brave

Mann viele Stunden im Krisenraum des State Department, dem doppelt gesicherten Fernmeldezentrum für Überseeverbindungen; und während Telegramme und Telexe als Blitzmeldungen aus Berlin eintreffen, leidet er Höllenqualen, denn jetzt ist er selbst der Leiter einer der Planungsabteilungen des Außenministeriums.[22]

Am 2. August 1948 empfängt der sowjetische Staatschef Jossif W. Stalin die drei Botschafter der Westmächte in Moskau. Er bringt die Logik auf den Punkt: Wenn man einen Separatstaat schaffe mit einer Hauptstadt Frankfurt, könne man nicht zugleich Rechte auf eine Hauptstadt Berlin begründen. Berlin sei dann nicht mehr die Hauptstadt Deutschlands. Im Zusammenhang mit der Blockade sagt er den Diplomaten, wenn man sie nicht wünscht, müsse man nur die Spaltung Deutschlands einstellen. Er erklärt ihnen, zunächst hätten sich die vier Mächte über die wichtigsten, Deutschland betreffenden Fragen zu einigen. Gelinge dies nicht, werden sich die östliche und die westlichen Zonen auf unterschiedliche Art entwickeln.[23] Das sehen die Berlinerinnen und Berliner genauso, und genau das gilt es zu verhindern. Man möchte meinen, Brandts Parteifreunde in West-Deutschland würden sich für ihre Schwestern und ihre Brüder in Berlin engagieren. Doch die Wirklichkeit sieht anders aus: Ab Dezember ist Reuter in Berlin Bürgermeister und muss sich in ganz harten Auseinandersetzungen mit den Alliierten, dem CDU-Politiker Adenauer sowie mit dem SPD-Vorsitzenden Kurt Schumacher behaupten. Es ist auf den ersten Blick nicht leicht verständlich, warum sich Reuter zur Sicherung der Freiheit West-Berlins auch mit Schumacher herumprügeln muss, wo doch „die Sozialdemokratie den nationalen Part übernommen" hat und dieser Kurt Schumacher doch „nationaler und nationalstaatlicher denkt" als Adenauer und dabei allen Ernstes „mehr als einmal die Grenze zum Nationalistischen" überschreitet. In wichtigen Punkten vertritt Dr. Kurt Schumacher die gleichen Ansichten wie sein demokratischer Sparringspartner Dr. Konrad Adenauer. Ob die Leute das mehrheitlich gut finden oder schlecht, spielt für die Demokraten neuen Typus keine Rolle, nicht einmal, ob die Hälfte der Deutschen zwölf Jahre lang durchgehalten und in keine der Nazi-Organisationen eingetreten waren. Im Moment heißt das konkret: Die Stadt Groß-Berlin soll zum Osten gehören.[24]

Von einem herzzerreißenden Engagement vieler weiterer westdeutscher Politiker für das Überleben der Berlinerinnen und Berliner zur Zeit der bösartigen Hungerblockade Stalins weiß der Politiker Willy Brandt auch nichts. Dass sich im Westen von Deutschland die Berlin-Begeisterung in Grenzen hält und antipreußische Ressentiments in Mode sind, ist in der Stadt an Spree und Havel bekannt. Der hessische Finanzminister drückt sich dabei beispielsweise so aus, es wäre nicht zweckmäßig, sich bei der Finanzierung einer politischen Aktion der Amerikaner gegen die Russen zu exponieren.[25] Was ist das für eine Begründung?

Stalin geht absolut zu Recht davon aus, dass die Westmächte militärisch gegen die Blockade vorgehen könnten. Und was gedenkt er dann zu tun? Für den Fall eines Panzerdurchbruches, den der amerikanische Militärgouverneur Lucius Dubignon Clay wirklich in Erwägung zieht, für den er aber nicht den Segen von Präsident Truman bekommt, trifft Jossif Stalin rein defensive Vorkehrungen, also Maßnahmen zur Verteidigung. Wenn irgendwann die staubigen Aktendeckel geöffnet werden, wird man dort genau das finden. Bleibt bloß zu hoffen, dass das alles vollständig und in der richtigen Reihenfolge in die Geschichtsbücher kommt.[26]

Es entsteht ein Grundgesetz statt einer Verfassung

Am 1. Juli bestellen die westlichen Militärgouverneure die elf Ministerpräsidenten der neu strukturierten Länder ins Frankfurter IG-Farben-Haus ein, in dem sinnigerweise das Hauptquartier der US-Armee eingerichtet worden ist. Mein Gott wie verlogen. In die Erde müsste man sich schämen, dass man diesen Konzern Mitte der 1920er Jahre erst aus der Taufe gehoben hatte und am Krieg und den Konzentrationslagern Knete verdient hat bis 1945. Kaum jemand kennt dieses Häuflein Männer, das da vor der Tür steht. Dennoch sind das die einzigen Deutschen, die von den Besatzern als legitime Gesprächspartner über die Zukunft Deutschlands akzeptiert werden: Politiker der *Stunde null*, die aus demokratisch organisierten Landtagswahlen hervorgegangen sind. Zumindest für die Ausländer gibt es die *Stunde null*. Wo und wie sich „dieses Häuflein" im Dritten Reich wohl engagiert hatte, wissen sie nicht. Die Militärgouverneure übergeben den Ministerpräsidenten drei Papiere, die „Frankfurter Dokumente" heißen sollen. Der US-Militärgouverneur Lucius Dubignon Clay liest vor: Eine „Verfassunggebende Versammlung" solle über einen Staat föderalistischen Typs mit „angemessener Zentralinstanz" beraten; eine neue deutsche Verfassung soll in den einzelnen Ländern durch ein Referendum ratifiziert werden. Warten wir ab, was die Schlauberger aus dieser Volksabstimmung machen. Die elf Ministerpräsidenten legen die Papiere in ihre Aktentaschen und bitten um Bedenkzeit.[27]

Die Alliierten erlauben also den Ministerpräsidenten, eine „Verfassunggebende Versammlung" einzuberufen, doch zu ihrer Überraschung sind die deutschen Politiker nicht begeistert. Konrad Adenauer aus der 1946 gegründeten CDU, der sich seit Jahrzehnten einen separaten Rheinbund gewünscht hatte, lässt das Volk hören, den Deutschen bleibe bald nichts anderes mehr übrig, „als durch Verweigerung der Mitarbeit wenigstens ihre Ehre vor der Nachwelt zu retten". Er verdächtigt die Sieger, sich auf Dauer den Zugriff auf den hiesigen Außenhandel vorbehalten zu wollen. Doch zunächst muss die große Nummer noch durch den „Gemeindetag von Posemuckel". So nennt der SPD-Vize Erich Ollenhauer die lähmend langen Konferenzen der Ministerpräsidenten im Juli 1948.[28]

Lustig oder besser gesagt ernst wird es natürlich, wenn Politiker zu Wort kommen, die sich um die „Brüder und Schwestern im Osten" Gedanken machen. Auf eine Staatsgründung im Westen würden die Russen „sofort mit einem Oststaat antworten", meint der Ministerpräsident des neuen Landes Württemberg-Hohenzollern Lorenz Bock, „und damit wäre das rechtlich vollzogen, was zurzeit schon geschehen ist, nämlich die Teilung Deutschlands." Das Ziel kann offiziell nicht die Gründung eines dauerhaften Staates sein. Die Rede ist vom *Provisorium*, das bei der nächsten Gelegenheit zugunsten der deutschen Einheit entsorgt werden soll. Aber inoffiziell ist das Ziel sehr wohl die Gründung eines dauerhaften Staates. Jeder einzelne Handgriff geht seit 1945 genau in diese eine Richtung.[29]

Während die Alliierten mit Spannung erwarten, was die Deutschen nun als den Text für die „Verfassung" der neuen Länder servieren werden, ist den handverlesenen Deutschen vor allem eines klar: Hier darf nur keine Verfassung entstehen. Die wäre etwas Endgültiges und somit bliebe kein Spielraum mehr für dauerhafte juristische Akrobatik. Darin müsste zum Beispiel auch festgelegt werden, wo das Staatsgebiet aufhört. Doch hier soll „offengehalten" werden, ob bei einem Ende des Kalten Krieges nicht „andere deutsche Gebiete" in den „provisorischen" Staat von Aachen bis zum Harz aufgenommen werden können. Jene Idee kam von Goerdeler, der in einer Denkschrift vom 26. März '43 *Forderungen* für die Zeit nach dem Krieg fixiert hatte. Neben der Erhaltung von Österreich sowie dem Sudetenland beim Reich hielt er sogar den Zugewinn eines Gebietes wie Südtirol für möglich, das sicher einst zum Habsburgerreich gehört hatte, aber nie zu Deutschland, und auf das obendrein gar jemand wie Kanzler Adolf Hitler feierlich verzichtet hatte. Zugleich wird dieses Papier auch das Dokument, das sicherstellen muss, dass es nie mehr eine Neuauflage des Deutschen Reiches, in welchen Grenzen auch immer, gibt. So wie es war, wurde es bereits zweimal zur Zielscheibe der Engländer. Ein paar Artikel müssen da hinein, die der Bevölkerung die Hoffnung vermitteln und den Politikern und Diplomaten des Auslandes damit drohen, dass Deutschland letzten Endes eben doch wesentlich größer sei als die drei Besatzungszonen im Westen des Deutschen Reiches.

Es ist alles so harmonisch am 10. August '48, dem ersten Arbeitstag der eingeweihten Politiker – weit weg von Berlin. Um sechs Uhr am Abend beginnt eine gemütliche Bootsfahrt auf dem bayerischen Chiemsee und es folgt ein Nachtessen mit Mitgliedern der bayerischen Staatsregierung sowie ausgewählten anderen Gästen. Das Programm für die Herren hat der Chef der Münchner Staatskanzlei Anton Pfeiffer für den Konvent im Alten Schloss auf der idyllischen Herreninsel im Chiemsee zusammengestellt. Der Tagungsort ist perfekt abgeschirmt gegen neugierige ausländische Agenten. Zu der Insel kommt man bloß mit einem Boot – das aber kann, so hatte es Staatsminister Pfeiffer angeordnet, nur „über den Beamten der Bayerischen Staatskanzlei angefordert werden". Lediglich zwei Telefone gibt es auf der Insel, eins davon unter Kontrolle des Gastgebers Pfeiffer. Unbeaufsichtigt steht das zweite Telefon ganz bestimmt auch nicht rum. So sollen die Besprechungen über den neuen deutschen Staat vonstatten gehen. Die Versorgung der rund 30 Gäste auf der Insel ist auf jeden Fall sichergestellt: 10 Uhr bis 10 Uhr 15, so steht es im Programm, wird eine Bouillon serviert. In Berlin starren sie hungrig in den Himmel; Millionen suchen in den Besatzungszonen nach überlebenden Angehörigen und Freunden. Und Bayerns Staatsminister Anton Pfeiffer schwärmt vom Vollmondlicht über dem Chiemsee: „ein Schimmer von Romantik". Unter Zeitdruck stehen sie auch, denn auf der Sechsmächtekonferenz der Amerikaner, Briten, Franzosen und Benelux-Staaten im März in London waren die drei Zonen im Westen als wichtiger Partner des wirtschaftlichen Wiederaufbaus in Europa, vor allem aber als Bollwerk gegen die (zerstörte) Sowjetunion reklamiert worden.[30]

Am 1. September 1948 kommen die Eingeweihten zusammen, im Lichthof des Bonner Naturkundemuseums Koenig. Repräsentativ kann dieses Gremium nicht sein; dafür sind seine Mitglieder ganz einfach auch zu alt (im Durchschnitt 56 Jahre), zu männlich (nur vier Frauen), zu gebildet (zwei Drittel sind Akademiker), zu wohlhabend (kein Arbeiter ist dabei). Was kommt heraus nach aller Grübelei? Die Abgeordneten – durch die Erfahrungen mit Hitler klug geworden – bauen in den Text allerlei, teilweise durchaus auch komplizierte Hürden ein, um eine erneute Diktatur nicht wieder möglich zu machen. Grundrechte und Demokratie, Rechtsstaat und Gewaltenteilung – nicht einmal einstimmig dürfen die Volksvertreter sie abschaffen. Carlo Schmid aus der SPD, die sicherlich überragende Figur im Parlamentarischen Rat, fordert den Mut zur Intoleranz gegenüber denen, die die Demokratie gebrauchen wollen, um sie umzubringen. Es wird auch vorgesorgt für Katastrophen, wenn beispielsweise in späteren Jahren jemand auf den Dreh kommt, per Volksentscheid zu klären, ob nicht die Mehrheit der Leute lieber die Gebiete östlich von der Oder aufgeben würde als Familien und Freunde auf ewig zu trennen. So werden Volksentscheide und ähnlicher demokratischer Klimbim gleich ausgeschlossen. Zur Verwirrung der Leute soll ein Bundesverfassungsgericht eingerichtet werden – das hört sich dann wenigstens ein kleines bisschen nach Verfassung an. Es kann unerwünschte Parteien verbieten und wenn durch Wahlen Leute wie Jakob Kaiser (CDU) oder auch Willy Brandt (SPD) Kanzler würden, die von Weltpolitik andere Vorstellungen haben als Bonn es sich denkt, kann es wieder in Erinnerung rufen, dass das Deutsche Reich 1945 auf keinen Fall in Ruinen untergegangen war. Zwischen ausgestopften Giraffen und Mammutskeletten, die notdürftig abgehängt sind, verschleiern die Abgeordneten ihr Tun. Man spricht von einer „einheitlichen Verwaltungsspitze“, wenn man die künftige Bundesregierung meint, die von den Alliierten eigentlich geforderte Verfassung bezeichnet man als „eine Satzung irgendwelcher Art“. Schließlich einigt man sich auf *Grundgesetz*; der Begriff stammt vom Hamburger Bürgermeister Max Brauer. Im Zusammenhang mit dem Parlament spricht die kluge Runde von einer „Vertretungskörperschaft oder sonst was".[31]

Mit allerlei Wortakrobatik verschleiern die Abgeordneten ihr Tun – und das haben sie auf jeden Fall bitter nötig. Die Alliierten würden nämlich im Dreieck springen, würden die besiegten Deutschen offiziell bekanntgeben, dass sie gedenken, Europa für Jahrzehnte oder gleich für immer zu teilen. Selbstverständlich geht es um die Teilung Europas; sie ist eine unmittelbare Folge der Teilung Deutschlands. Der Artikel 23 wird zum besten Beitrag: „Geltungsbereich des Grundgesetzes: Dieses Grundgesetz gilt zunächst im Gebiete der Länder Baden, Bayern, Bremen, Groß-Berlin, Hamburg, Hessen, Niedersachsen, Nordrhein-Westfalen, Rheinland-Pfalz, Schleswig-Holstein, Württemberg-Baden und Württemberg-Hohenzollern. In anderen Teilen Deutschlands ist es nach deren Beitritt in Kraft zu setzen." Ganz genau, gilt zunächst. So lassen sich Schritt für Schritt Ostpreußen und Westpreußen, Vorpommern, Hinterpommern, Oberschlesien, Niederschlesien, warum nicht auch gleich wieder Danzig an das Reich anschließen. Wer es hören mag, hört die Länder zwischen Ostsee und Erzgebirge. Aber gegen die gibt es ja den Kalten Krieg.

Während das vorläufige Grundgesetz einer Bundesrepublik Deutschland von deutschen Gremien erarbeitet wird, einigen sich die West-Alliierten parallel dazu auf ein Besatzungsstatut. Darin stellen sie jene Rechte zusammen, die sie sich auch nach der Staatsgründung weiter vorbehalten. Dazu zählen die dauerhafte Entwaffnung Deutschlands, die Entmilitarisierung, auswärtige Angelegenheiten, der Schutz und die Sicherheit der alliierten Streitkräfte, die Überwachung des deutschen Außenhandels, in bestimmten Situationen auch die erneute Übernahme der Ausübung der vollen Gewalt im westlichen Teil des Reiches und der Vorbehalt der Zustimmung zu allen Gesetzgebungsakten im Bund wie auch in den einzelnen Ländern. Wenn der Staat erst einmal gegründet ist, soll das in Kraft gesetzt werden.[32]

Der Kalte Krieg setzt sich als Prinzip durch

Die Ereignisse rund um die Währungsreform in West-Deutschland und West-Berlin sowie die daraus resultierende Blockade West-Berlins sind für Washington wie auch für Moskau der Schlusspunkt ihres unsicheren gegenseitigen Abtastens seit 1945. Diese Entwicklung, die mit Reinhard Gehlens gefälschten Informationen im Mai 1945 begonnen hat, mündet im Sommer '48 in die Planung eines westlichen Militärbündnisses gegen die Sowjetunion, aus dem Deutschland aber ausgeschlossen bleiben soll. Werfen wir doch noch einen kurzen Blick über das große Wasser zu den Neulingen in der Welt. Frank Wisner übernimmt am 1. September 1948 die Leitung der amerikanischen Geheimaktionen. Sie werden sich rasch weltweit auswirken und das Leben vieler Menschen verderben. Mit den illegalen und brutalen Aktionen wird es überraschenderweise nicht gelingen, den eigentlichen Auftrag zu erfüllen, nämlich die Sowjets hinter die alten Grenzen Russlands zurückzudrängen und Ost-Europa aus der Hand der Kommunisten zu befreien. Die Kommandostelle wird eine zerfallende wellblechgedeckte Baracke in einer langen Reihe provisorischer Gebäude des amerikanischen Kriegsministeriums, die ein Wasserbecken zwischen Lincoln-Gedenkstätte und Washington-Denkmal säumen. Ungeziefer wuselt auf den Fluren umher. Wisners Männer bezeichnen diese Baracke nur als den Rattenpalast.[33]

Frank Wisner ist ein Mann der Tat. Er arbeitet wie ein Wahnsinniger. Er schuftet mindestens zwölf Stunden am Tag und das Ganze sechs Tage in der Woche. Das verlangt er auch von seinen Mitarbeitern. Der gesetzlich festgelegte Auftrag der *Agency* lautet, sie solle den Präsidenten mit den für die nationale Sicherheit unverzichtbaren Informationen versorgen – so oder so, wie sich ein anderer Führer einst auszudrücken pflegte, denn zur Auswertung von Spionage fehlt Wisner die Geduld, die Zeit, die man für das Sichten und Prüfen von Informationen braucht, und er weiß vermutlich gar nicht, wie man es machen müsste. Wie viel leichter ist es da, einen Staatsstreich zu planen oder Politiker zu bestechen, als das Politbüro in Moskau zu unterwandern, wo sie nicht mal Englisch reden. Dem Chef der CIA teilt er nur selten mit, was er tut. In der Regel beschließt er allein, ob seine Geheimaufträge mit der Außenpolitik der USA übereinstimmen. Es dauert nicht lange und seine Organisation ist größer als die gesamte übrige CIA zusammengenommen. Die verdeckten Operationen werden zum wichtigsten Faktor der CIA – mit den meisten Leuten, dem meisten Geld und der meisten Macht, wie Tim Weiner später einmal von den gealterten Helden erfahren wird.[34]

Nach einem Monat sind schon Schlachtpläne für die nächsten fünf Jahre entworfen. Er gründet einen multinationalen Medienkonzern zum Verbreiten von Propaganda und beginnt mittels Geldfälscherei und Marktmanipulationen einen Wirtschaftskrieg gegen die Sowjets zu führen. Er gibt Millionen für den Versuch aus, in vielen Hauptstädten der Welt das politische Gleichgewicht zu verändern. Verteidigungsminister James V. Forrestal weist ihn an, Agentennetze aus Ausländern zu bilden, die nach einem Überfall durch die Sowjets gegen diese kämpfen sollen. Er fordert Waffen, Munition und Sprengkörper, die in Europa wie auch im Nahen Osten in Geheimverstecken lagern sollen und mit deren Hilfe im Fall des Falles Brücken, Nachschublager und Ölfelder in die Luft zu jagen wären. Daraus werden die Geheimarmeen der Operation Gladio.[35]

Warum geht die amerikanische Außenpolitik in die Irre und kommt die Steuerzahler teuer zu stehen? Unerfahren in der Weltpolitik und von der Angst vor der (zerstörten) Sowjetunion getrieben, verstehen sie nicht die Motivation für die sowjetische Truppenpräsenz in der Tschechoslowakei und in Polen, ganz zu schweigen von der in Mittel-Deutschland. Es geht der Führung in Moskau darum, vertraglich festzulegen, dass das Gebiet östlich der Oder zu Polen gehören soll und das Sudetengebiet zur ČSSR. Welches Faustpfand hat Moskau noch in der Hand, wenn man das Reich einfach verließe ohne einen Friedensvertrag?

Ost-Berlin ruiniert Stalins Träume

Mehr als drei Jahre sind seit dem Kriegsende vergangen und Stalin hat seine Vorstellung von einer endgültigen europäischen Landkarte immer noch nicht durchsetzen können. Das liegt unter anderem daran, dass die Führer der Arbeiterklasse in Ost-Berlin alles andere als fügsam sind. Am 6. September '48 sprengen sie die im sowjetischen Sektor tagende Stadtverordnetenversammlung. Ein paar Kilometer westlich davon landen in West-Berlin die sogenannten Rosinenbomber, mit deren Hilfe die Leute trotz der separaten Einführung der D-Mark Lebensmittel, Briketts zum Heizen und zur Aufheiterung auch Kaugummis und Rosinen angeliefert bekommen. Seit dem 30. November 1948 hat die Stadt Berlin getrennte Verwaltungen, da eine von der SED zusammengesetzte außerordentliche Stadtverordnetenversammlung einen provisorischen Magistrat aus dem Boden gestampft hat. Dass Moskau das Berlin der Goldenen Zwanziger, ohne Nazi-Aufmärsche auf den Straßen, haben will, zeigt sich beispielhaft in der Rolle Friedrich Eberts. Dem Sohn des sozialdemokratischen Reichspräsidenten von 1919 bis 1925 tragen die Sowjets an, Oberbürgermeister zu werden. Jossif Stalin gefällt der Siegeszug der Sozialistischen Einheitspartei nicht sonderlich. Im März und Dezember 1948, beordert er die Führungsgenossen ob ihres Sozialismusfiebers nach Moskau, um ihnen gesamtdeutsches Denken näherzubringen. Er erklärt ihnen noch einmal, von ihnen werde erwartet, „Keime eines gesamtdeutschen Parlaments und einer gesamtdeutschen Regierung zu schaffen". Was soll der Kreml-Chef unternehmen, wenn jene nicht spuren? Er würde sich selbst das Wasser abgraben, wenn er seine Soldaten auf die Kommunisten losließe, die wohl einzige Gruppe, die nicht gegen die ständige Anwesenheit sowjetischer Soldaten auf die Straße gehen wird.[36]

Hungerrevolten in West-Deutschland

Wir haben hier schon erwähnt, dass es mit der Lebensmittelversorgung im Westen nicht gut aussieht, aber wie schlimm ist die Lage tatsächlich? Gute Frage, nächste Frage: Hat das neue Geld nun die Wende gebracht? Nein, leider nicht. Es hat den Mangel noch weiter zugespitzt. In der Zeit nach der Währungsreform ist es zu massiven Preiserhöhungen von sage und schreibe bis 200 Prozent gekommen. Bei Lebensmitteln erreicht die Steigerungsrate sogar unfassbare 2.000 Prozent und führt zu einer stark sinkenden Lohnquote, zumal die Löhne gesetzlich eingefroren sind. Das hat in erster Linie etwas damit zu tun, dass es zum Beispiel kein Konzept für etwas wie eine *soziale* Marktwirtschaft gibt. Sicher hatte ein gewisser Alfred Müller-Armack 1946/47 etwas dazu geschrieben, aber die Auflage war doch sehr überschaubar. Es existieren nur etwa 200 Stück davon; es ist jedoch bei den politischen Akteuren nicht bekannt, ja es handelte sich noch nicht einmal um ein umsetzbares Konzept. Brauchbar ist noch am ehesten, was sich Leonhard Miksch, ein sozialdemokratischer und ordoliberaler Kollege des Direktors der Verwaltung für Wirtschaft Professor Ludwig Erhard ausgetüfelt hat. Miksch ist aber mit seinen Vorschlägen, wie nach der Währungsreform mit den Preisen und mit der Wirtschaftsordnung umzugehen sei, an ebenjenem Prof. Erhard gescheitert. Dieser will einfach eine Freie Marktwirtschaft einführen. Den Rest regelt Gott.[37]

In den Wochen nach der Währungsreform vom 20. Juni war es schon zu spontanen Artikulationen von Unmut, zu Kartoffelschlachten sowie zerstörten Eierständen gekommen. Die nächste Stufe der Proteste ist schon besser organisiert gelaufen: Leute haben sich zusammengetan, teilweise schon mit Gliederungen der Gewerkschaften vor Ort, aber oft auch einfach so, und haben zum Kaufstreik aufgerufen. Es folgten größere lokale Demonstrationen. Danach organisierten Gewerkschafter eine Kampagne unter dem Slogan „Herunter mit den Preisen“. Das war hier und da zeitlich begrenzt durchaus erfolgreich, konnte aber keine dauerhafte Lösung bewirken.[38]

An einem Wochenende Mitte August 1948 finden dann schon sehr viele Demonstrationen statt. In diesen Wochen sammeln sich unter anderem Protestresolutionen aus Bayern. Dort kommt es zwischen Mitte August und Mitte September zu mehr als vierzig Kundgebungen und es nehmen teilweise bis zu 100.000 Leute teil, in manchen Fällen schon 700 in ganz kleinen Orten. Ihre Resolutionen schicken sie in Kopien an die Bizonen-Verwaltung. Mitte und Ende Oktober folgen gewaltige regionale Demonstrationen, vor allem in Städten wie Stuttgart, Mannheim und Bremen. Die Gewerkschaften nutzen ihre zurückerlangten Rechte und veröffentlichen Aufrufe, nach denen es fortlaufend zu großen Demonstrationen in vielen Städten der sogenannten Bizone Deutschlands kommt. Planungen für einen Generalstreik beginnen am 26. Oktober 1948. Starttermin soll der 12. November sein. In der Stuttgarter Industrieregion kommt es am 28. Oktober nach Streiks und Protesten für eine Preisregulierung, Lohnerhöhung und politische Mitbestimmung zu schweren Unruhen, die die US-Besatzungstruppen gewaltsam niederschlagen. Die Proteste in Stuttgart stehen unter Losungen wie beispielsweise: „Wir wollen leben, nicht vegetieren!“ und „Fort mit Professor Erhard!“ Es bedarf wohl noch eines Kraftaktes nach der Währungsreform, damit aus dem verhassten Wirtschaftsprofessor irgendwann einmal eine Lichtgestalt werden kann.[39]

Die Demonstranten am 28. in Stuttgart tragen gar einen Galgen, an dem ein Schild befestigt ist mit ihrer Drohung: „Weg mit dem Preiswucher – oder ... !“ Der Stuttgarter Gewerkschaftsvorsitzende Hans Stetter ist der einzige Redner. Er spricht es noch einmal ganz energisch aus: „Was wir verlangen, ist eine planmäßig gelenkte Wirtschaft mit staatlich kontrollierten Preisen. Wir fragen, wo bleibt der demokratische Gedanke, wenn die amerikanische Besatzungsmacht die Außerkraftsetzung der Bestimmungen über das Mitbestimmungsrecht in wirtschaftlichen Fragen anordnet?“ Die Neue Zeit der CDU berichtet am 29. Oktober, was passiert war: „Den amerikanischen Militärpolizisten gelang es mit aufgepflanztem Seitengewehr und Tränengas, die Stuttgarter Einkaufsmeile bis 17

Uhr zu räumen. Dabei kam es wiederholt zu tätlichen Angriffen. Militärgouverneur Clay hatte sich, als er anordnete, mit Panzern gegen die Demonstranten in Stuttgart vorzugehen, zu einem außerordentlichen, bis dahin für Westdeutschland beispiellosen Vorgehen entschlossen.“ Die Räumung des von Arbeitern besetzten Bahnhofsvorplatzes in Stuttgart trifft auf noch mehr Widerstand. Dabei sollen vereinzelt auch US-Soldaten aus der Menge heraus niedergestochen worden sein. Hier setzen die Amerikaner neben Panzern und Tränengas noch eine Kavallerieeinheit ein. Die Stuttgarter Nachrichten berichten am 30. Oktober von der Maßnahme, die der Militärgouverneur der amerikanischen Besatzungszone Clay verhängt, der von einer „kommunistischen Verschwörung“ spricht, also: „General Clay ließ für Stuttgart eine zeitlich unbefristete Ausgangssperre von 21 Uhr bis 4 Uhr morgens verhängen. Die war ernst gemeint. Drei Tage nach den 'Vorfällen' hatten sich 38 Personen vor dem Schnellgericht der amerikanischen Militärregierung zu verantworten.“ Auch die New York Times berichtet, dass bei der gewaltsamen Niederschlagung in Stuttgart zwölf schussbereite Panzer sowie eine mit Maschinengewehren und Tränengas ausgerüstete Kompanie der US-Streitkräfte zum Einsatz kamen. Auf beiden Seiten habe es auch Verletzte gegeben.[40]

Der Generalstreik am Freitag, dem 12. November '48, wird als Schreckschuss begrenzt auf den einen Tag, bloß konzipiert als eine Arbeitsruhe, und die Gewerkschaften haben ihren Gliederungen vorgegeben, dass es weder Streikposten noch öffentliche Kundgebungen geben dürfe. In den Gewerkschaften wird befürchtet, dass es womöglich erneut zu Vorfällen wie in Stuttgart kommt. Der erste Generalstreik hier schafft eine absolut abgefahrene Situation: Es sind die Protestierenden und Gewerkschaften in West-Deutschland, die ihrerseits vehement eine Verstaatlichung und eine Demokratisierung der Betriebe fordern sowie die Einrichtung einer Planwirtschaft. Ein zentral beschlossener Forderungskatalog bestehend aus zehn Punkten wird von den Gewerkschaften als Plakat überall in den Städten und Dörfern verteilt. Gleich im ersten Punkt wird eine Planung und Lenkung im gewerblich-industriellen Sektor, insbesondere für Rohstoffe, Energie und Kredite gefordert, ja sogar für den Außenhandel und den Großverkehr. Zu den Hauptzielen zählt ebenfalls eine Überführung der Grundstoffindustrie und Kreditinstitute in Gemeineigentum und die Demokratisierung der Wirtschaft und gleichberechtigte Mitwirkung der Gewerkschaften in allen Organen der wirtschaftlichen Selbstverwaltung. Und es gibt einen erläuternden Text, der auf der Rückseite zu finden ist. Was sich darin nicht wiederfindet, ist die Vielfalt der Meinungen innerhalb der Protestbewegung in den Monaten vorher.

Insgesamt nehmen an dem Generalstreik mehr als 9,2 Millionen Arbeitnehmer aus Industrie, Handwerk, Handel und Verkehrswesen teil. Dies entspricht 79 Prozent der 11,7 Millionen Beschäftigten in der amerikanischen und britischen Besatzungszone. Als Motivation der Proteste wird nicht der Hunger vermutet, sondern „kommunistische Elemente“ hinter den Aktionen. Aber wie dem auch sei, es handelt sich dabei durchaus um einen politischen Streik, weil es in den Streikforderungen nicht bloß um konkrete Maßnahmen zur Preisherabsetzung geht, sondern auch um die Inkraftsetzung von Mitbestimmungsgesetzen. Den Demonstranten geht es um die Sozialisierung von Schlüsselindustrien – verknüpft mit einer gewissen Vorstellung von Wirtschaftsdemokratie. Frankreichs Militärgouverneur für die Besatzungszone in Deutschland hatte in weiser Voraussicht vorgebaut und selbst jenes eintägige Luftholen der hungernden Menschen unter Androhung drakonischer Strafen abgewürgt und in der Bevölkerung weiß man noch aus der Besatzungszeit nach dem Weltkrieg zuvor, was die Franzosen unter drakonischen Strafen verstehen. Es wird auf alle Fälle jede Form von Streik mit Erfolg verboten.[41]

Die SPD greift im Sommer und im Herbst mit zwei Misstrauensvoten in den Prozess ein, das zweite gegen Ludwig Erhard und Hermann Pünder, den Oberdirektor des Wirtschaftsrats der Bizone, Erhards Vorgesetzten. In Reaktion auf das Misstrauensvotum hat Pünder eine Art Regierungserklärung gegeben und die *Soziale Marktwirtschaft* zur Politik der CDU erklärt. Ab September werden als Reaktion auf den Druck verschiedene Maßnahmen beschlossen. Allgemein bekannt wird ganz besonders das Jedermann-Programm. Es wird auf einmal ein staatlicher Rahmen dafür vorgegeben, zu welchen Preisen und in welcher Qualität Waren gefertigt werden müssen. Wer sich als Unternehmer auf das Programm einlässt, bekommt im Gegenzug Rohstoffe zugewiesen, kann daraus fertigen und das dann zu festgelegten Preisen verkaufen. Wer das nicht will, sieht zu, wo er bleibt. Die paritätische Finanzierung der Krankenversicherung ist auch ein Erfolg des Volksaufstandes vom Sommer und Herbst 1948.[42]

Warum denn schon wieder Militär aufbauen?

Ende des Jahres 1948 lernt der relativ frisch gekürte, wenn auch relativ greise Präsident des Parlamentarischen Rates Konrad Adenauer den geheimsten Mann West-Deutschlands kennen. Es ist Reinhard Gehlen, der einst die deutschen Agenten an der Ostfront geleitet hat und der seinerseits die militärische Vorarbeit für die Gründung eines west-deutschen Staates geleistet hatte. Sefton Delmer, der schon im Krieg geheimdienstlich für England unterwegs war, versteht natürlich nicht, warum ihn das Naziopfer Adenauer freundschaftlich als den *lieben General* bezeichnet. Aber die Ausländer verstehen ohnedies weniger als die Hälfte von jener *black box* Deutschland, von der sie glauben, dass sie sie mit dem Sieg in zwei Weltkriegen endgültig ausgeknipst hätten. Jedenfalls bittet Konrad Adenauer den General Hans Speidel, Erwin Rommels ehemaligen Stabschef, ein Memorandum anzufertigen, in dem die Stärke der verschiedenen europäischen Armeen verglichen und festgestellt werden solle, was das neue Deutschland an bewaffneten Kräften anzubieten hätte, falls die Westmächte einen militärischen Beitrag anfordern sollten. Das werden sie natürlich nicht tun, weil Speidel als ersten Punkt vorgibt: Festlegung und Sicherung der deutschen Grenzen. Und welche sind das? Das Papier wird den Amerikanern diskret unterbreitet. Man könnte auch sagen, die anderen beiden Mächte werden hintergangen. Die Amerikaner sind beeindruckt, gehen jedoch vorerst nicht darauf ein. Trotzdem ist damit der zweite größere Schritt zur Wiederbewaffnung West-Deutschlands getan, ohne Wissen oder Zustimmung der Öffentlichkeit. So viel zum schönen Motto, man wolle eine Demokratie in Szene setzen. In Frankreich jedoch wird das Ansinnen bekannt und im Dezember 1948, im selben Monat, in dem Adenauer das Memorandum Speidels in Washington unterbreitet, widerspricht er französischen Zeitungsberichten, nach denen er die Aufstellung von 28 stark bewaffneten Polizeidivisionen vorgeschlagen hätte. Ausländischen Journalisten, die ihn über seine Auffassung zur nächsten Wiederaufrüstung befragen, antwortet er in einem Duktus, der sich zur Nachahmung fast anbietet: „Ich habe zu dieser Frage keine Auffassung. Ich denke über dieses Problem überhaupt nicht nach.“[43]

Es ist ja auch nicht so, als ob General Hans Speidel nicht bewusst wäre, welche Wirkung jene Forderung nach der Festlegung und Sicherung der deutschen Grenzen hat. Im selben Zusammenhang führt er aus, dass die Sicherheit Deutschlands als Zentralproblem der Sicherheit Europas erscheine. Eine Neutralität Deutschlands nach Schweizer Vorbild schließt er „nicht nur aus Gründen des Machtgleichgewichts aus, sondern auch deshalb, weil dafür die völkerrechtlichen Voraussetzungen fehlten.“ Eine Sicherheitsgarantie der USA, wie sie durch General Douglas MacArthur Japan gegeben wurde, wäre in Deutschland schwierig, „weil die Grenzen des Territoriums nicht festlagen wie die Japans“. Es ist schön, dass er es weiß. Unschön ist natürlich, dass er genau das jedoch zum ersten Punkt seines Memorandums gemacht hat. Und bedauerlich ist in der Tat, dass er das Publikum für so dumm hält, dass es diesen eigentlich offenbaren Widerspruch nicht bemerken könnte.[44]

Mit dem ruhigsten Gewissen der Welt tischt er nun auch auf, dass er am 7. Dezember 1948 ganz unerwartet einen Anruf seines alten Ordonnanzoffiziers Dr. Rolf Pauls aus Bonn erhalten habe. Wir kennen ihn aus der

Hitler-kritischen Georgs-Runde im Hotel *George V.* seinerzeit in Paris. Konrad Adenauer hatte an ihn die Frage gerichtet, ob er (zufällig) einen für die Problematik Sicherheit kompetenten ehemaligen General kenne. Was soll ich Ihnen sagen? Er kommt auf einen seiner Gesprächspartner aus der Runde um den Intellektuellen Ernst Jünger im Hotel *George V.* Pauls fragt Speidel, ob er bereit sei, am 14. Dezember Konrad Adenauer und Herbert Blankenhorn über seine Auffassung der Dinge zu berichten. Mir ist nicht bekannt, ob Speidel noch an diesem Abend die Stiefel angezogen hat und losgelaufen ist. General Hans Speidel berichtet auch, dass Moskau wenig später die Forderung nach der Räumung Gesamtdeutschlands von *allen* Besatzungstruppen fordert. Speidel erkennt (natürlich) einen Gefahrenpunkt: Wilhelm Pieck und Walter Ulbricht hätten in Ost-Berlin davon gesprochen, West-Deutschland befreien zu wollen. Das ist aber nicht so einfach ohne die abgezogenen sowjetischen Soldaten. Wer außer Gehlen und Speidel *weiß* es noch, dass es im Osten Deutschlands 1948 schon eine eigene deutsche Polizei geben soll? Genau das ist es jedoch, was Speidel dem Publikum verkauft. Diese Debatte trägt nach General Speidel dazu bei, dass die Frage nach west-deutschen Sicherungsverbänden aktuell bleibt. Sagen wir besser, die Frage wird auf die Art am Köcheln gehalten; keiner der westlichen Alliierten möchte nämlich von deutschem Militär etwas wissen. Von einer Änderung dieser Auffassung wird auch noch lange keine Rede sein, um das hier vorwegzunehmen. In der nächsten Zukunft kommt jedoch ein weiterer Beleg für das doppelte Spiel rund um die verlassenen deutschen Ostprovinzen. In einer langen Denkschrift für Konrad Adenauer wird unter anderem als eine politische Bedingung formuliert: „Die Rückgabe der entrissenen Ostgebiete ist unabdingbare Notwendigkeit für die Existenz des deutschen Volkes.“ Weil das „moralische Bedeutung für die vielen Millionen von Flüchtlingen aus den Ostgebieten“ habe.[45] Ganz so zufällig wird sich das alles ja vielleicht doch nicht zutragen, wenn das den Ideen Goerdelers und Stauffenbergs entspricht, wie sie nach der anglo-amerikanischen Forderung nach einer bedingungslosen Kapitulation des Deutschen Reiches festgelegt wurden.

1 Sudoplatow (2013), S. 357 und 359

2 Ebd., S. 361 und 364

3 Ebd., S. 269

4 Ebd., S. 285, 269 und 283ff.
Wikipedia (2022), Edvard Beneš [online]. Verfügbar unter https://de.wikipedia.org/wiki/Edvard_Bene%C5%A1 [21.03.2022]

5 Friedrich (2007), S. 50 f.

6 Ebd., S. 51 und 55 f.

7 Europaarchiv 1948 (2004), Das Kommuniqué der Londoner Besprechungen über Deutschland (zum Abschluss der sog. "Sechsmächtekonferenz") vom 6. März 1948 [online]. Verfügbar unter http://www.verfassungen.de/de45-49/londonerkommunique48-1.htm [04.01.2022]

8 Ebd.

9 Ebd.

10 Ebd.

11 Podewin (1999), S. 462 f.

12 Weiner (2008), S. 60f.

13 Kielmannsegg (2000), S. 41f.

14 Loth (1994), S. 78
Hirche (1964), S. 196

15 Wikipedia (2022), Hans Schlange-Schöningen [online]. Verfügbar unter https://de.wikipedia.org/wiki/Hans_Schlange-Sch%C3%B6ningen [11.01.2021]

16 Brandt (1990), S. 14 f.
Wikipedia (2021), Willy Brandt [online]. Verfügbar unter https://de.wikipedia.org/wiki/Willy_Brandt#R%C3%BCckkehr_nach_Deutschland [02.01.2022]

17 Kuczynski (1969), S. 63

18 Brandt (1990), S. 18f.

19 Ebd., S. 159
Loth (1994), S. 78

20 Sudoplatow (2013), S. 253f. und 286

21 Brandt (1990), S. 20 f.
Harpprecht (1998), S. 422 f.
Wiegrefe, Klaus (2006), Aufstieg nach dem Untergang. Blühende Landschaften. In: Spiegel special 1/2006, S. 13

22 Weiner (2008), S. 60 f.

23 Friedrich (2007), S. 82
Brandt (1990), S. 23

24 Loewe, Lothar (2000), Artikel in: Berl. Morgenpost, Illustrierte, 30.04.2000
Winkler (1997), S. 104

25 Brandt (1990), S. 21 f.

26 Ebd., S. 23

27 Wiegrefe, Klaus (2006), Verteilte Macht. In: Spiegel special 1/2006, S. 51

28 Ebd., S. 13 und 52

29 Ebd., S. 13f.

30 Ebd., S. 50f.
Als Benelux-Länder werden Belgien, die Niederlande und Luxemburg bezeichnet.

31 Ebd., S. 13f. und 52

32 Pollmann (1989), S. 958
Habel & Kistler (1977)

33 Weiner (2008), S. 63

34 Ebd.

35 Ebd., S. 64
Die Operation Gladio war das Thema der Dissertation von Dr. Daniele Ganser.

36 SBZ von A bis Z (1963), S. 68
Friedrich (2007), S. 50 f.

37 Fuhrmann, Uwe & Tügel, Nelli (2018), Der Mythos der Bundesrepublik. Ludwig Erhard wird zu Unrecht als Vater der Sozialen Marktwirtschaft verehrt, sagt der Historiker Uwe Fuhrmann. Entscheidend für ihre Entstehung war vielmehr der bislang letzte deutsche Generalstreik [online]. Verfügbar unter https://www.nd-aktuell.de/artikel/1105354.generalstreik-der-mythos-der-bundesrepublik.html [19.06.2022]
Warweg, Florian (2022), Einseitige Gedenkkultur zum 17. Juni: Die vergessene Repression bei Streiks und Volksaufständen im Westen Deutschlands. Auf: Nachdenkseiten [online]. Verfügbar unter https://www.nachdenkseiten.de/?p=84774&fbclid=IwAR0ORs4kPJI_zMu-GhZpogd8e48_x9rSJapUolyBiuYSrccgT5qmIhfZnTM [19.06.2022]

38 Ebd.

39 Ebd.

40 Ebd.

41 Ebd.

42 Ebd.

43 Speidel (1977), S. 251
Delmer (1963), S. 679

44 Speidel (1977) , S. 250

45 Ebd., S. 252 bis 256

Die Gründung der NATO

Am 4. April 1949 wird ein nordatlantisches militärisches Bündnis in die Welt gesetzt: *North Atlantic Treaty Organization* – ohne die drei Westzonen in Deutschland. Dieser in der belgischen Hauptstadt Brüssel abgeschlossene Vertrag hat die Aufgabe, Frankreich bei einem deutschen Angriff eine automatische Bündnishilfe der Benelux-Staaten und Großbritanniens zu garantieren. Das erklärt Carlo Schmid aus der SPD.[1] Doch Paris und Brüssel haben in zwei Weltkriegen so unschöne Erfahrungen mit dem Beistand Englands im Ernstfall gemacht, dass man es sich bloß mit der Hinzuziehung der USA erklären kann, dass sie sich nochmal auf das Abenteuer einlassen. Andererseits gibt es auch weiterhin kein Land, das die *Grande Nation* alternativ vor Eroberern beschützen kann. Stalin in Moskau steht mit der Gründung der Nato allein da gegen die Armeen der stärksten Länder der Welt. Der ist für keinen gefährlich; der ist froh, wenn es wenigstens in Osteuropa einigermaßen ruhig bleibt. Betrachten Sie die Welt doch mal aus seiner Perspektive: England, Frankreich sowie die Vereinigten Staaten sind gegen ihn. Ohne den Westen konnte er noch nicht mal sein eigenes Land verteidigen. China setzt sich um 1950 herum von ihm ab. Der Krieg gegen Japan hat zwar erfolgreich für die sowjetischen Truppen geendet, davon hat er aber nichts, weil damit ein Dauerstreit um einige strategisch wichtige Inseln im Pazifik ausbrach. Dort ist also die Gebietslage an der östlichen Flanke genauso unsicher wie an der westlichen Flanke bezüglich der Grenzen Deutschlands und Polens. Den roten Zaren treibt auch die Sorge um, dass in Osteuropa die Regime hinweggefegt werden könnten, die ihm seit kurzem nicht mehr feindlich gegenüberstehen; einige dieser Länder waren bis zum Ende des Kriegs mit Deutschland gegen ihn verbündet gewesen. Bekommen Sie ein Bild von der Situation? Dieser Mann will nix ausbreiten, der will einmal Ruhe vor dem Ausland. Es sind vermeintliche oder real existierende deutsche Ostaufklärer, die Informationen aus der Welt hinter dem *eisernen Vorhang* liefern, ob diese Infos nun stimmen oder eben auch nicht.

Das Grundgesetz – Provisorien halten am längsten

Aus ganz praktischen Erwägungen heraus sind die westlichen Alliierten längst zur Gründung eines Staates in West-Deutschland bereit. Wie soll sonst die Wirtschaft der Staaten in West-Europa wieder in Schwung gebracht werden? Damit der neue Staat Hand und Fuß hat, gaben die drei alliierten Besatzungsmächte 1948 eine Verfassung in Auftrag. Doch was bekommen sie 1949 letzten Endes angeboten? Ausgerechnet am 8. Mai 1949 verabschiedet der Parlamentarische Rat einen „Verfassungsersatz". Das ist so ähnlich wie bei einem Zahnersatz: Das ist trotzdem kein Zahn. Wenn es egal wäre, dann hätte man das Heft auch „Verfassung" genannt. Am 7. und 8. Mai vor vier Jahren war die Kapitulation im Westen sowie im Osten unterzeichnet worden. „Grundgesetz" soll das Ding heißen. Es soll ein Statut für einen angeblich provisorischen Staat sein, das nur „für eine Übergangszeit" gedacht sei und das auch für die Deutschen verfasst wurde, „denen mitzuwirken versagt war". In der Präambel heißt es dann weiter: „Das gesamte Deutsche Volk bleibt aufgefordert, in freier Selbstbestimmung die Einheit und Freiheit Deutschlands zu vollenden."[2]

Für Adenauer ist es „der erste frohe Tag seit dem Jahre 1933".[3] Für seine Zwecke ist das Grundgesetz eine ideale Konstruktion, weil es eine starke und stabile Regierung ermöglicht, „die sich negativen Parlamentsmehrheiten gegenüber behaupten" kann. Wenn man schon Volksvertreter im Parlament mit anderen Zielvorstellungen als der Kreis um Adenauer von der Einflussnahme ausschließen will, ist es umso logischer, dass man die Masse der Leute nicht zum Luftholen kommen lässt. Es gibt naturgemäß genug Verbindungen zwischen Verwandten, Freunden und Kollegen, die man nicht aufgeben möchte. Deshalb soll diese Demokratie neuen Typus nicht plebiszitär, sondern konsequent repräsentativ sein. Bald sprechen sie von der *Demokratur Adenauers*. Carlo Schmid aus der SPD sieht die entstehende Republik im Vergleich zu den konstitutionellen Monarchien „auf dem Weg zur Monarchie ohne Konstitution". Man kann die Polemik von Carlo Schmid wohl als Beweis für Meinungsfreiheit und Demokratie verstehen. Man kann sich aber auch vergegenwärtigen, dass jener Mann zum erlesenen Kreis derjenigen gehört, die das Grundgesetz ausgetüftelt haben und die Demokratur erst ermöglicht haben. Oder man hört Franz Strauß zu, der sagt: „In diesem Kreis konnte mit großer Deutlichkeit gesprochen werden, weil es nie zu Indiskretionen kam, zumindest sind mir solche nicht bekannt geworden. Gelegentlich wurden auch Vertreter der SPD eingeladen, so Carlo Schmid, Fritz Erler und Erich Ollenhauer."[4] In Indiskretionen ist Strauß sicher der Meister. Sein bester Schenkelklopfer bezüglich des Staatsrechts ist ja wahrscheinlich unzweifelhaft: „Wir sind kein Experiment für demokratisierwütige Besatzungsoffiziere. In Bayern ist die Demokratie älter als in Amerika die weißen Menschen."[5] Wer soll diese Unverschämtheit noch toppen? Bekannt gemacht wird das Grundgesetz unter dem Datum des 23. Mai 1949, als die Landesparlamente im Westen außer dem Freistaat Bayern das Grundgesetz annehmen. Am 23. Mai *1945* waren übrigens die Mitglieder der letzten Reichsregierung von britischen Soldaten in Flensburg verhaftet worden.[6] Symbolik pur.

Dass die Juraspezialisten mit dem Grundgesetz die Alliierten hinter das Licht geführt haben, findet man bei dem von Jura ungeküssten *maestro* Willy Brandt in folgenden Worten: „Die Militärgouverneure mussten behutsam umgestimmt werden; sie meinten, die Welt erwarte ein »Verfassungswerk«. Auch auf deutscher, und zwar nicht nur konservativer Seite gab es Einwände gegen eine »Verantwortung scheuende« Auslegung von »Provisorium«. Lange wurde aus dem Grundgesetz eine Pflicht zur Wiedervereinigung abgeleitet. In Wirklichkeit spricht die Präambel von der Verpflichtung des gesamten deutschen Volkes, »in freier Selbstbestimmung die Einheit und Freiheit Deutschlands zu vollenden«. Das war anderes und mehr als Fiktives." Er hat alles und nichts verstanden und vor allem spricht er wichtige Gedanken häufig nicht zu Ende. Er erklärt dem Publikum nicht, dass mit „Wiedervereinigung" ursprünglich die Wiedererlangung des Territoriums des Deutschen Reiches in den Grenzen vom Dezember 1937 war. Das ist auf jeden Fall etwas anderes als das, was im

Gefolge von Adolf Hitlers Rundumschlag gegen alle noch realistisch war. Willy Brandt gehört einfach zur Mehrheit der Leute, die diese Forderung nach *Wiedervereinigung* nicht als den Dreh zur Zerlegung Deutschlands begreifen.[7]

Das verbissene Ringen um den Westen von Berlin

Es zeigt sich auch hier: Der einen Freud' ist der anderen Leid. Am 4. Mai 1949 einigen sich die westlichen Alliierten mit den Sowjets über die Aufhebung der Blockade der Versorgung von West-Berlin per Vier-Mächte-Abkommen. Am 12. Mai wird der Spuk praktisch beendet. Die Blockade zur Abwendung der Zerlegung der deutschen Währung und des einheitlichen deutschen Staates verfehlt durch die Luftbrücke, über die zuletzt ungefähr 8000 Tonnen Güter pro Tag eingeflogen werden, ihr Ziel. Die Leute in Mittel-Deutschland bleiben, verzeihen Sie mir den Kalauer, auf der Reichsmark und der Reichsbahn sitzen. Letztere hat zwar nicht sehr viel mit der Währung an sich zu tun, mit Geld aber sehr wohl. An diesem Titel Reichsbahn hängen Forderungen gegenüber der neuen Türkei, die auf Forderungen gegenüber dem ehemaligen Osmanischen Reich durch den Bau der Bagdadbahn zurückgehen. Sie erinnern sich ja vielleicht an diesen Bahnbau, der durchaus wesentlich zur englischen Angst vor einer deutschen Dominanz im Exportgeschäft in Richtung Irak und zum Weltkrieg von 1914 beigetragen hatte. Darum wird man einen Teufel tun und diesen Titel freiwillig abändern – ob das Reich noch existiert oder nicht. Was die Reichsmark anbetrifft, sieht es nicht so gut aus. Während man im Westen vor der Einführung der D-Mark im Durchschnitt weniger zu essen hatte als in Mittel-Deutschland, sieht es einige Zeit später deutlich besser aus. Im Schlusskommuniqué der Außenministerkonferenz vom 20. Juni 1949 wird in Paris von Moskau die Verpflichtung zu „weitestgehender Normalisierung des Lebens in der Stadt" wie auch der besondere Status der Westsektoren neben den existierenden vier Besatzungszonen im Reich völkerrechtlich anerkannt.[8]

Mit der Aufhebung der Blockade kommt auch der Bahnverkehr zwischen den vier Zonen wieder in Gang und schon macht ein Witz die Runde, der Aktuelles aufs Korn nimmt: Kontrolle im Interzonenzug. In einem Abteil 1. Klasse sitzt ein einzelner Herr. Der Volkspolizist fordert jenen auf, den Koffer zu öffnen – aber auch die gründlichste Beschau bringt nichts Verdächtiges. „Haben Sie amerikanische Zigaretten bei sich?“ fragt nun der Vopo. Als der Herr verneint, wiederholt er eindringlich: „Haben Sie auch wirklich keine amerikanischen Zigaretten bei sich?“ – „Aber nein!“ wehrt der Herr ab. Da sieht sich der Vopo vorsichtig um, beugt sich zu ihm und flüstert: „Wollen Sie amerikanische Zigaretten haben?“[9]

Nachdem die Sowjets den Kampf um die Einheit Deutschlands und der Reichshauptstadt aufgegeben haben, verlagert sich das *battle field* vom Osten in den Westen. Gerade erst nach Deutschland zurückgekehrt und für Norwegen aus Berlin berichtend, hat sich Willy Brandt in den Kampf um die momentan heißeste Stadt der Welt gestürzt. Wie nimmt er wahr, was sich in der großen Politik tut? Ernst Reuter, der jetzt bloß noch der Oberbürgermeister für den Westen von Berlin ist, erklärt nach dieser geschlagenen Schlacht, nun müsse ernsthaft über Deutschland verhandelt werden. Reuter und Brandt fragen sich verhalten, warum die westlichen Mächte nicht auch noch so beweglich seien, die Staatsgründung drüben im Westen Deutschlands auf Eis zu legen. Kann man nicht für Polen, die Tschechoslowakei und Ungarn einen Status sichern, der näher bei dem Finnlands liegt? Warum sollte man nicht herausfinden, ob und wie man der Sowjetunion die von ihr besetzte Zone abhandeln kann? Doch dazu besteht im Westen „keinerlei Neigung. Bei den Alliierten nicht. Bei den deutschen Politikern nicht.“[10] Brandt fragt sich, ob es mehr als ein Zufall ist, dass am dem Tag, an dem die Blockade zu Ende geht, die Vertreter für den Parlamentarischen Rat und die Militärgouverneure die Schlussbesprechung über das Grundgesetz abhalten. Ob Reuter oder Brandt, es ist klar, dass die in den Plan für eine Aufteilung des Deutschen Reiches eingeweihten Politiker ihnen davon nichts sagen. Berlin liegt östlich des

Harzes und irgendwo muss die Linie gezogen werden. Wie oft wird man in den Jahren nach 1943 Gespräche geführt haben, um auszuloten, ob es einer für besser hält, Deutschland zu teilen, um es so aus der Schusslinie der Westmächte zu nehmen. Brandt will die Teilung jedenfalls nicht.

Für die Volksvertreter in West-Berlin gilt das Credo, die Teilstadt müsse so eng wie irgend möglich mit dem Westen verknüpft werden. Dies stößt sowohl in der SPD als auch in anderen Parteien im Westen von Deutschland auf Widerstand. Beim West-Berliner Landesparteitag der SPD hält Willy Brandt eine zünftige Rede mit einer Kampfansage an jenen Flügel, der nicht nur Reuter und ihm selbst zu unbeweglich erscheint. Er ruft in den Saal: „Wer immer nur rückwärts schaut, ist alles, nur nicht radikal." In der Politik sei die Landkarte genau wie der Kompass dem Gesetz der Veränderung unterworfen, tut er kund. Das ist ein frühes Zeugnis seiner Erkenntnis, dass man die erneute territoriale Verkleinerung des Reiches nach einem zweiten Weltkrieg in einem Jahrhundert hinnehmen müsste, wenn man die restlichen Scherben wieder zusammenkleben will. Worte dieses Inhalts wird man von Kurt Schumacher, dem Chef der West-SPD nicht hören. Brandt hält zwar „die These vom prinzipiell ungeschmälerten Fortbestand des Deutschen Reiches für Unfug",[11] möchte sich jedoch nicht mit denen anlegen, die die These mit heiligem Ernst vertreten. Er meint, dies würde ihn von sinnvoller Arbeit abhalten. Nur wenige Leute, denen die juristische Haarspalterei so fern liegt, sind an den mit größter Ernsthaftigkeit geführten Debatten so nahe, wie Brandt. Ihm geht es wie den meisten anderen: Er hat von juristischen Dingen keine so großartige Ahnung. Nur wenn man Mehrheiten für eine Anerkennung der Grenzen des Jahres '45 zusammenbekommt und diese völkerrechtlich anerkennt, lässt sich die Teilung des restlichen Deutschland von Frankfurt/Oder bis Frankfurt/Main und so weiter noch verhindern – vorausgesetzt, dass die Amerikaner ihren Horror vor den Russen ablegen und sich die Informationen über deren militärische Möglichkeiten aus erster Hand besorgen, statt sie sich von vermeintlichen Altnazis auftischen zu lassen.

Wo wird die neue Hauptstadt sein?

Unterdessen läuft im Westen alles nach dem Plan des Kreisauer Kreises. Der Weststaat ist beschlossene Sache; es muss nur noch geklärt werden, wo dessen Hauptstadt sein wird. Bis zum Vormittag des 10. Mai 1949 ist Frankfurt am Main, die Kapitale der amerikanisch-britischen Bizone, in der engeren Wahl. Konrad Adenauer, seines Zeichens der Präsident des Parlamentarischen Rates, hat jedoch andere Vorstellungen. Sicher kann man sagen, dass er Bonn bevorzugt, weil er doch im nahen Rhöndorf zu Hause sei oder dass er mit einer Hauptstadt am linken Ufer des Rheins den Franzosen ein für alle Mal zeigen könnte, wo deren Grenze nicht sei, nämlich am linken Ufer des Rheins. Man kann aber auch kurzerhand elf Jahre zurückgehen und sich in Erinnerung rufen, dass der feine Besuch des damaligen Londoner Premiers Chamberlain in Bad Godesberg in der Nähe von Bonn die Hoffnungen auf ein Ende der Karriere Adolf Hitlers in den Staub getreten hat. In Bad Godesberg wären die Diplomaten aus dem Ausland gezwungen, tagtäglich genau da ein und aus zu gehen, wo sie sich mit dem Führer über Gott und die Welt unterhalten hatten und ihm letztlich ermöglichten, den 1. September '39 in Amt und Würden zu erleben, sodass er überhaupt dazu kam, gleich noch einmal einen Krieg in Europa loszutreten. Bonn ist beileibe nicht die einzige Stadt links des Rheins und Bad Godesberg könnte man den alten und neuen *Freunden* aus London auch ersparen. Adenauer wählt die Alternative: Er operiert mit dem schlechten Gewissen. Am Vormittag des 10. Mai tritt Adenauer vor die Unionsfraktion und hält gewissermaßen eine Meldung von dpd, des Deutschen Pressedienstes, in der Hand. Er liest vor, auf einer Vorstandssitzung der SPD in Köln habe es Schadenfreude über eine bevorstehende „Niederlage der Anhänger Bonns" gegeben. Der SPD-Chef Kurt Schumacher habe von einer „Niederlage der Konservativen" gesprochen. Der alte Adenauer muss sich nicht übertrieben aufregen; die Reihen der Union sind in Windeseile geschlossen. Am Abend steht das Ergebnis fest und es ist in Adenauers Sinne: 33 Stimmen für Bonn und, knapp unterlegen, 29 für Frankfurt am Main. Wie war Adenauer jedoch ursprünglich in den Genuss des Papiers vom Deutschen Pressedienst gekommen? Die Meldung war von zwei Journalisten in einem Agenturbüro in den Fernschreiber getippt, aber nicht abgeschickt worden. „Eine hilfreiche Hand hatte den Text an Adenauer geliefert“, und da zeigt sich der wahre Wert von guten Absprachen. So muss Adenauer diesmal nicht von der Speisekarte ablesen und ganz einfach so tun als ob, sondern kann einen richtig bedruckten Zettel eines Fernschreibers hervorzaubern. Die Szene mit der Speisekarte war ja auch schön: Adenauer wollte in einer kritischen Lage seinen Worten Nachdruck verleihen, griff nach einem Stück Papier und erklärte, er habe da eine Depesche erhalten, die vom US-Außenminister stamme. Franz Josef Strauß saß in der Nähe und gab dem Herrn Kanzler anschließend den Hinweis, wenn er wieder einmal so eine Depesche von John Foster Dulles erhalte, solle er sie so abdecken, dass man nicht sehe, dass es die Speisekarte des Bonner Hotels *Königshof* sei.[12]

Die CIA bekommt einen Stiefbruder in Deutschland

In Pullach vor München sammeln sich Generäle aus der Wehrmacht und Critchfield ist *live* mit dabei. Er sagt, irgendwann in ihrem ersten Jahr in Bayern sei den wenigen CIA-Angehörigen, die er um sich geschart hatte, bewusst geworden, dass dieser *Organisation Gehlen* viel mehr Generalstabsoffiziere angehören, als er Ende 1948 vorgefunden hat und die Anzahl wuchs ständig weiter an. Wenn sie die aus dem inneren Kreis einbeziehen, schätzen sie, dass dreißig bis vierzig unter den Herren Schlüsselpositionen innehaben. Er merkt an, dass Adolf Heusinger, Hans Speidel und Hermann Foertsch immer irgendwie die Hand im Spiel haben.[13] Bei fast jeder Erwähnung der drei Militärs beschleicht mich das Gefühl, dass James Critchfield von eineiigen Drillingen spricht. Wo gibt es denn drei oder bloß zwei Männer, die immer derselben Meinung sind? Männer, die niemals Hahnenkämpfe miteinander ausfechten? Heinz Herre wirkt auf ihn immer noch „wie Gehlens anderes Ich“. James Critchfield ist es wohl bekannt, dass Gehlen „dem einen oder anderen aus dem inneren Kreis“

mitgeteilt hat, dass während seiner zeitweiligen Abwesenheit „Heusinger als ranghöchster Vorgesetzter zu betrachten“ sei.[14] Wie lange soll es denn jetzt dauern, bis es richtig schmerzt? Natürlich handelt es sich dabei um eine Verschwörung. Wer wird denn daran auch zweifeln, wenn die heute Beteiligten auch schon bei der Verschwörung des 20. Juli '44 mit von der Partie waren? Wird es ihn dann ebenso überraschen, wenn er Heusinger bald an der Spitze der neuen Armee findet und Gehlen an der Spitze des offiziellen westdeutschen Geheimdienstes? Zumal keines von beidem bei der Administration in Washington oder irgendwo anders erwünscht ist?

Critchfield hat erfahren, dass die beiden Generäle Heusinger und Speidel wohl wissen, „dass viele erfahrene Offiziere in der Organisation gar keine nachrichtendienstlichen Fachleute waren, sondern nur auf die Gelegenheit warteten, erneut den Beruf des Soldaten zu ergreifen“; er leitet aber daraus nicht ab, dass die von ihm zu observierenden Militärs neben einer Analyse der Bedrohung der westlichen Welt durch die Sowjetunion noch eine weitere Aufgabe haben: den Aufbau einer Armee für einen erhofften westdeutschen Staat. Da er jedoch nicht verschweigt, dass sie, *wohl aus privaten Gründen*, nur darauf warten, wieder Soldat zu werden „sobald sich die Möglichkeit dazu bot“, kann ich darin noch nicht einmal irgendeine Irreführung erkennen, sondern im vollen Ernst den Umstand, dass Critchfield unbeirrbar davon überzeugt ist, dass es „größtenteils ein geschichtlicher Zufall [war], dass die »Organisation Gehlen« in den ersten zehn Jahren nach Ende des Zweiten Weltkriegs sich zu einem derart bedeutenden Sammelpunkt ehemaliger Generalstabsoffiziere entwickelte“. Merke: Nur wenn man die Ziele seines Gegenübers richtig einschätzt, ist man in der Lage, dessen Handlungen richtig zu bewerten. Das fängt hier schon damit an, dass der amerikanische Oberaufseher postuliert, Gehlen sehe es nicht als seine Aufgabe an, bei einer Remilitarisierung Deutschlands mitzuwirken. So darf er auch nicht reden, wenn alle vier Alliierten das strikt ablehnen. Aber was könnte er denn sonst beabsichtigen?[15]

Und obwohl die Männer tatsächlich keine Erfahrung auf dem Gebiet des Nachrichtendiensts mitbringen, kaufen ihnen die Aufseher aus *America* ihre vermeintlichen Erkenntnisse ab. Eine der Weisheiten dreht sich um zukünftige Ziele des Kremls: „Nachdem Heusinger Ende 1948 in Pullach Leiter von Gehlens Auswertungsstab geworden war, gelangte er als Analytiker der nachrichtendienstlichen Informationen des Stabes zu der Beurteilung, dass die angestrebten strategischen Ziele der Sowjets sich weit nach Westen, zumindest jedoch bis an den Ärmelkanal, verschoben hatten.“[16] Es irritiert den guten Mann auch nicht, dass sich die Erkenntnisse der deutschen Generäle nicht von jenen unterscheiden, die ihnen bereits drei Jahre vorher General Reinhard Gehlen aufgetischt hatte, der Mann, der in Pullach ebenso zugegen ist. So ein Zufall. Es beeindruckt ihn, dass die Deutschen eine Konfrontation zwischen Sowjetunion und USA schon voraussahen, die überraschenderweise dann auch eintrat, als die Amerikaner den deutschen Ball aufgenommen hatten. Für Critchfield scheinen die Deutschen vor 1945 keine Kommunikation untereinander gepflegt zu haben; er deutet mit keiner Silbe an, dass sich all die angeblich aktuellen Erkenntnisse so verdammt abgekartet anhören, ob sie nun von hier oder da oder dort stammen mochten.

Viele Mitarbeiter von Richard Helms sträuben sich absolut dagegen, die Herren, die Gehlen im Gefolge hat, in die CIA zu übernehmen. Einer von ihnen gibt zu Protokoll, es schüttele ihn beim Gedanken, mit einem Netz von „SS-Leuten mit bekannter Nazi-Vergangenheit“ zu kooperieren. Ein anderer meint dazu warnend: „Der amerikanische Nachrichtendienst ist ein reicher Blinder, der die Abwehr als Blindenhund benutzt. Das einzige Problem: Die Leine ist viel zu lang.“ Peter Sichel ist in der Zentrale der CIA für die Operation mit den Deutschen verantwortlich. Er mag an das heiße Eisen ebenso wenig ran. Das habe gar nichts mit Moral oder Ethik zu tun, sondern in erster Linie etwas mit der Sicherheit der USA. Im Juli 1949 übernimmt die CIA aber unter dem hartnäckigen Druck der Armee die Organisation Gehlen. Deren Chef residiert in der ehemaligen Reichssiedlung Rudolf Heß, einer von 1936 bis 1938 in Pullach in der Nähe von München erbauten Wohnanlage für Familien aus der NSDAP-Elite. Der amerikanische Journalist Tim Weiner recherchiert später, wie das Ganze von den Amis wahrgenommen wurde: Reinhard Gehlen nahm Dutzende Kriegsverbrecher „mit offenen Armen" in den erlauchten Kreis auf. Der gute Mann habe alle eingesammelt, die etwas gegen den Kommunismus unternehmen wollten und selbstredend über ganz besondere Kenntnisse und Fähigkeiten verfügten, gewissermaßen *Superman* zum Aufblasen.[17]

Für die Einschätzung der Motive und Ziele der Leute um Gehlen ist dies schon sehr verwirrend. Aber kompliziert und ganz verworren wird es für Außenstehende in dem Moment, in dem die CIA-Leute London erklären sollen, mit welchen Leuten sie nun ein *joint venture* auf die Beine stellen wollen. Fragen wir Sefton Delmer, der für englische Geheimdienstkreise spricht, wie sie den Meister wahrnehmen. Der Engländer ist höchst empört, dass es Gehlen geschafft hatte, sich den Gerichtsverfahren und der Internierung zu entziehen, und dass es Gehlen gelungen war, seine antisowjetische Spionageorganisation vor dem Untergang zu bewahren und nur wenige Monate nach dem Zusammenbruch Deutschlands unter US-amerikanischer Schirmherrschaft wieder anlaufen zu lassen. Die Story, wie er das fertiggebracht hat, gehört für ihn „zu den faszinierendsten in der gesamten Geschichte der Geheimdiplomatie". Süffisant merkt jener Geheimdienstler an: „Hin und wieder jedoch dringt die Kunde über SD- und SS-Leute, die in Gehlens Abteilung auch höhere Posten einnehmen, auf recht peinliche Weise an die Öffentlichkeit."[18] Schlussendlich blicken sie weder in *America* noch in *good old England* durch, was denn eigentlich in der *black box Germany* gehauen und gestochen ist. Pleiten, Pech und Pannen führen sie jedenfalls alle gern auf die fragwürdige Herkunft von Gehlens Personal zurück oder auch auf die zweifelhafte Vermutung, dass „die Organisation Gehlen auf höchster Ebene von den Nachrichtendiensten Ostdeutschlands und der Sowjetunion unterwandert" wäre. Mit der erfolgreichen Maskerade der alten Hasen im Geheimdienst des toten

Wilhelm Canaris, Schafe im Wolfspelz, geht die Zeit zu Ende, in der „die Briten die schlausten Menschen auf Erden" waren.[19] Mit Adolf Hitler hat die Bande spielen wollen, um Deutschland endgültig absaufen zu lassen, und nun spielt der tote Hitler im *fake outfit* mit ihnen Blinde Kuh.

Es wird viele Jahre dauern, bis die Amerikaner bemerken, dass man von der sowjetischen Hauptstadt Moskau bis in das albanische Tirana gut im Bilde war über alle Pläne der CIA. Vielfach werden anstehende Pläne von Gehlens Männern ausgeplaudert. Kein Wunder, dass es nicht gelingt, in Osteuropa den Kommunisten das Handwerk zu legen. Wenn sie es dann begreifen, wird sich der CIA-Mann John Limond Hart die herzige Frage stellen: „Was haben wir falsch gemacht?" Doch selbst dann werden sie in *America* noch keinen Verdacht gegen die Deutschen hegen. Stattdessen bleiben sie auf ihrer fixen Idee sitzen: „Die Trainingscamps in Deutschland waren infiltriert." Und von wem? Na vom Russen. Offenbar kommt keiner auf den Gedanken, dass ihnen Gehlens Kollegen, die ihnen früher die Berichte auf Englisch vorgesetzt haben, sich die vermeintlichen Infos aus ihren Fingern gesaugt haben. Da Gehlens Informationen 1945 schon falsch waren, wenn sie auch von den Amerikanern geglaubt wurden, ist es naheliegend, dass sie weiterhin falsch sind. Und wenn es darum geht, die Sowjets zu einem Sündenbock für die Zerlegung Deutschlands aufzubauen, die Geografie hat es so gewollt, ist der Gedanke nicht so weit hergeholt, dass Gehlen einen Kollegen wie Heinz Felfe einsetzt, um Moskau Warnungen vor Aktionen der Amis vorab zukommen zu lassen. Es wäre auch einfach nur zu dumm, das selbst zu übernehmen. Wird ein anderer erwischt, kann Gehlen diesen rauswerfen und alle sind wieder glücklich. Dazu kamen weitere missliche Umstände in der Welt. So tauscht sich ein Mann wie James J. Angleton, der in der CIA-Zentrale für die Sicherheit der Geheimoperationen zuständig ist und die *Agency* vor Doppelagenten schützen soll, mit dem Verbindungsmann zum britischen Nachrichtendienst aus. *And the winner is* Kim Philby, der sein Wissen ausgerechnet an die Sowjets weitergibt.[20]

P.S.: James Angleton gelangt letzten Endes zu der Überzeugung, dass die amerikanische Wahrnehmung der Welt von einem absolut umfassenden sowjetischen Komplott gesteuert sein müsse, und nur er alleine begreife das ganze Ausmaß der Täuschung. Es ist höchst schade, dass er nicht auf ein Komplott unter seinen deutschen *Freunden* tippt. Dazu trägt freilich auch der übermäßige Missbrauch des Alkohols bei, wie ihn Tim Weiner konstatiert. So manövriere jener gute Mann die CIA-Operationen immer tiefer in ein finsteres Chaos. Der unfreiwillige Brüller ist, dass der zweite Vorname Jesus ist, ja genau. Das wäre alles urkomisch, wenn aus diesen Gründen nicht Folter, Mord und Totschlag in die Welt getragen würden, in einem Umfang, von dem der Führer Anfang der 1940er Jahre einfach bloß träumen konnte, und jetzt im Namen der Demokratie und natürlich der Menschenrechte.[21]

Die Sowjets haben die Wunderwaffe

Schon vier Jahre nach den Amerikanern gelingt es auch den Sowjets ihre eigene Atombombe zu entwickeln. Am 29. August 1949 wird sie auf dem Testgelände im kasachischen Semipalatinsk gezündet. Jetzt haben auch sie endlich eine Massenvernichtungswaffe *gehabt*, wie sie durch Gehlens Männer 1945 bereits im chemischen und biologischen Bereich *gemeldet* worden war; mit der Explosion ist das gute Stück erst einmal nicht mehr verwendbar und muss nachgefertigt werden. Abgesehen davon hat man auch nicht die entsprechende Technik, um diese Höllenmaschine schnell in den Himmel über feindlich verbündete Staaten zu bekommen. An der Technik für den Raketenantrieb wird man sicher noch eine ganze Weile herumbasteln müssen. Nichtsdestotrotz steigert dieser Test den Respekt des Westens vor den militärischen Möglichkeiten der Sowjets weiter und verleiht neuen Horrorgeschichten ihre Glaubwürdigkeit. Ein Wort noch zur Qualität der Aufklärung durch die Amerikaner. Drei Tage, bevor der US-Präsident Truman der Welt mitteilt, dass Stalin die Bombe hat, hatte die CIA erklärt, die Sowjetunion würde mindestens vier Jahre lang noch keine Atomwaffen produzieren können. Erst Wochen danach hat die Besatzung eines amerikanischen Flugzeuges, die zum ersten Flug in Alaska abheben wollte, radioaktive Spuren in der Atmosphäre festgestellt. Drei Tage später beißt der Präsident in den sauren Apfel und muss nun offen erklären, dass Stalin seine Bombe hat. In wilder Hektik befiehlt jetzt das Pentagon der armen CIA, Agenten nach Moskau zu schicken, um endlich selbst die wirklichen militärischen Pläne der Roten Armee zu erkunden. Richard Helms aber weiß aus erster Hand, dass „die Möglichkeit, solche Informanten anzuwerben und einzusetzen, so irreal" ist „wie die Ansiedlung von Spionen auf dem Planeten Mars".[22] Это потому, что в Москве говорят по-русски. Oder auf gut Deutsch: Das liegt daran, dass man in Moskau Russisch spricht. Doch es geht an dieser Stelle auch längst nicht bloß um Russisch. Laut einer späteren CIA-Studie fehlen da, wie gesagt, auch schon Leute, die Deutsch sprechen und *verstehen*. Dieser missliche Umstand liefert die CIA bedauerlicherweise auf Gedeih und Verderb den echten und falschen Geheimdienstspezialisten unter den Deutschen aus.

Gehen wir an dieser Stelle einmal kurz nach Moskau, um die Situationskomik dort nicht zu verpassen, die die Probe aufs Exempel mit der einen Testladung auslöst, welche die Sowjets für einen ganz kurzen Augenblick in der Hand hatten. Dieses Ereignis, auf das sie zehn Jahre hingearbeitet hatten, ist in der sowjetischen Presse nicht gemeldet worden. Um so entsetzter sind Stalin und seine Sicherheitsbeamten, als die amerikanischen Medien am 23. September über die Explosion berichten. Sie denken zuerst, ihre Testanlagen seien von amerikanischen Agenten unterwandert. Doch nach einer Woche erklären ihnen ihre Wissenschaftler, dass überirdische Atomexplosionen ohne Weiteres von Flugzeugen nachgewiesen werden könnten, die an den Grenzen der Sowjetunion Luftproben untersuchen. Diese wissenschaftliche Erklärung hat einen wohltuenden Effekt für die Beteiligten: Es wird diesmal großzügig darauf verzichtet, zu überprüfen, ob sich in ihren Reihen ein Maulwurf befindet.[23] So einfach kann es sein, Menschenleben zu retten.

Die Bundestagswahlen 1949

Ein Jahr soll es noch dauern bis einer der Mitgründer der Jungen Union der CDU in Ludwigshafen, Helmut Kohl, sein Abitur ablegt. Er, der den Bruder im Krieg verloren hat, ist jetzt im Wahlkampf stark engagiert. Er ist Tag und Nacht als Plakatkleber unterwegs und nimmt gern an Wahlkampfveranstaltungen der CDU teil, auch außerhalb der Pfalz. Bei einer Veranstaltung ist er im Heidelberger Schloss erstmals Konrad Adenauer begegnet, der dann mit der CDU als Sieger aus der Bundestagswahl vom August 1949 hervorgeht und wenig später der erste Kanzler der Bundesrepublik Deutschland wird. Die Bundestagswahlen finden am 14. August statt. CDU und CSU erreichen insgesamt 31 Prozent. Die SPD ist knapp gleichauf mit 29,2 Prozent; die FDP erreicht 11,9 und die KPD immerhin 5,7 Prozent der Stimmen.[24] Den Wahlkampf hat die SPD mit dem Kampf gegen die Marktwirtschaft und obendrein gegen die Kirchen bestritten – Das zeigt: Man muss eine Wahl nicht unbedingt gewinnen wollen.

Solange sich die Mehrheiten in späteren Wahlen nicht ändern, bleibt die gemäßigte Linke in Gestalt der SPD beim Primat der deutschen Einheit, wohlgemerkt bis hinüber nach Ostpreußen. Die SPD gibt politischen Beobachtern damit Rätsel auf. Waren die nationalen Anliegen nicht immer das Thema der Rechten im Kaiserreich und in der Weimarer Republik? Warum übernimmt sie jetzt den nationalen Part? Warum soll die Partei Kommunisten ausgrenzen, Nazis aber aufsaugen? Irgendwann wird sich der Historiker Heinrich August Winkler auf die Geschichte stürzen und staunend bemerken, das sei ein kompletter Rollentausch zwischen links und rechts. Bleibt man in der Logik von Prof. Dr. Winkler, hat die SPD-Führung auch die Möglichkeit, einen anderen *Part* zu übernehmen. Was die Mitglieder dieser SPD wollten, hatte ja übrigens schon 1945/46 nicht interessiert, als es um die Vereinigung der SPD mit der KPD ging. Wird die SPD jetzt national, weil sie die Wahl verloren hat? Wird sie den Kurs ändern, wenn sie einmal an die Macht kommt? Wird nach Wahlen stets die Opposition den nationalen Part übernehmen? Warum hört es sich so arg nach Theater an, wenn jemand eine Rolle übernimmt? Geht es denn bei politischen Parteien nicht um die Interessen der Mitgliedschaft? Soll man in politischen Angelegenheiten vielleicht einfach bloß nicht zu viele Fragen stellen und irgendwo ein Kreuz setzen?[25]

Im „Antikommunismus" wird später der Spiegel-Redakteur Günter Gaus die einzige relevante Konstante *im Spiel* der zumindest demokratisch gewählten Darsteller in Bonn erkennen können: „Auch eine Mehrheit der Sozialdemokraten bei der ersten Bundestagswahl im Herbst 1949 hätte daran allenfalls graduell etwas verändert: Der Antikommunismus Kurt Schumachers beherrschte die SPD damals stärker als jede gesellschaftspolitische, machtpolitische Frage im jungen westdeutschen Nachkriegsstaat." Das ist praktisch, denn die „politischen Gegenspieler" können das *auch* benutzen. „Selten wohl hat ein Parteiführer objektiv einer anderen Partei, der Union Konrad Adenauers, so in die Hände gearbeitet wie der Respekt heischende, durch seine Leiden, die ihm die eigenen Landsleute zugefügt hatten, entwaffnende Kurt Schumacher."[26] Günter Gaus lässt ja nur offen, ob das zwischen den Sternen* Schumacher und Adenauer abgesprochen ist, aber es müsste mit dem Teufel zugehen, wenn es ein Zufall sein sollte, dass sich die Argumentationen von beiden um den Antikommunismus drehen, den Schumacher autoritär durchsetzen musste.

Um das festzustellen, werden wir abwarten müssen, wie sich die beiden Parteien in Zukunft objektiv in die Hände arbeiten, wenn das Wahlvolk einmal nicht die CDU zur stärksten Partei macht. Fragwürdig bleibt vor allem, dass die beiden Parteiführungen damit ihren Mitmenschen in der falschen Zone Deutschlands den Kommunismus an den Hals hexen. Wie könnte sich eine neue Diktatur besser anfühlen als die vorher oder ist es genug, wenn dann weniger Leute hinter schwedischen Gardinen sind? Es ist sicher nicht demokratisch, wenn der mit dem Blick auf die Landkarte ausgetüftelte und instrumentalisierte *Antikommunismus* die SPD dann stärker als jede andere gesellschaftspolitische, machtpolitische Frage im neuen Nachkriegsstaat beherrscht. Als Quintessenz bleibt übrig, dass sie eine Begründung für die Teilung Deutschlands benötigen. Günter Gaus, der sich unter Umständen selbst als Vertreter des Weststaates bei seinen Schwestern und Brüdern im Osten eignen könnte, bringt den Widersinn der Nummer in aller Offenheit auf den Punkt: „Schumacher hatte trotz aller Schroffheit Versöhnung im Sinn. Er sprach oft von den Sozialisten der christlichen Bergpredigt, die gewonnen werden sollten für die Neugestaltung der Nachkriegsgesellschaft. Nach Versöhnung mit sich und möglichst aller Welt – außer über die Elbe nach Osten hin, wo der alte Feind zu schrecklicher Macht gelangt war – dürsteten die geschlagenen Westdeutschen so sehr, dass der Sozialdemokrat gewiss den richtigen Ton traf. Ich habe damals kleinbürgerliche Mitläufer Hitlers über Schumacher sagen hören, der Mann meine es wenigstens ehrlich, schließlich habe er für seine Meinung zahlen müssen."[27]

Das haben ihm jedoch nicht die Kommunisten angetan; das wurde aber seinen sozialdemokratischen Freunden in der sowjetisch besetzten Zone anschließend angetan, weil man über einen scheinbar fortgesetzten Antikommunismus der SPD aus der Zeit vor der Machtübergabe an Hitler so satt war. Eindimensional wie die Leute sind, wünschen sie, dass die SPD gegen die Nazis auftritt, statt sich mit ihnen zu versöhnen. Ich möchte ja auch nicht wissen, wie vielen Sozialdemokraten sich bei den Sprüchen in diese Richtung der Magen umdreht. Vielleicht erinnern Sie sich, dass der Hoffnungsträger der CSU Franz Strauß über die Zeit nach '45 sagte: „Der Rang Kurt Schumachers als eines strammen Nationalisten und Antikommunisten konnte uns nicht darüber hinwegtäuschen, dass es in der SPD damals viele Fäden zur KPD gab, und zwar durchaus kräftige Fäden."

Der 7. September 1949 in der neuen Hauptstadt. Die Gründung der Bundesrepublik Deutschland

Jetzt fällt dem Westen auf die Füße, was Roosevelt und Churchill Anfang '43 für eine tolle Idee hielten: Sie wollten nur eine bedingungslose Kapitulation des Deutschen Reichs akzeptieren. Nun haben sie den Salat. Am 7. September 1949 feiern die Menschen, die wissen, worum es geht, wie Marion Gräfin Dönhoff die Eingeweihten nennt, einen wichtigen Erfolg. In Bonn wird aus der westlichen Hälfte des Deutschen Reiches ein neuer Staat formiert und Bundesrepublik Deutschland genannt. Was aus dem Gebiet zwischen Ostsee und Erzgebirge und aus dem Gebiet östlich von Oder und Neiße wird, wird sich dann schon finden. Im Moment hat Vorrang, dass das Reich, das Reichskanzler Otto von Bismarck 1871 aus dem Nichts in die Mitte Europas gesetzt hatte, real wieder von der Landkarte verschwindet. Damit sich die Gemüter über diese schöne neue Welt bald beruhigen, muss man alle Register der Rhetorik ziehen. Natürlich sollte möglichst häufig von den bedauernswerten Brüdern und Schwestern im Osten die Rede sein und die Gründung der Republik westlich des Harzes ist *nur eine provisorische Lösung*. Darum gibt es doch jetzt auch nur ein Grundgesetz und noch keine endgültige Verfassung. So wird es noch sehr lange den Zeitgenossen in klugen Abhandlungen angeboten werden.

Viele sehen den 73-jährigen Rheinländer Konrad Adenauer als einen angehenden Polit-Rentner. Witzigerweise hilft ihm gerade sein Alter beim zweiten politischen Aufstieg im Laufe des Lebens, er kann sich glaubhaft als Übergangskandidat präsentieren.[28] Vielleicht erinnert sich ja noch jemand daran, dass er im März '45 von amerikanischen Offizieren auf der Flucht vor den Nazis in seinem Versteck aufgespürt worden war und als Gegner dieses Regimes für höhere politische Weihen in Betracht kam.[29]

Nun sind natürlich alle gespannt und warten, welche Persönlichkeiten in seine erste Bundesregierung dürfen. Fangen wir an mit dem Vizekanzler. Das wird Franz Blücher, der Wirtschafts- und Finanzfachmann, der vom

Koalitionspartner FDP kommt. Er gehörte bereits zur ersten Runde, die die Gründung einer liberalen Partei '45 vorbereitet hatte, bevor das liebe Publikum seit 1946 beitreten durfte. Er ist also einer der Menschen, die wissen, worum es geht. Es ist ganz selbstverständlich, dass er nichts mit Hitlers Truppenteilen zu tun hatte; er gehörte somit zu der Hälfte in der Bevölkerung, für die das Dritte Reich eine Diktatur war. Aus diesen 50 % konnte sich Adenauer ja seinen Kandidaten auswählen. Aber wer würde auch im Ernst erwarten, dass das Nazi-Opfer Adenauer in der alles entscheidenden Phase der Gründung eines verkleinerten deutschen Staates einen Nazi in seine Regierung lässt, zumal seine Frau vor einem Jahr an den Folgen ihres Selbstmordversuches im *Alter* von 52 Jahren gestorben ist? Sie wollte sich 1944 umbringen, weil sie unter Zwang verraten hatte, wo sich ihr Mann versteckt hielt.[30]

Zum Minister für Arbeit und Sozialordnung wird Anton Storch, der von 1920 bis '31 Sekretär des Zentralverbandes der christlichen Holzarbeiter gewesen war und bis in das Jahr '33 den Landesverband Niedersachsen des Allgemeinen Deutschen Gewerkschaftsbundes leitete. Dann wurde es dunkel. Er verdiente Geld als Versicherungsvertreter und bei der Feuerschutzpolizei. Eberhard Wildermuth verfügt über seine Erfahrungen als Oberregierungsrat im Reichsministerium für Arbeit und darüber hinaus als Direktor der Deutschen Bau- und Bodenbank. Dann kamen die Jahre der dritten Art und er zählt zu den Zehntausenden, die nach dem Staatsstreich gegen Hitler die Verwaltung wieder aufbauen sollten. Es ist somit nicht wirklich übertrieben erstaunlich, dass auch dieses Sternchen in der ersten Nachkriegsregierung zum Minister für Wohnungsbau wird.

Finanzminister Fritz Schäffer wurde mehrfach von der Gestapo verhaftet und war dann bis zum bitteren Ende im KZ Dachau. Über die letzte Rede Schäffers als Chef der Bayerischen Volkspartei am 5. März 1933 schreibt Franz Strauß: „Dann hat Schäffer einen Ausspruch getan, an den ich ihn erinnert habe, als ich ihn am 4. Dezember 1945 am Bahnhof in Weilheim mit dem Dienstwagen des Landrates abholte und zum Barbarafest nach Peißenberg fuhr. Dieser Satz von Schäffer hatte sich mir tief eingeprägt: »Meine lieben Parteifreunde, jetzt kommt eine furchtbare Zeit. Morgen beginnt die Karwoche für Deutschland. Diese Karwoche wird einen Karfreitag für Deutschland bringen. Wir sind gläubige Christen. Nach dem Karfreitag kommt die Auferstehung, der Ostersonntag«." Was Strauß da wiedergibt, sagt unendlich viel sowohl über Fritz Schäffer als auch über Franz Josef Strauß selbst. Es spricht auch Bände, dass zum Beispiel das sechsbändige Nachschlagewerk *Meyers Taschenlexikon Geschichte* 1982 die Lebensdaten Schäffers bis 1933 wiedergibt und dann locker mit den Beinen baumelnd 1945 fortsetzt. Warum werden denn den Leuten in der Bundesrepublik die zwölf Jahre vorenthalten, die der spätere CSU-Chef im Konzentrationslager Dachau eingesessen hat?[31]

Als Innenminister setzt Adenauer Gustav Heinemann ein, der zuerst im Jahr 1934 in unser Blickfeld getreten war, als er sich mit einem Brief an den neuen Reichskanzler über eine Kundgebung der Deutschen Christen beschwerte, die sich zwei Wochen zuvor im Berliner Sportpalast ereignet hatte. Der Justiziar und Prokurist bei den Rheinischen Stahlwerken wie auch Kirchenvorsteher der Evangelischen Gemeinde Essen-Altstadt hat im Brief unter anderem zu den Einlassungen von Studienrat Dr. Krause Stellung genommen, der zum Aufbau einer Volkskirche aufrief, wozu es nach seiner Meinung der „Befreiung von allem Undeutschen im Gottesdienst und im Bekenntnismäßigen" bedarf. Von dem Studienrat kommt auch dieser Spruch: „Die Juden sind nicht Gottes Volk. Wenn wir Nationalsozialisten uns schämen, eine Krawatte vom Juden zu kaufen, dann müssten wir uns erst recht schämen, irgendetwas, das zu unserer Seele spricht, das innerste Religiöse vom Juden anzunehmen. Hierher gehört auch, dass unsere Kirche keine Menschen judenblütiger Art mehr in ihre Reihen aufnehmen darf." Gustav Heinemann kämpfte in durchaus ganz exponierten Positionen der Bekennenden Kirche gegen die Nazis.[32]

Ludwig Erhard wird der Wirtschaftsminister. Er hat die Empfehlung für diesen Posten seinerzeit persönlich und schriftlich aus den Händen von Carl Friedrich Goerdeler, dem Kopf des zivilen Widerstands gegen Hitler erhalten. Es zeugt von einiger Weitsicht, dass Ludwig Erhard gar keiner Partei beigetreten war. So könnte er ebenso Wirtschaftsminister in einer anderen Koalition sein. Heinrich Hellwege wird Bundesminister für Angelegenheiten des Bundesrates. Er kommt aus der Bekennenden Kirche und leistete in der Niedersächsischen Freiheitsbewegung Widerstand.

Wilhelm Niklas, der 1935 vorfristig in den einstweiligen Ruhestand versetzt worden war, weil er sich geweigert hat, in die NSDAP einzutreten, wird zum Minister für Ernährung, Landwirtschaft und Forsten. Thomas Dehler, der Kontakte zum Widerstand gegen die Nazis unterhalten hatte und 1938 und 1944 verhaftet worden war, wird der Justizminister. Zum Minister für Post- und Fernmeldewesen wird Hans Schuberth ernannt – kein Wunder, war er doch beruflich schikaniert worden, als auch er sich geweigert hatte, der allmächtigen Nazi-Partei beizutreten. Jakob Kaiser war seit dem Jahr '34 in der Widerstandsbewegung aktiv gewesen. Mag sein, dass ihn Mitglieder der CDU auf einem hohen Stuhl sehen wollten; Adenauer war keiner von ihnen. Ihm wird zum Verhängnis, dass er gesamtdeutschen Träumen nachhängt, denen er jetzt im Ministerium für gesamtdeutsche Angelegenheiten frönen kann. Franz Josef Strauß weiß, weshalb Jakob Kaiser nichts zu melden hat: „Adenauer hat Kaiser 1949 dann vereinnahmt als Bundesminister für gesamtdeutsche Fragen, und damit war das Ganze nur mehr eine Ressort-Angelegenheit in einer von Adenauers Schubladen.“[33] So wird er mitsamt seiner riesigen Bedeutung zu einer vernachlässigbaren Größe im Politpoker in Bonn bei Köln.

Glauben Sie bloß nicht, dass die Rolle dieser Persönlichkeiten im Dritten Reich nun gleich in den Medien breitgetreten wird. Mit den Jahren wird der Blätterwald schön bunt und dort werden die Leute auf den Straßen – fernab des Bonner Regierungsviertels – Anekdoten über Könige und ihr beklagenswertes Familienleben finden. Wir sind ja nicht im Osten dieses Landes. Der dortige ständige Antifaschismus rund um die Uhr nervt die Leute und ob die Chefs einst gut waren, zählt sowieso nur, wenn sie jetzt gut sind. Da gibt es auch keinen Unterschied zwischen Ost und West. In der französischen Zone zum Beispiel stellen die Schwarzen von der CDU den neuen Landwirtschaftsminister und prompt heißt es: „Warum ist es mit der Ernährung so mies?“ – „Weil es gar nicht besser sein kann, denn der ‚schwarze Boden‘ ist so schlecht.“[34] Da kennen die Kritiker auch kein Pardon. Für die Öffentlichkeit wird die glorreiche Vergangenheit der erlesenen Runde in Bonn im Dunkeln gehalten. Aus dem Osten ist ebenso wenig Aufklärung zu erwarten, da sie sich dort in Schadenfreude baden, weil die meisten Nationalsozialisten aus Mittel- und Ostdeutschland ihre Beine in die Hand genommen haben und irgendwohin in den Westen geflüchtet sind. Dort bleiben die meisten von ihnen ja unbehelligt, wenn sie auch in Bonn nichts zu melden haben.

Es beweist die Qualität der Geheimniskrämerei im Westen wie auch jene der Aufklärungsarbeit im Osten, wenn der dortige Geheimdienstchef in ferner Zukunft noch glaubt, Ernst Lemmer, der dann 1957 zum Bundesminister *für gesamtdeutsche Fragen* aufsteigt, zählte „zu der Minderheit von Unionspolitikern, die im Widerstand gegen den Nationalsozialismus gewesen waren“.[35] Um die Zielrichtung der *équipe* in Bonn zu erkennen, wäre es beispielsweise recht wichtig zu erkunden, dass Hans Lukaschek zum Kreisauer Kreis um Peter Graf Yorck von Wartenburg und Helmuth James Graf von Moltke persönlich Kontakt hatte. Es ist bestimmt zu viel verlangt, wenn die Ostagenten herausbekommen sollten, dass Goerdeler seit 1943 auf eine Besetzung des Deutschen Reiches durch die Alliierten setzte und anschließend mit illusorischen Gebietsforderungen das Ganze in einem Schwebezustand halten wollte, bis die Leute in Göttingen oder in Schwerin vergessen haben, wo das Deutsche Reich einmal war. Banal verraten wird es den Agenten auf jeden Fall keines der Sternchen.

Wenn sie das im Osten nicht den Umständen entnehmen, dann hat man dort eben Pech gehabt und versteht die Rolle nicht, die Hans Lukaschek als *Minister für Angelegenheiten der Vertriebenen* spielt. Auch er wurde nach dem Staatsstreichversuch vom 20. Juli '44 verhaftet und gefoltert. Mag sein, dass Adenauer einst einen Nazi ins Amt holt, um ihn medienwirksam hinauswerfen zu können, doch als Minister ist sein Ressort nur eine „Angelegenheit in einer von Adenauers Schubladen".[36] In der Phase, die entscheidet, ist der Mann des Kreisauer Kreises der Herr Minister.

Streiten könnte man sich gegebenenfalls über Hans-Christoph Seebohm, der zuvor in leitenden Positionen in Bergwerks-, Erdöl- und Maschinenbauunternehmen tätig war und jetzt Verkehrsminister wird. Im Fall von Seebohm werden die Erforscher vermutlich noch recht lange rätseln, ob er vor 1945 in dunkle Machenschaften verwickelt war. Doch sein Tun ab 1949 passt viel zu gut ins Bild, und er wird die längste ununterbrochene Amtszeit als Minister des taufrischen Staates haben, als dass man ihn als Uneingeweihten betrachten könnte. Keinen Menschen scheint zu stören, dass er in den Vorstand der Sudetendeutschen Landsmannschaft geholt wird, obwohl er selbst kein Sudetendeutscher ist. Haben die Betroffenen keinen Mund oder sind sie zu vernünftig? Immerhin wird er dann sogar der „Sprecher der Landsmannschaft und einer der aktivsten Lobbyisten der Vertriebenenverbände in Bonn, dies zeigte sich auch in Zusammenhang mit der auf seine Initiative vorgenommenen Benennung von Autobahnrastplätzen."[37] Je mehr Politiker auf die Pauke hauen wie er, desto sicherer ist, dass keiner mit den Deutschen über die Vereinigung spricht.

Nun werden aufmerksame Leser fragen, wo denn der Außenminister sei. Also Adenauer vermisst ihn nicht; auch dieses Amt übernimmt er selbst. Man spart sich auf jeden Fall viele geheime Absprachen, wenn man bloß ganz allein weiß, wer was wo wie zu wem gesagt hat oder zu sagen hatte. Hören wir auch dazu den Fachmann Franz Josef Strauß: „Adenauer maß von Anfang an der Außenpolitik besondere Bedeutung bei. Die Tatsache, dass er Bundeskanzler und Außenminister in einer Person war und keinen Chef des Außenamtes wollte, ist ein augenfälliger Beweis dafür."[38]

Im ersten Bundestag werden die Anliegen West-Berlins in recht spezielle Hände gelegt. Kurt Schumachers Mann fürs Grobe, Herbert Wehner, für den er seinen Kopf ins Feuer legen würde, wird Chef des Bundestagsausschusses für gesamtdeutsche und Berliner Fragen. Dort muss er sich mit den Berlinern herumschlagen, die partout nicht an den Osten abgegeben werden wollen. Ernst Reuter verbringt die letzten Jahre seines nicht nur schönen Lebens damit, die Verankerung West-Berlins im Staatsverbund der neu gegründeten Bundesrepublik zu sichern.[39] Wenn jedoch Herbert Wehner schon kein Herz für die ehemaligen Nachbarn im heimatlichen Dresden hat, ist wohl kaum zu erwarten, dass er sich um die preußische Metropole schert. Das verbindet ihn wundersam mit Konrad Adenauer.

Übrigens hat sich niemand so verkalkuliert wie Premier Churchill. 1945 wollte er nach Deutschland auch Russland abräumen. Er hat es sich anders überlegt: „Ein vereintes Europa kann nicht leben ohne die Gesundheit und ohne die Stärke Deutschlands", sagt der Londoner Premier der Kriegsjahre 1949. Aber an einer Bedingung lässt auch er keinen Zweifel; die Oder-Neiße-Grenze muss einmal von Deutschland mit einem Vertrag garantiert werden. Zu stark werden, soll es trotzdem nicht.[40]

Es wäre ziemlich verdusselt, wenn jetzt einer der Akteure auspackte und sagen würde, dass es darum geht, einen eigenständigen Staat im Westen des Deutschen Reiches in die Welt zu setzen. Ich meine, wenn die Leute glauben, das sei im Ausland so geplant, würde man es hinnehmen. Aber doch nicht, wenn das hier ausgeheckt wurde. Dann könnte man das mit einem Kreuz auf dem Wahlzettel verändern. Zumindest würde man sich das auf der Straße so unkompliziert vorstellen. Darum verzichten sie auf jene Zielbestimmung und warten lieber einige Jahrzehnte ab, bevor man den Leuten auf der Straße nahebringt, worum es hier geht. Das bleibt am

Ende dem Meister der Indiskretion vorbehalten. Franz J. Strauß beklagt sich über den obersten Chef der Sozialdemokraten in West-Deutschland bitterlich. Lesen Sie bitte genau, was er schreibt, und setzen Sie es in Beziehung zu anderen Sprüchen: „Schumacher hat, so erscheint es mir, die Bundesrepublik als ungeliebtes Provisorium betrachtet, als Übergangserscheinung, er hatte innerlich zu diesem Staat keine Beziehung. Auch die Entscheidung für Bonn als Hauptstadt hat er immer als vorläufig angesehen, weshalb man Parlament und Regierung am besten in Baracken unterbringen sollte, damit der Umzug in die Hauptstadt Berlin nicht zu viel kostete.“[41]

Ohne an dieser Stelle noch einmal ganz explizit darauf hinzuweisen, dass die führenden Leute in Bonn sehr gut wissen, dass draußen keiner bereit ist, die Provinzen östlich von Oder und Görlitzer Neiße und vielleicht gar Österreich im Staatsgebiet zu belassen, beschwört er den Kampf mit der albernen SPD: „Schumacher bekämpfte uns mit unversöhnlicher Schärfe auf allen politischen Feldern, hatte aber selbst keine realistischen Alternativen zu bieten.“ Immerhin sagt Strauß damit, dass die Spitzen in der CDU und der CSU den neuen Staat nicht als ungeliebtes Provisorium ansehen und auch nicht als eine Übergangserscheinung. Bonn kann gerne der Nabel der Welt bleiben. Um einen Staat für alle Deutschen endgültig ins Lächerliche zu ziehen, endet der Psalm so: „Alle Wege Schumachers endeten im Uferlosen, endeten im Nirvana.“[42] Das fällt Kurt Schumacher ja vielleicht nicht selbst auf oder wie soll man das auffassen?

In dem Städtchen in der Nähe von Köln, wo fortan Weltpolitik betrieben werden soll, sammeln sich die Sternchen* aus den ersten Bänden meiner kleinen Serie. Gut, sie kommen sicher nicht alle auf einmal und manche werden auch an anderen Schauplätzen benötigt. Da ist Dorothee Wilms, die 1929 geboren war, Rudolf Augstein 1923, Hildegard Hamm-Brücher 1921, Wolfgang Mischnick 1921 und Richard von Weizsäcker 1920. Dann sind da Annemarie Renger, die 1919 geboren war, Helmut Schmidt, der

1918 geboren wurde, als der Erste Weltkrieg zu Ende ging, Erich Mende vom Baujahr 1916 und Franz Josef Strauß 1915. Ein Jahr vor dem Ersten Weltkrieg wurde 1913 Egon Franke geboren, Axel Springer 1912, und wir erinnern uns dunkel, dass sein Vater im Januar 1933 im eigenen Verlag das Altonaer Bekenntnis drucken ließ, von dem 230.000 Exemplare an den Mann beziehungsweise an die Frau gebracht wurden. Das wurde das erste Dokument der antifaschistischen Bekennenden Kirche. 1911 wurde im schlesischen Katscher Albrecht Schönherr geboren. Wir werden nicht nur ihn östlich des Harzes bei der Erfüllung des Traumes wiederfinden.

Unterschätzen Sie um Himmels willen die Macht und die Möglichkeiten der Kirchen nicht. Haben Sie schon einmal gehört, dass jemand Archive von Kirchen öffnen durfte? Marion Gräfin Dönhoff wurde 1909 geboren, Claus Schenk Graf von Stauffenberg 1907 und Helmuth James Graf von Moltke 1907, der Herr habe die beiden selig. Herbert Wehner hatte 1906 das Licht der Welt zum ersten Mal gesehen, Eugen Gerstenmaier aus der Gesprächsrunde um Graf von Moltke und Peter Graf Yorck von Wartenburg 1906, Peter Graf Yorck selbst schon im Jahr 1904, auch diesen aufrichtigen Kämpfer möge der Herr selig haben. Kurt Georg Kiesinger war auch 1904 geboren, Reinhard Gehlen 1902, Gustav Heinemann 1899, ein gewisser Kurt Schumacher 1895, Martin Niemöller 1892, Moritz Mitzenheim 1891, unterschätzen Sie mir die Kirchen und alte Leute nicht, Carl Friedrich Goerdeler 1884, der Herr habe ihn selig, Konrad Adenauer im Jahr 1876 und Hans Böckler 1875. Das ist der Beweis, dass es Aktivisten gibt, die älter sind als „der Alte aus Rhöndorf", wie sie Adenauer nennen. Heulen Sie bloß nicht rum, dass Ihr Held Willy Brandt fehlt. Von Moltke, Stauffenberg und Goerdeler sind mit dabei, aber Brandt fehlt. Mein Gott, Brandt mag ja mit seinen verträumten Äuglein gut angekommen sein bei den Frauen. Aber das war's dann auch. Obwohl, das muss man ihm doch lassen, ein kleines bisschen hat er trotzdem begriffen: „Strauß teilte, wie kein zweiter, das Publikum in Freund und Feind; diese riss er hin, jene stieß er ab. Ich war weder sein Freund noch sein Feind. Wir waren nahezu gleichaltrig. Auch er kam nicht aus der Oberschicht, aber die prägenden Einflüsse waren sehr unterschiedlich. Wir lernten einander kennen, gut sogar, als wir beide zu den jungen Mitgliedern des Ersten Bundestages gehörten. Im Unterschied zu mir übte er direkten Einfluss aus."[43] Es ist ihm also nicht entgangen, dass F. J. Strauß aus ihm unverständlichen Gründen in Bonn mitgemischt hat. Doch irgendwo draußen im Exil war man auch nicht in der Verlegenheit, sich entscheiden zu müssen, ob man sich an einem Staatsstreich gegen den Führer beteiligt, wie es Strauß tat.

Genau hinhören, was jemand wirklich sagt

Am 20. September 1949 gibt Konrad Adenauer dann die Regierungserklärung nach der Wahl zum Bundeskanzler ab. In der Ansprache macht er unter anderem deutlich, dass er „bei den labilen Verhältnissen, wie sie in Deutschland herrschen", wünsche, dass sich eine „immer vorhandene Opposition [...] klar im Parlament selbst zeigt", statt „außerhalb des Parlaments in nicht kontrollierbarer Weise um sich" zu greifen. Mit diesem Satz ist der Weg bereitet für die Technik der Demokratie, bei der man im Lande froh ist, dass etwas endlich einmal deutlich ausgesprochen wurde, und sich dann wundert, warum es nach dem Wechsel der Opposition auf die Regierungsbank weitergeht wie zuvor. Er sagt, man müsse „dem Auftreten rechts- und linksradikaler," – in dieser Reihenfolge! – „den Staat gefährdender Bestrebungen unsere vollste Aufmerksamkeit" widmen. Er legt seinen verehrten Mitmenschen ans Herz: „Wir halten es für unwürdig und für an sich unglaublich, dass nach all dem, was sich in nationalsozialistischer Zeit begeben hat, in Deutschland noch Leute sein sollten, die Juden deswegen verfolgen oder verachten, weil sie Juden sind."[44]

Im außenpolitischen Teil der Rede treten einige Leitmotive auf, die wohl ganz schnell maßlos auf die Nerven gehen. Da ist einmal ein überzogenes Pathos bei normalerweise überaus nüchternen Sprechern, dann wird auf älteren oder jüngeren Dokumenten herumgehackt, die nach allen Regeln der Kunst juristisch ausgeleuchtet werden, ebenso aufdringlich wird das lustvolle Auswalzen von Statusangelegenheiten und daneben beginnt ein endloses Hinhalten: „Lassen Sie mich nun zu Fragen übergehen, die uns in Deutschland außerordentlich am Herzen liegen und die für unser gesamtes Volk Lebensfragen sind. Es handelt sich um die Abkommen von Jalta und Potsdam und die Oder-Neiße-Linie. Im Potsdamer Abkommen heißt es ausdrücklich: Die Chefs der drei Regierungen, das sind die Vereinigten Staaten, England und Sowjetrussland, haben ihre Ansicht bekräftigt, dass die endgültige Bestimmung der polnischen Westgrenze bis zur Friedenskonferenz vertagt werden muss." Wohl wissend, was machbar ist und was nicht, drückt man auf die Tränendrüse: „Wir können uns daher unter keinen Umständen mit einer von Sowjetrussland und Polen später einseitig vorgenommenen Abtrennung dieser Gebiete abfinden." Diese Abtrennung widerspreche nicht bloß dem Potsdamer Abkommen, sie widerspreche auch der Atlantik-Charta vom Jahre 1941, der sich die Sowjetunion ausdrücklich angeschlossen habe. Die Bestimmungen jener Atlantik-Charta seien ganz eindeutig und klar. Die Generalversammlung der Vereinten Nationen habe durch Beschluss vom 3. November '48 die Großmächte aufgefordert, nach diesen Prinzipien der Charta und so bald wie möglich Friedensverträge abzuschließen. Das sagt der Mann, der im Kreis deutscher Politiker keinen Zweifel daran lässt, dass es bloß keinen Friedensvertrag geben darf. Auch dieser Spruch sitzt: „Wir werden nicht aufhören, in einem geordneten Rechtsgang unsere Ansprüche auf diese Gebiete weiterzuverfolgen."[45]

Gut. *Seine* Regierung in Bonn am Rhein sucht und findet die Haken, um den Abschluss des Friedensvertrages zu verhindern. Genauso vehement betont *Seine* Regierung auch „unsere Ansprüche auf diese Gebiete", aber keiner der ehemals alliierten Staaten hat je einen sanften Zweifel daran gelassen, dass sie mit dem Abschluss eines Friedensvertrages vom Reich des Jahres 1945 abgetrennt werden. Warten wir ab, wie lange jene kluge Hinhaltetaktik Gespräche über die Einheit des Reichs unmöglich macht.

Bevor Ihr Herzrasen bei diesem Wort wieder anfängt, kann ich Ihnen in Ruhe versichern, dass der juristische Status eines Staates nicht von Ihrer persönlichen Auffassung abhängig ist. Das ganze Konstrukt Grundgesetz beruht auf der Fortexistenz des Reiches. Gespannt sein dürfen wir jedenfalls auf die Generationen, die mit diesem Sülz in den Medien *peu à peu* heranwachsen. Mitte, Ende der 1960er Jahre werden wir blaue Wunder mit diesen Heranwachsenden erleben. Diese jungen Leute werden ältere Leute vermutlich bloß noch als potenziell kriminell oder sonst sterbenslangweilig empfinden, ohne Visionen für eine leuchtende Zukunft. Wenn man sich bloß ein kleines bisschen Mühe gibt, kann man sich sogar vorstellen, dass in dieser besserwissenden Jugend ein junger Mann auf den Dreh kommt, einem alten Mann eine zu scheuern, weil er nicht erfahren hat, dass der unter den '42 alltäglichen Umständen Juden helfen wollte. Vielleicht hat sich bis dahin ja eine Gleichberechtigung durchgesetzt und eine junge Frau holt aus. Bei fanatisierten Kindern weiß man doch nie.

Bezüglich der Bonner Außenpolitik festigt Konrad Adenauer den seit '45 gewachsenen Eindruck seiner Zuhörerinnen und Zuhörer an den Radiogeräten von einer Bundesrepublik, die gefangen sei in äußeren Umständen, auf die sie ganz echt keinen Einfluss hat: „Wenn ich vom Frieden in der Welt und in Europa spreche, dann, meine Damen und Herren, muss ich auf die Teilung Deutschlands zurückkommen. Die Teilung Deutschlands wird eines Tages – das ist unsere feste Überzeugung – wieder verschwinden." Achten Sie einmal darauf: Wenn Politikern kein Argument mehr einfällt, dann sprechen sie von ihrer festen Überzeugung. Was will man dagegen sagen? Aber lassen wir den Bundeskanzler das weiter ausführen: „Ich fürchte, dass, wenn sie nicht verschwindet, in Europa keine Ruhe eintreten wird. Diese Teilung Deutschlands ist durch Spannungen herbeigeführt worden, die zwischen den Siegermächten entstanden sind. Auch die Spannungen werden vorübergehen. Wir hoffen, dass dann der Wiedervereinigung mit unseren Brüdern und Schwestern in der Ostzone und in Berlin nichts mehr im Wege steht."[46]

So ähnlich muss man es wohl sehen. Franz Josef Strauß meint bezüglich der außenpolitischen Befürchtungen des Kanzlers, dass „er außerordentlich empfindlich, manchmal überempfindlich, geradezu gereizt“ reagiert, wo immer sich eine Verständigung oder Annäherung zwischen den USA und der Sowjetunion abzeichne. Dann herrsche bei ihm Alarmstimmung. Wie würde man aber anders über die deutsche Frage verhandeln wollen? Man kann eben nicht unbedingt sagen, dass Adenauer unter Umständen deutschlandpolitisch kein Konzept gefunden habe. Das hörte sich bereits bei dem zweiten Gespräch Adenauers mit amerikanischen Offizieren am 28. März 1945 schon recht deutlich an. Da wusste er bereits, dass er den Osten im Osten lassen wollte. Wenn die Geschichte zumindest in groben Zügen stimmen soll, müssen die Puzzleteile dann schon so einigermaßen zusammenpassen. Aber das nur als Hinweis für Profihistoriker.[47]

Wie ein besonders kluger Gockel in einer saudummen Schafsherde fühlt sich der junge, strahlende Held Willy Brandt (35): „Aber die Verwirrung der Begriffe war beträchtlich. Aus Einheit wurde Wiedervereinigung. Als ob die Geschichte und die europäische Wirklichkeit eine Anknüpfung an das Bismarck-Reich bereithielte.“ Oh nein, er war bestimmt nicht alleine mit seinen klugen Einfällen: „Oder als ob sich das ganze Problem darauf reduzierte, wie sich der Anschluss der DDR an die Bundesrepublik vollziehen lasse oder werde.“ Über spätere Winkelzüge der Sterne* fabuliert Brandt: „Sogar das Bundesverfassungsgericht übernahm die Vorstellung vom Reich, das nur vorübergehend »nicht handlungsfähig« sei.“[48] Ja, so wird es klingen, wenn Brandt mit seinen Visionen vom Wahlvolk an den Hebel der Macht gespült wird und es darum geht, die Goerdeler-Linie in der Innen- und Außenpolitik trotzdem durchzuhalten.

Wenn Menschen in diesem neuen Land auf die kindische Idee verfallen, Entscheidungen des Bundesverfassungsgerichts etwa für bare Münze zu nehmen, ist ihnen der Spott der Meinungsmacher jetzt schon sicher. Sie werden dann wohl als Reichsbürger und als Spinner an den Pranger gestellt. Brandt leidet unter dem historisierenden und pseudojuristischen Gebrabbel furchtbar. Von der Sache her hat er das Kernproblem des rhetorischen Schaulaufens begriffen: „Statt sich mit einer veränderten weltpolitischen Realität auseinanderzusetzen, stand die Fiktion vergangener Nationalpolitik hoch im Kurs." Aber dann kann er Freund und Feind im politischen Gewühl nicht auseinanderhalten: „Mit der Theorie vom Fortbestand des Deutschen Reiches – mein Freund Carlo Schmid sprach von der »gesamtdeutschen Hoheitsgewalt in Westdeutschland« – haben wir uns den Umgang mit der Problematik der deutschen Einheit erschwert." Er sagt das alles ja ohnehin zu spät, aber dann kriegt er es noch hundertmal um die Ohren: „Durch den Kalten Krieg und dessen Nachwirkungen gefördert, gerann die »Wiedervereinigung« zur spezifischen Lebenslüge der zweiten deutschen Republik."[49]

Hier vielleicht noch ein Wort zu der Formulierung *unseren Brüdern und Schwestern in der Ostzone und in Berlin*. Man wird sicherlich die gesonderte Nennung der Stadt Berlin als Erinnerung an die Insel mitten in der DDR interpretieren. Wer kommt schon darauf, dass so immer wieder an den gesonderten Status der Insel erinnert wird? Berlin nix BRD. Um die *Insel im Roten Meer* nicht zu nahe aufrücken zu lassen, weigern sich die Volksvertreter in Bonn, West-Berlin zum Bundesland zu erklären. Dazu werden wir in kurzer Frist schon bald mehr hören. Na ja, es ist eigentlich auch klar: Wem das Schicksal der Menschen in Potsdam egal ist, dem ist auch das Schicksal der Menschen in Berlin egal. Wie sagte es Adenauer? Heidnische Stadt. Haben Sie auch das Gefühl, dass wir bereits im Kriege gelernt haben, die Welt in den Kategorien *West* und *Ost* zu denken und zu bewerten? Was da im Osten zumutbar ist, geht im Westen gar nicht? Wie hört es sich an, wenn ich nicht Potsdam und Berlin nehme, sondern Ost- und West-Berlin? Sollen die im Osten ernstlich auf den Zuständen, wie sie jetzt sind, hängenbleiben? Wie kurzschrittig ist das gedacht? Das wird sich über kurz oder lang einmal bitter rächen.

Darüber nachdenken, was jemand schreibt

Um eine Nummer dieser Größenordnung mit Erfolg über die Weltbühne zu bekommen, braucht man eine Schar an Journalisten, Publizisten und Historikern, die von links über die Mitte bis rechts auf der Bühne stehen und möglichst konträre Diskussionen führen. Sonst sähe es ja auch nicht anders aus als im Osten. Die Hauptsache ist, dass sie alles Mögliche zum Disput beitragen, ohne sich unbedacht zu verplappern. So darf nicht laut werden, dass keiner der Alliierten einer Ausdehnung Deutschlands auch nur auf den Stand von Ende 1937, geschweige denn von 1914 zustimmen wird. Keiner. Was wirklich gespielt wird, findet man aber doch, wenn die Texte einmal unter anderen Gesichtspunkten gelesen werden. Brauchen Sie ein Beispiel? Sebastian Haffner schreibt später in einem seiner Texte über die Gründung der deutschesten Bundesrepublik: „Der erste außenpolitische Akt der Bundesrepublik war die Zustimmung zu ihrer eigenen Gründung. Der zweite, fast unmittelbar anschließende, war die erfolgreiche Umwandlung des Abhängigkeitsverhältnisses in ein Bündnisverhältnis." Klingt das wie ein Text eines Wissenschaftlers oder wie von einem geschrieben, der mehr weiß als andere? „Beide hatten zum Hintergrund den Kalten Krieg, und das eine schien sich zu seiner Zeit fast naturnotwendig aus dem anderen zu ergeben." Er schreibt, dass es nur so schien. Bedauerlicherweise schreibt er freilich nicht, wie es denn war. Alles und nichts sagend setzt er nach, man tue aber gut daran, „zwischen den beiden Vorgängen deutlich zu unterscheiden, denn in ihnen zeigt sich von Anfang an der Unterschied zwischen der westlichen Deutschlandpolitik und der deutschen Westpolitik". Anfangs sei das „ein kaum wahrnehmbarer feiner Riss", der in späteren Jahren durchaus erhebliche Ausmaße annehmen und sich in den 1960er Jahren geradezu zum Gegensatz auswachsen werde.[50]

Adenauer tritt prompt auf den Teppich

Als wolle Adenauer beweisen, dass er mitnichten plant, ein Provisorium für eine Übergangszeit hinzustellen, sondern einen Bau für die Ewigkeit, geht er am Tag nach seiner Regierungserklärung einen Schritt zu viel auf seine Lieblingsalliierten zu. Bei dieser Gelegenheit soll nämlich der erste Nachkriegskanzler mit viel diplomatischem Getue das Besatzungsstatut aus den Händen der Hohen Kommissare erhalten. Der 34-jährige Franz Josef Strauß lacht sich einfach nur schlapp darüber, wie er diese Chance zu nutzen weiß, um unmissverständlich klar zu machen, dass er gedenkt, seine Bundesrepublik sehr wohl ganz rasch zu einem gleichberechtigten Staat zu machen. Soll dieser junge Münchener reden: „Die Meisterschaft im Taktieren, zu der sicherlich auch ein Stück Rücksichtslosigkeit gehörte, beherrschte Adenauer nicht nur im Umgang mit deutschen Partnern oder Konkurrenten. Auch gegenüber den Alliierten verfügte er über diese Kunst." Das wird Franz Josef Strauß aber erst von sich geben, wenn er sich einst sicher in seinem Sattel fühlt: „Zwar war in der Nachkriegszeit die Vorstellung, es könne jemand das Vertrauen der Amerikaner verlieren, für die politische Karriere des Betreffenden absolut tödlich, ohne dieses Vertrauen ging nichts. Dennoch hat Adenauer sehr früh und sehr bewusst wiederholt einen begrenzten Konflikt mit den Alliierten in sein Kalkül einbezogen. Am deutlichsten wurde das am 21. September 1949, als er die Bundesregierung auf dem Petersberg vorstellte und das Besatzungsstatut übergeben werden sollte. Statt vor dem Teppich stehenzubleiben, wie es die Hohen Kommissare wohl erwartet hatten, stellte sich Adenauer prompt auf den Teppich. Diese Geste verstand jeder, der einen Sinn für Symbolik hat." Der Meister der Indiskretion fügt hinzu, dass es Adenauer als nützlich ansehe, stets ein Stück Spannung im Verhältnis zu den Alliierten zu halten, sozusagen ein Stück Nicht-Identität. Dabei gehe es ihm darum, den deutschen Preis möglichst hoch zu halten, was ihm ja auch meisterhaft gelinge.[51]

Während das Grundgesetz für die Bundesrepublik von deutschen Institutionen ausgearbeitet wurde, haben sich die Westalliierten auf ein Besatzungsstatut geeinigt. In dem Dokument ist aufgelistet, welche Rechte sich die Besatzungsmächte auch weiterhin vorbehalten. Darunter sind in erster Linie die Entwaffnung und Entmilitarisierung Deutschlands, auswärtige Angelegenheiten wie auch der Schutz und die Sicherheit für die alliierten Streitkräfte. Der Außenhandel soll überwacht werden und die Alliierten behalten sich die Zustimmung zu allen Gesetzgebungsakten im Bund und in den Ländern vor. Bei einem falschen Handgriff schwebt das Damoklesschwert der erneuten Übernahme der vollen Gewalt durch die Alliierten über den Politikern. Die Einschränkung der Souveränität des neuen Staates im Westen von Deutschland hat der Kanzler zur Feier des Tages in Briefen an die drei westlichen Siegermächte zu unterschreiben. Die verbindlichen Vorbehalte sind der Wermutstropfen, zumal die Entmilitarisierung erneut festgeschrieben wurde. Das gefährdet das dritte Standbein in der Planung der neuen politischen Elite. Aber Adenauer ist ein gerissener alter Fuchs – er wird schon seinen Weg aus dem Dilemma finden. Obendrein haben die Alliierten als Inhaber aller Siegerrechte für Deutschland als Ganzes und Berlin diejenigen Artikel des Grundgesetzes suspendiert, die sie als Einschränkung ihrer Verfügungshoheit ansehen. Das gilt auch für den Artikel 146, der die Ausarbeitung einer Verfassung anstelle des Grundgesetzes vorsieht, wenn es durch eine schräge Fügung doch einmal zu einer Aufnahme anderer Teile Deutschlands kommt, wie es im Artikel 23 postuliert ist.[52] Erst hü und dann hott. Wollten sie nicht vor einem Jahr noch unbedingt eine Verfassung? Oder sind sie mit dem Text einigermaßen zufrieden und es genügt, wenn man dies und das von den Artikeln für null und nichtig erklärt? Mal sehen, wie lange es dauert, bis wir von den Historikern aufgeklärt werden über das Besatzungsstatut und den Unterwerfungsbrief, den jeder Kanzler unterschreiben muss.

Die Lebenslüge der Bundesrepublik

Wenn Willy Brandt im September 1988 auf den Punkt bringt, durch den Kalten Krieg und seine Nachwirkungen sei die Hoffnung auf Wiedervereinigung zur Lebenslüge der zweiten deutschen Republik geronnen, liegt *Sebastian Haffner zur Zeitgeschichte* schon sechs Jahre lang in Bücherläden der BRD herum, ohne dass ein Gezeter darum veranstaltet werden würde. Da wird das böse Wort aber längst verwendet und nicht erst, wie von Brandt formuliert, als die Folge des Kalten Krieges und seiner Nachwirkungen, sondern als Staatsphilosophie der separaten Teilrepublik im westlichen Gebiet von Deutschland: „So jung sie ist, die Bundesrepublik erinnert sich schon heute – dank Adenauers erfolgreicher Tarnungspolitik – ihrer eigenen kurzen Geschichte nicht mehr. Sie weiß nicht und will nicht wissen, was sie in ihrer formativen Periode, in der Adenauerschen Glanz- und Erfolgszeit der Jahre von 1949 bis 1955, wirklich gewollt, getan und bewirkt hat.“ Dabei werden kurzerhand die politischen Winkelzüge im streng abgeschirmten Regierungsviertel in Bonn und der Willen breiter Kreise der Bevölkerung zu einer Normalisierung der Lage überall in Deutschland in einen Topf geworfen – und es soll so scheinen, als ob sich die dumme Bevölkerung nur nicht erinnern würde, was sie in Bonn damals gemacht haben. Hören Sie das mal: „Den »Westabmarsch«, den sie selbst damals – mit halbem Erfolg, aber mit vollem Einsatz – vollzog, hat sie verdrängt.“ Wer ist denn *sie selbst*? Wer ist *die Bundesrepublik*? *Sie selbst* sind diejenigen, die Jakob Kaiser und Willy Brandt und andere Volksvertreter von den großen Entscheidungen fernzuhalten versuchen. Aber lesen wir noch ein Stück weiter: „In Wirklichkeit ist sie seither ein auf halbem Wege stehengebliebenes Fragment des vergeblich erstrebten »Abendlandes«, und für dieses Streben hat sie in Wirklichkeit die Existenz des Deutschen Reiches beendet und die nationale Einheit aufgeopfert.“ Und nun kommt auch das böse Wort: „In ihrem Bewusstsein aber ist sie immer noch das weiter existierende, verstümmelte, widerrechtlich seiner östlichen Teile beraubte Deutsche Reich – »das Deutsche Reich in den Grenzen von 1937«. Das ist die Lebenslüge der Bundesrepublik.“[53]

Als wolle Haffner alle Register ziehen, um zu beweisen, dass Demokratie nicht das Ziel Adenauers ist und dass es vielmehr darum geht, die Leute über den Tisch zu ziehen, wertet er einen Aufsatz über einen Meilenstein westdeutscher Geschichtsschreibung aus. Er schreibt über *Außenpolitik in Adenauers Kanzlerdemokratie.* In seiner Darlegung führt der *insider* Sebastian Haffner aus, der populäre Politologe Arnulf Baring habe darin „die ganze Tragödie Adenauers schon auf dem scheinbaren Gipfel seines Erfolges vollkommen sichtbar gemacht". Er fragt sich rhetorisch, was die Tragödie gewesen sei, und antwortet gleich selbst. Sie sei zwiefach gewesen, doziert er. Ihr einer, geringerer Teil sei, dass der Bundeskanzler mit „seiner Politik – die er mit staunenerregender Energie, List, Wendigkeit und Zähigkeit durchsetzte, dabei die Verfassungswirklichkeit der jungen Bundesrepublik nachhaltig verformend – nur einen halben Erfolg hatte und dass er für diesen halben Erfolg einen ungeheuren Einsatz riskierte und verlor." Wie am Spieltisch. „Der schlimmere Teil der Tragödie aber war, dass er seine Politik nach innen von Anfang an – wie er meinte: unvermeidlicherweise – falsch etikettierte. Denn damit gab er der Bundesrepublik eine Lebenslüge mit auf den Weg, die sie nie ganz losgeworden ist." Bis in die 1980er Jahre, das ist soweit schon richtig. „Sie besteht darin, dass die Bundesrepublik nicht davon loskommt, sich mit dem untergegangenen Deutschen Reich zu verwechseln. Adenauers politisches Ziel war die Westintegration der Bundesrepublik – und was er dafür in Kauf nahm, war die dauernde Teilung der Nation. Das Ziel wurde nur halb erreicht, der Preis aber voll entrichtet."[54]

Von den Ost-Deutschen. Die Summe an Reparationen, die die DDR nach dem schiefgegangenen Weltkrieg zu blechen hat, wird sich auf über 700 Milliarden DM in bar sowie in Sachleistungen belaufen. Dazu kommt die nicht artgerechte Käfighaltung über Generationen. Bewegungsfreiheit ist ja bereits seit dem Ende des Krieges und für viele schon seit 1933 passé. Aber Demokratie haben sie im Westen auch nicht: „Es gelang Adenauer, die Wiederherstellung eines – verkleinerten, kontrollierten und neutralisierten – gesamtdeutschen Nationalstaats zu verhindern, und es gelang ihm, statt dessen die Bundesrepublik zu einem fast gleichberechtigten Partnerstaat der westlichen Siegermächte zu machen. Es gelang ihm, mit anderen Worten, unter Aufopferung der deutschen Einheit einen großen Teil Deutschlands den Folgen der gesamtdeutschen Niederlage weitgehend zu entziehen."[55]

Das war das Ziel des Ganzen. Am Ende meines Bandes *Nicht noch einen Friedensvertrag* hatte ich das am Schluss als These formuliert. Der Experte Haffner ist sich auch nicht so restlos sicher, ob dieser Egoismus im Westen zu kritisieren ist. Er sagt: „Das ist eine zweischneidige Leistung, aber immerhin eine Leistung."[56] Ermöglicht wird die Nummer durch ein folgenschweres Informationsdefizit auf zwei Seiten. Die West-Alliierten können nicht testen, ob die Deutschen in der BRD die neuen Grenzen in der Folge des Krieges anerkennen. Volksabstimmungen sind vorsorglich nicht vorgesehen. Die Alliierten erwarten ihrerseits ein gewisses Maß an Vorarbeit von deutscher Seite. Die Leute in der BRD können nun wieder nicht wissen, dass auf der Potsdamer Konferenz nur die *Abtrennung der Gebiete östlich von Oder und Neiße* vereinbart worden war und dass nur noch auf die Zustimmung vonseiten der Deutschen gewartet wird. Schon wegen der dauerhaften Verbindlichkeit ist das notwendig. Wer in diesen juristischen Kram nicht eingeweiht ist, muss denken, in Potsdam sei die Teilung Deutschlands beschlossen worden. Churchill sprach jedoch 1946 von einem *eisernen Vorhang von Stettin bis Triest* und gerade nicht von Greifswald bis Triest. Eine endgültige Grenzziehung sollte – jetzt kommt das schlimme Wort: einem Friedensvertrag vorbehalten bleiben. Hauptsache ist, dass keiner aus der einfachen Bevölkerung im Westen auf den Schnapsgedanken kommt, ihm fehle so ein Vertrag. Von den irrwitzigen Reparationen, die Deutschland in Versailles abverlangt wurden, ist bloß ein Bruchteil bis 1932 bezahlt worden. Und auch dafür wird die Bundesrepublik noch lange zahlen müssen. Bis jetzt wird feste demontiert, was im Westen nicht niet- und nagelfest ist.

Elf Jahre alt ist der kleine Heinrich August Winkler 1949. Kinder sind ja immer so niedlich. Wenn irgendwann genug Wasser den Rhein hinabgeflossen ist, ist er vielleicht schon ein Prof. Dr. der Geschichte und erklärt interessierten jungen Leuten: „Postnational war die politische Praxis der Bundesrepublik schon unter ihrem ersten Kanzler. Adenauer ging es von Anfang an vorrangig darum, aus der Bundesrepublik so rasch wie möglich einen souveränen, unauflösbar mit dem Westen verbundenen Staat zu machen. Demgegenüber hatte alles andere, auch das Ziel der Wiedervereinigung, zurückzutreten. Schon um Mehrheiten zu gewinnen, musste Adenauer die Politik der Westintegration als den einzigen erfolgversprechenden Weg zur »Einheit in Freiheit« darstellen. Aber ein strategisches Nahziel war die Wiedervereinigung für ihn nicht."[57] Das ist nicht so übel für einen lupenreinen Demokraten. Schon um Mehrheiten zu gewinnen, bedeutet in einfacher Sprache, dass die Mehrheit in der Bevölkerung die Einheit Deutschlands wünscht. Es hapert aber bedauerlicherweise auch hier an der Logik: Wie könnte so eine *postnationale* Politik denn mit der Forderung nach der Wiederherstellung des Reiches in den Grenzen von 1937 oder meinetwegen auch 1914 zusammenpassen? Es ist nicht genug, darüber den Kopf zu schütteln. Man müsste verstehen, dass hier jemand ein anderes als das proklamierte Ziel verfolgt. Aber es ist auch nicht sein Problem, wenn jeder immer bloß hört, was er will. Er hat ja 1945 bereits vor Publikum gesagt, dass Berlin eine heidnische Stadt sei und Preußen der Anfang Asiens. Ich habe ebenso wenig eine Ahnung, wie er dann die Freunde und Alliierten im Westen bewegen will, Ost-Europa zu befreien, weil Polen „der östlichste Staat Europas mit westlicher Kultur" sei. Doch für die Teilung hier hat er auch flotte Worte: „Lieber das halbe Deutschland ganz, als das ganze Deutschland halb." Und 1945: „Nach meiner Ansicht sollten die Westmächte die drei Zonen, die sie besetzt halten, tunlichst in einem rechtsstaatlichen Verhältnis zueinander belassen." Man sollte sich gelegentlich festhalten, was jemand irgendwo gesagt hat: „Das Beste wäre, wenn die Russen nicht mittun wollen, sofort wenigstens aus den drei westlichen Zonen einen Bundesstaat zu bilden."[58]

Der 7. Oktober 1949 in der alten Hauptstadt. Die Gründung der Deutschen Demokratischen Republik

Väterchen Frost im roten Kreml ist über die Gründung des Weststaats in Deutschland entrüstet. Soll dies das Ende seiner Vorstellungen für eine Nachkriegsordnung in Europa bedeuten? Für den 14. September werden Wilhelm Pieck, Otto Grotewohl und Walter Ulbricht nach Moskau beordert; etwas muss mit dem Streifen von Deutschland zwischen Oder und Harz geschehen. Nur einen Monat nach der Bundesrepublik wird genau vier Wochen später am 7. Oktober 1949 im Osten Berlins eine Deutsche Demokratische Republik in die Welt gesetzt. Allerdings lässt das Glückwunsch*telegramm* der Moskauer Führung nicht den Schluss zu, dass sie diesen Schritt begrüßt hätte. Ist das Papier von einem Reiter nach Berlin befördert worden? Es geht eine Woche später, am 13. Oktober, in Berlin ein. Die Verzögerung wirkt, als wolle der Genosse Stalin fragen: Wer hat Euch Amateuren die Erlaubnis zu dieser Eigenmächtigkeit gegeben? Das erinnert wieder daran, dass Jossif W. Stalin in einem Gespräch mit dem Chef der polnischen Exilregierung Stanisław Mikołajczyk im Sommer '44 gesagt hat, der Kommunismus passe zu den Deutschen wie ein Sattel auf eine Kuh. Wer die Deutschen kennt, kann ihm auch nur beipflichten. Der Staat in Mittel-Deutschland wird folgerichtig auch als provisorisch ausgewiesen und Stalin gibt den Genossen in Berlin die Weisung, dass sich der Präsident Wilhelm Pieck mit einer Einladung an die Bonner Staatsführung zu wenden hat mit dem Angebot von Verhandlungen bezüglich der Einheit Deutschlands.[59]

Die Ausgangsvoraussetzungen für einen Staat in Mitteldeutschland sind denkbar ungünstig, worauf unter anderem ein John Dornberg hinweist, aber doch nicht gleich; jetzt wird gegen den Russen gehetzt. Später wird Dornberg die Leute ein bisschen aufklären, der Westen Deutschlands sei reich an Eisenerz, Steinkohle und an anderen Mineralien, während dem Osten alles außer Kohle und Pottasche fehlt. Im Westen sei das traditionelle industrielle Zentrum des alten Reiches, der Osten müsse sich leider mit dem Übrigen begnügen. Marshallplanhilfe, CARE-Pakete sowie die Kredite fließen in die westdeutsche Wirtschaft, die Sowjetzone hingegen wird „von den Russen ausgequetscht wie eine Zitrone“ und muss „obendrein noch die Kriegsschulden für ganz Deutschland zahlen, obwohl sie nur ein Drittel der Gesamtbevölkerung“ beherbergt. In jeder Analyse der ostdeutschen Verhältnisse sollten deshalb aus Gründen der Objektivität immer ostdeutsche Maßstäbe angelegt werden. 1968 erläutert er, dass es billige Propaganda sei, das Regime und die Wirtschaft der DDR als Versager abzuschreiben und als Beweis die Leistungen der Bundesrepublik anzuführen. Dabei lasse man außer Acht, dass die beiden Staaten höchst ungleiche Startbedingungen hatten. Am Anfang würden Rückschläge der DDR auf das Fehlen von politischer Freiheit und wirtschaftlichem Wettbewerb zurückgeführt. Dieses Argument stamme aus der Zeit des Kalten Krieges, als Ost und West sich gegenseitig als die Inkarnation des Bösen darstellten. Das sei als Argument in der Polemik nützlich gewesen, verschleiere nichtsdestotrotz den krassen Unterschied in der Situation beider Landesteile zu Ende des Zweiten Weltkrieges. Die deutschen Länder hätten 1945 östlich und westlich der zukünftigen Grenze außer den Zerstörungen lediglich noch ein gleich entwickeltes technologisches Können gemeinsam gehabt. Als wirtschaftspolitische Einheit gesehen, hätten die drei westlichen Besatzungszonen alles gehabt, was sie zum industriellen Wiederaufstieg benötigten: die Rohstoffquellen, die Arbeitskräfte, sowie ein Transportnetz. Die Sowjetzone sei jedoch nicht viel mehr als ein amputiertes Drittel des deutschen Staates. Das deutsche Kommunikations- und Transportsystem sei damals in Ost-West-Richtung verlaufen, wobei man unter den östlichen Gebieten des Reiches Pommern und Schlesien sowie Ostpreußen verstanden habe. Diese Gebiete stünden seit ‘45 aber unter polnischer oder unter sowjetischer Verwaltung. So hätten sich für den Staat in Mittel-Deutschland schwerwiegende Nachteile ergeben. Das Gebiet in der Mitte sei vom Westen genauso abgeschnitten wie vom einstigen östlichen Hinterland, das jetzt einem „befreundeten“, aber nichtsdestoweniger anderen Land unterstellt sei.[60]

Alles, was der neuen DDR 1949 an Transportwegen zur Verfügung stehe, seien ein Stück Elbe, das Benutzungsrecht der Oder (jedoch nicht deren Mündung in die Ostsee), ein kurzer Abschnitt des Mittellandkanals, bis '45 Deutschlands wichtigster künstlicher Wasserweg, die Reste des Ost-West-Eisenbahnnetzes, einige zerstörte und ein paar unzerstörte Linien im Süden und ein dürftiges Gleisnetz im Norden. Die DDR verfüge nicht über eine nennenswerte Schwerindustrie und sehe sich ihrer wichtigsten Rohstoffquellen beraubt. Ihre Maschinenindustrie, chemischen Werke, Textilfabriken und feinoptische Produktion, die auf eine lange Tradition zurückblicken können, seien schon immer von der Versorgung mit Rohmaterial und Halbfertigwaren aus Schlesien und von der Ruhr abhängig gewesen. In Städten wie Magdeburg, Gera, Chemnitz, Dresden, Cottbus, Halle, Weißenfels, Frankfurt an der Oder und Erfurt wohnten die Facharbeiter, Handwerker und Techniker. Das Land zwischen der Ostsee und den Mittelgebirgen verfüge jedoch nur über drei Prozent der Eisen- und Steinkohlenproduktion und weniger als sechs Prozent der Walzprodukte des ehemaligen Reiches. Die westdeutsche Propaganda will es zwar nicht wahrhaben, sagt Dornberg, aber es ist eine Tatsache, dass das Gebiet des Reiches, wo nun diese DDR sei, in der Lebensmittelversorgung stets auf Zuschüsse angewiesen war. Mecklenburg, Brandenburg und sogar Westpommern standen in der Landwirtschaft hinter den Gebieten zurück, die sich jetzt faktisch in polnischem Besitz befinden. Ich will nur kurz einmal einwerfen, dass auch große Teile des Westens von den Feldern im Osten ernährt wurden, und dass sich die Versorgung im Westen auch erst nach der Einführung der D-Mark normalisiert hat. Doch kommen wir zurück zu den verständnisvollen Worten Dornbergs, die zwanzig Jahre später in die Anerkennung der DDR münden soll. Das Dilemma, sagt er, sei darin begründet, dass es der Wirtschaft der DDR an Rohstoffen mangele und die Landwirtschaft nicht imstande sei, die Arbeiter wirklich hinreichend zu ernähren. Überdies fehlten die industriellen und landwirtschaftlichen Produkte, gegen die man Rohmaterial eintauschen könnte.[61]

Nirgends kennen die Leute die Schwachpunkte in Mittel-Deutschland so gut wie vor Ort und schon aus dem Grund gedeihen da vor allem schöne Witze über die Führer: In einem der vielen Zuchthäuser der Sowjetzone stehen die Häftlinge zum Appell angetreten. „Mal herhören!“ verkündet der Oberwärter. „Morgen kommt unser Staatspräsident Wilhelm Pieck!“ „Siehst du,“ flüstert ein Häftling dem andern zu, „ich habe immer gesagt, dass es mit dem kein gutes Ende nimmt!“ In einer anderen Version heißt es nach der Durchsage des Oberwärters: „Das wird auch höchste Zeit!“[62]

Der folgende Spruch bezieht sich auf Wilhelm Pieck und seinen Ministerpräsidenten: Das Skatspiel ist in Berlin verboten. Es gibt nur noch Pique. Im Übrigen ist es auch vollkommen egal, was wir hier spielen. Es wird ja doch aufs Grotewohl regiert.“[63] Bezeichnend für die Stimmung in großen Teilen der Bevölkerung ist die Antwort auf die Frage: „Was heißt DDR?“ „Der dämliche Rest.“[64] Man versteht, dass man abgehängt wird. Man will nur nicht glauben, dass es von Bonn aus geschieht. Dort sind die Guten.

Dass viele Leute der Meinung sind, die DDR wäre auf Betreiben Moskaus in dieser Welt, äußert sich so: Ein SED-Kulturfunktionär fragte einen bekannten Schauspieler, was er wohl verdiene. Der Schauspieler sagte ihm, dass er für jede große Rolle 5000 Mark bekomme. „Aber dann verdienen Sie ja mehr als unser Staatspräsident Pieck!“ rief der SED-Kulturfunktionär erstaunt. „Ja“, meinte der Schauspieler bedächtig, „der spielt ja auch keine Rolle. Der ist doch nur Statist.“[65] In die gleiche Kerbe schlägt doch wohl dieser Witz: Grotewohl fällt bei einer Besichtigung die Treppe hinunter und bleibt verletzt liegen. Man ruft einen Arzt, der sich erkundigt, was geschehen sei. „Grotewohl hat sich wahrscheinlich das Rückgrat gebrochen“, sagt ein eifriger Beamter. „Das ist unmöglich“, erklärt der Arzt. „Aber wieso?“ fragen die Umherstehenden. Der Arzt schüttelt daraufhin den Kopf und fährt fort: „Weil er nie eins gehabt hat.“[66]

In einem Leipziger Kaufhaus betritt ein Mann die Bilder- und Rahmenabteilung und betrachtet die ausgestellten Größen der Sowjetzone.
„Wer ist das?" fragt er, auf ein Bild zeigend. „Das ist Walter Ulbricht, unser stellvertretender Ministerpräsident."
„Davon möchte ich fünfzig Stück. Und wer ist das?"
„Das ist Otto Grotewohl, unser Ministerpräsident."
„Davon nehme ich auch fünfzig Stück. Und wer ist der Dicke da?"
„Das ist Wilhelm Pieck, unser Staatspräsident."
„Von dem packen Sie mir bitte hundert Stück ein."
Erstaunt fragt die Verkäuferin: „Was wollen Sie bloß mit all den Bildern? Wollen Sie die alle bei sich aufhängen?"
„Natürlich nicht! Ich habe eine Schießbude!"[67]

Na gut, einen hab ich noch: Grotewohl ist zu Besuch bei Chinas Premierminister Zhou Enlai und fragt ihn, ob er auch eine Opposition habe. „Ja", sagt Zhou, „so etwa siebzehn Millionen sind noch gegen uns." Darauf erklärt Grotewohl beruhigt: „Na ja, in der DDR sind es auch nicht mehr."[68] Aber jetzt ist einmal Schluss mit den Witzen in der schönsten Deutschen Demokratischen Republik auf der Welt. Viel ernster ist die Lage in Bonn in der Nähe von Köln.

Herbert Wehner aus der SPD zeigt sich am 21. Oktober vor dem frischen Bundestag darüber empört, dass Vertreter der bayerischen CSU *Unsere* DDR schon wenige Tage nach ihrer Gründung nicht nur *nicht* energisch ablehnen. Es ist schon bemerkenswert, wie sich der einstige Kommunist da fassungslos ereifert: „Nun gut, meine Herren, ich habe mit Besorgnis in diesen Tagen die Äußerungen zweier recht prominenter Angehöriger einer Regierungspartei über das Verhältnis Westdeutschlands zu diesem Satellitenstaat gelesen – und ich habe auch bemerkt, mit welcher Betonung – um nicht zu sagen mit welcher Freude diese Äußerungen führender CSU-Politiker in der Ostzonenpresse aufgenommen worden sind. So die Äußerung, dass die Regierung der »Deutschen Demokratischen Republik« – man übernimmt diesen Terminus – in Berlin nicht einfach zu ignorieren sei, ja noch klarer gesagt, dass man mit ihr als mit einer Realität rechnen müsse, und noch schärfer herausgearbeitet, dass man abwarten wolle, ob sie echte demokratische Entwicklungen zulasse, (Lachen bei der SPD) und dann könne man mit ihr in Verbindung treten. (Zuruf von der SPD: Einheitsfront der Kommunisten! sowie Gegenrufe von der CDU/CSU.) – Dies sage ich hier ja nicht in anklagendem Tone gegen die, die solche Meinungen nicht teilen. – Aber ich sage: Mit Sorge muss man solche Dinge betrachten, die aus dem Lager der Regierungsparteien und nicht von irgendwem, sondern von prominenten Politikern der Regierungsparteien gesagt und schriftlich niedergelegt werden, noch bevor die Regierung selbst Stellung genommen und eine Erklärung abgegeben hat." So weit also Herbert Wehner (SPD!) vor dem Bundestag.[69]

Mit echten demokratischen Entwicklungen im anderen deutschen Staat ist es jedoch so eine Sache. 1949 berufen sich vier junge Männer aus Ost-Berlin auf Rosa Luxemburgs Wort „Freiheit ist immer nur dann Freiheit, wenn es die Freiheit der Andersdenkenden ist." Ihr Leben nimmt danach eine unangenehme Wendung: Ein sowjetisches Militärgericht verurteilt diese jungen Männer zu 25 Jahren in einem Straflager. So hatten sie sich die Befreiung von Hitler-Faschismus und Lagern auch nicht vorgestellt.[70]

Was für ein rosarotes Weltbild müssen die Sternchen im Westen haben, die sich einbilden, die Führer im Osten würden ernstlich irgendwann das Ruder in Richtung Meinungsfreiheit und Demokratie herumreißen? Man sollte hier einmal extra darauf hinweisen, dass entscheidende Mitspieler in West-Deutschland selbst aus Mittel- und Ost-Deutschland stammen – angefangen mit Reinhard Gehlen, der in Erfurt geboren wurde und dann in Breslau sein Abitur abgelegt hat. Wie stellen sich diese Kandidaten die Zukunftsaussichten ihrer ehemaligen Nachbarn östlich des Harzes vor?

Die USA wirbeln zum Sturm gegen den Kommunismus

In den Vereinigten Staaten ist inzwischen alles zu spät – dort haben sich Männer wie George Frost Kennan durchgesetzt. Eine gemeinsame Wirtschaftszone der Staaten rund um den Pazifik, eine Zusammenarbeit der USA mit China und Russland, allein schon wegen der in Asien lagernden Rohstoffvorräte, ist wieder in der Versenkung verschwunden. Nunmehr hat das Deutsche Zeitalter begonnen. Alles dreht sich jetzt nur noch um die weltumspannende Auseinandersetzung mit dem Kommunismus. Wo auch immer jemand zu früh oder zu spät oder gar nicht spricht, hat man den Schuldigen für alle Probleme in der Welt gefunden. Das erinnert an die Zeiten mit Hitler und Goebbels, die letzten Endes so sehr lange auch noch nicht zurückliegen. Hier die jüdische Weltverschwörung und da die kommunistische Weltrevolution, mehr wurde nicht geboten. In *der* Zeit konnten die Medienmacher der Jahre nach dem Krieg an den Nachbarn und Kollegen studieren, dass man sehr wohl eine Scheinwelt inszenieren kann, die von der Masse der Leute abgekauft wird, weil es in den Medien endlos wiederholt wird. Daran kann man natürlich verzweifeln oder man kann lernen, wie die Masse der Leute verschaukelt werden kann.

Innerhalb von bloß vier Jahren ist es den Deutschen gelungen, den einen Inhalt aus ihrem monotonen Volksempfänger zum Thema Nummer Eins zu befördern. Nun müssen alle das ewige Lamento ertragen von Amerika über Afrika bis nach Asien. Ob es nun in einem konkreten Fall berechtigt ist oder auch nicht. Am 22. November 1949 wird Einigung erzielt für die Gründung der CoCom, zentrale Koordinierungsorgane und gemeinsame Embargolisten, die Hochtechnologie von jenen Staaten fernhalten sollen, die kommunistisch sein sollen oder einfach unter dem Einfluss Moskaus stehen. Koordinierungsorgane sind die „Coordinating Group“ (CG) sowie das „Coordinating Committee“ (CoCom), die ihren Sitz in Paris erhalten. Am 1. Januar 1950 kann es losgehen. Zu sieben Gründungsstaaten – den USA, Großbritannien, Frankreich, Italien, Luxemburg, Belgien und den Niederlanden – kommen binnen Jahresfrist fünf weitere Staaten hinzu –

die Bundesrepublik Deutschland, Dänemark, Kanada, Norwegen sowie Portugal. In den nächsten Jahren treten dann auch Japan, Griechenland, die Türkei und Spanien der CoCom bei, sodass fast alle NATO-Staaten in der CoCom organisiert sind. Nur Island hält sich da raus. Über bilaterale Verträge gelingt es Washington sogar, Entwicklungsländer und neutrale Staaten wie die Schweiz in das Embargo einzubeziehen. Deutschland ist geschlagen, das bedeutet für den Amerikaner, dass man jetzt nur noch in der Sowjetunion klar Schiff zu machen braucht. Amerikaner machen das blind und mit vierzig Grad Fieber. So stellen es sich die Neulinge auf der Weltbühne zumindest vor.

Die Sowjetunion soll in wirtschaftlicher Hinsicht abgehängt werden und auf diese Art gezwungen, ihren Einfluss in Osteuropa aufzugeben. Davon abgesehen, dass dieses Herangehen auf der falschen Vermutung basiert, die Sowjetunion sei in der Lage, andere Länder militärisch zu bedrohen, hätte das Herangehen vielleicht wirklich den gewünschten Effekt, wenn die Lieferbeschränkungen auch eingehalten würden. Doch in Bonn spielt man ein doppeltes Spiel und benutzt jenes Motiv des Antikommunismus nur als Begründung dafür, warum das Deutsche Reich leider nicht mehr vereinigt werden kann. Parallel und gleichzeitig werden diese Embargos auf Hochtechnologie ausgerechnet von der Bundesrepublik Deutschland unterlaufen und somit in ihrer Wirkung abgeschwächt.

Wenn wir von Hochtechnologie reden, kommt bei den großen Firmen ja nicht zuletzt Siemens in den Sinn. An diesem Beispiel lässt sich wunderbar zeigen, dass dieses Spiel mit gezinkten Karten genau so geplant war. Können Sie sich noch erinnern? Der hochkarätige Manfred von Ardenne, der sich nach dem Krieg mit seinen Mitarbeitern aus Berlin-Lichterfelde auf den Weg machte, um den Sowjets *Hightech*-Waffen der dritten Art in die Hände zu geben, berichtet, im Sommer 1944 habe Dr. Hermann von Siemens das Institut von Manfred von Ardenne in Berlin noch einmal besucht. Bei der Gelegenheit hätten sie ganz offen gesprochen. Dieser Krieg war verloren. Deshalb drehte sich jenes Gespräch um die Planung für die Zukunft. Obwohl ihm eine Bescheinigung ausgestellt worden war, die es ihm gestattet hätte, mit seiner Familie und mit den meisten der Anlagen und Dokumente Berlin zu verlassen und einen Ort im Westen Deutschlands aufzusuchen, entschied er sich damals „zum Bleiben – und damit für die sowjetische Seite". Da es sich hier um eine Familie des deutschen Adels und Tausende Wissenschaftler und Familienangehörige handelte, dürfte es den Profihistorikern schwerfallen, schlüssig zu erklären, weshalb sie nicht zusammen mit dem Trupp rund um Wernher von Braun in Richtung Westen flüchten. Und was wird aus Hermann von Siemens? Er produziert im Westen weiter und liefert dann Hochtechnologie nach Ost-Europa, vor allem in „Unsere DDR". Um das den Freunden und Spionen aus den U.S.A. vorzuenthalten, stellen Gehlens Schlapphutmänner gleich selbst den Abwehrbeauftragten bei dem Konzern in München. Einer von ihnen ist der Major i. G. Ulrich Bauer, der den Decknamen Bayerle führt. Wie viele Jahre wird es wohl dauern, bis die neuen Freunde aus *America* den Schwindel einmal aufdecken?[71]

In der in Ruinen liegenden DDR führt das zu einer Pattsituation: Es gibt zu wenig zum Leben und zu viel zum Sterben. Dies führt unter der Hand zu einem Spruch, an den wir uns noch aus der Untergangsphase des Vorgängersozialismus erinnern, und in dem nur die Namen der ganz großen Größen ausgetauscht werden müssen: „Pieck und Grotewohl fahren im Auto durch die Stadt, ohne erkannt zu werden. Pieck sagt selbstbewusst: „Wenn ich jetzt Zigaretten hinauswürfe, hätte ich im Handumdrehen alle Männer hinter mir!" Otto Grotewohl lächelt bloß und meint: „Und wenn ich Damenstrümpfe hinauswürfe, würden mir sofort alle Frauen folgen." Da brummelt der Fahrer vor sich hin: „Und wenn ich die beiden hinauswürfe, hätte ich sofort das ganze Volk hinter mir!" Mich macht es schwer nachdenklich, dass der Protagonist den Witz über das Dritte Reich noch den Potentaten persönlich ins Gesicht zu sagen gewagt hatte. Selbst dies hält man also inzwischen nicht mehr für realistisch.[72]

Folgenschwere Missverständnisse

Die Umsetzung des Planes des Kreisauer Kreises ist Ende 1949 auf einem guten Weg. Eines muss schon einmal grundsätzlich klar sein: Auf schöne Vorschläge, Angebote oder noch Schlimmeres aus Berlin, West oder Ost, geht die Führung in Bonn überhaupt nicht erst ein, um in dieser heiklen Phase nicht aus dem Konzept gebracht zu werden. Anders sieht es in der Wiederbewaffnung aus. Die will Bonn, aber das wollen wiederum ängstliche Nachbarn nicht. Die Teilung Frankreichs durch Hitlers Reich ist ja zum Beispiel gerade vier oder fünf Jahre her. In der Auslandspresse wird im November 1949 erneut das Problem einer Schon-Wieder-Bewaffnung Deutschlands ein Thema. Das wirft die Gedanken zurück in die Zeit nach dem ersten Weltkrieg und vor allem in die Zeit unter Hitler. Die Debatte um die Wiederaufrüstung war erst vor zehn, zwanzig Jahren ein Thema und dann gab es gleich noch einen Weltkrieg. Da ist es nicht erstaunlich, dass man überall in Europa und nicht zuletzt in der demolierten Sowjetunion beunruhigt ist, um das Mindeste zu sagen. Doch bleiben wir noch ein wenig in West-Europa, um die dortigen Interessenlagen zu sehen.[73]

Der französische Staatsminister und Beauftragte für Information Pierre-Henri Teitgen gibt eine Erklärung für die französische Regierung heraus, wonach Frankreich unter keinen Umständen einer deutschen Wiederbewaffnung oder einem Beitritt Deutschlands zum Atlantikpakt zustimmen wird. London lehnt alles ab, was über eine neue bewaffnete sowie mobile Polizeistreitmacht hinausgeht. Die beiden Weltkriege wurden doch nicht zum reinen Vergnügen inszeniert. Das können Sie gern nachlesen. Meine ersten vier Bände enthalten durchaus viele wissenswerte Details. Mögen die Motive der Einspruchsberechtigten auch unterschiedlich sein, weder die Briten noch die Franzosen sind bereit, sich ein bewaffnetes Deutschland vorzustellen, während die Vereinigten Staaten nicht gewillt sind, die Europäer ohne die Beteiligung nennenswerter deutscher konventioneller Landstreitkräfte gegen die Sowjets zu verteidigen. Das alles bringt Großbritannien in eine äußerst schwierige Lage, wenn es seine engen Verbindungen zu den Vereinigten Staaten nicht aufs Spiel setzen will. Im Krieg hat sich ja gezeigt, dass die Amerikaner ihre eigenen Interessen über die der Engländer stellen. Jetzt muss London den kreativen Weg finden, um seinen Einfluss in Europa so weit wie möglich wiederherzustellen.[74]

Nur vier Jahre nach der Verabschiedung der deutschen Armeen aus dem Norden, Süden, Westen und Osten Europas mit Pauken und Trompeten beobachtet jede Seite argwöhnisch alle anderen. Schauen wir uns einmal die Ost-Berliner Sicht an: „Konrad Adenauer hatte schon vor Gründung der Bundesrepublik insgeheim einen Kurs verfolgt, der die schnelle Wiederbewaffnung und die Integration Westdeutschlands in ein westeuropäisches Militärbündnis vorbereitete. Obwohl er in seinen öffentlichen Reden die deutsche Einheit beschwor, war uns klar, dass seine Politik eine Annäherung der beiden deutschen Teilstaaten ausschloss."[75]

Das bleibt auch dem englischen Journalisten und Geheimdienstagenten Sefton Delmer nicht verborgen. Nach dem Ende des Krieges war Delmer noch angetan, als Adenauer 1946 meinte: „Wir sind einverstanden, dass wir völlig abgerüstet werden, dass unsere Kriegsindustrie zerstört wird, dass wir nach beiden Richtungen hin einer langen Kontrolle unterworfen werden. Ja, ich will noch weitergehen: Ich glaube, dass die Mehrzahl des deutschen Volkes einverstanden wäre, wenn wir wie die Schweiz völkerrechtlich neutralisiert würden." Die Neutralität der Bundesrepublik wird der gute Mann aber fortan kategorisch ausschließen. Damals vertrat der künftige Chef noch die Ansicht, „dass Deutschland für immer entmilitarisiert bleiben müsse". Delmer ist wohl auch davon überzeugt, dass Adenauer „mit seiner Annahme, dies sei bei den Deutschen des Jahres 1946 die überwiegende Meinung, recht hatte. Ich glaube sogar, dass diese Ansicht noch immer bei der deutschen Öffentlichkeit vorherrschte, als es 1947 bei der Konferenz der Großen Vier in Moskau zwischen der Sowjetunion und den Westmächten zu einer ernsten Meinungsverschiedenheit über die Zukunft Deutschlands kam, auch während der darauf folgenden

Blockade Berlins änderte sich da offenbar nichts." Franz Josef Strauß aus der Chefetage der CSU hatte zu dieser Zeit noch geäußert, der Arm sollte demjenigen abfallen, der je wieder ein Gewehr anfasse.[76]

Doch '48 kam Adenauers erster Hammer, als er General Speidel bat, ein Memorandum anzufertigen, in dem die Stärke der europäischen Armeen verglichen werden sollte, um festzustellen, was das neue Deutschland an bewaffneten Kräften anzubieten hätte, für den Fall, dass die Westmächte einen „militärischen Beitrag" anfordern sollten – man kann nie wissen... Sefton Delmer hat sich wieder beruhigt, weil die Amerikaner darauf doch nicht eingingen. Jetzt raschelt es aber wieder im Gebüsch oder besser im europäischen Blätterwald und Delmer passt auf wie ein Schießhund.[77]

Aber nicht alle ausländischen *Big Brothers* kommen zu Delmers Ansicht. Als Beobachter aus den USA schreibt James H. Critchfield, dass Konrad Adenauer „nur ein geringes Interesse an militärischen Angelegenheiten" zeigt. Auf der Suche nach einem Historiker, der das bestätigt, werden die Interessierten Schwierigkeiten bekommen. Dass er sich im Dezember '48 mit General Hans Speidel traf, wertet der Jungspund aus *America* als ein „eher beiläufige[s] Interesse". Es beeindruckt ihn ebenso wenig, dass das *meeting* „Kritik bei einigen Angehörigen aus General Clays Stab hervorgerufen" hat.[78] Critchfield ist allerdings im Unterschied zu Clays Stab für die Zusammenarbeit mit den echten und den vermeintlichen Aufklärern um Gehlen herum verantwortlich. Das verleiht seiner Einschätzung ganz besondere Bedeutung für den Fortgang der Dinge.

Die Guten wiesen „völlig zu Recht darauf hin, dass es nach Artikel 16 der von der Alliierten Hohen Kommission erlassenen Gesetze untersagt war, dass sich Konrad Adenauer als Mitglied des Parlamentarischen Rates mit einem ehemaligen deutschen General traf."[79] Wenn sich dieser Mann in dieser herausgehobenen Position darüber hinwegsetzte, kann doch aber nicht mehr von geringem Interesse an militärischen Angelegenheiten gesprochen werden? Ohne dabei den Zusammenhang zu sehen, konstatiert der junge Amerikaner als Auswertung: „Es steht allerdings fest, dass die Initiativen und Maßnahmen einer kleinen Gruppe von Deutschen innerhalb der »Organisation Gehlen« großen Anteil an der Formulierung der Außen- und Verteidigungspolitik hatten, die Deutschland in der zweiten Hälfte des zwanzigsten Jahrhunderts so zielstrebig verfolgt hat.“[80] Da sie in London und Paris auch Wert auf die Entmilitarisierung Deutschlands legen wie in Moskau, was Critchfield bestätigt, ist es gar nicht nachvollziehbar, warum er nicht auf den Gedanken kommt, dass die Generäle der Wehrmacht natürlich Unterschlupf bei General Gehlen suchen, dem die Amerikaner inzwischen eine Beraterrolle eingeräumt haben. Dabei muss auch keiner besonders weit um die Ecke denken; es ist klar, warum diese Männer alle nach Pullach strömen.

Der Amerikaner erliegt noch einem weiteren Irrtum. Er schätzt nicht nur den Kanzler in Bonn falsch ein, sondern auch General Reinhard Gehlen, dem er im bayerischen Pullach auf die Finger sehen soll. Obwohl sich da die Generäle der aufgelösten Wehrmacht über die Jahre auf wundersame Art vermehren, gelangt er zu der absolut unnachvollziehbaren *conclusio*: „Die »Organisation Gehlen« wurde nicht geschaffen, um einen Teil des deutschen Generalstabs zu erhalten, sie war auch nicht als Versorgungsbasis bei der Planung der deutschen Remilitarisierung gedacht. Es lässt sich sicherlich darüber diskutieren, ob Heusinger, Speidel und Foertsch dies alles ohne Gehlens Unterstützung geschafft hätten.“[81] Besser zu spät als nie kommt dem Experten James Critchfield jedoch etwas wie eine gewisse Erleuchtung: „Ende 1949 war mir klar geworden, dass Heusingers Anwesenheit in Pullach genauso wichtig war wie die Gehlens.“[82]

Diese *eineiigen Drillinge*, das Trio Heusinger, Speidel und Foertsch, „die zu den beeindruckendsten militärischen Denkern des Generalstabes des Heeres zu zählen waren, hatten in den fünf Jahren nach Kriegsende viel Zeit damit verbracht, über einen Weg nachzudenken, wie Deutschland

Zugang zu der westlichen Völkergemeinschaft finden könnte. Sie hatten die Blaupause eines nationalen deutschen Sicherheitssystems gefertigt, zu dem auch Streitkräfte gehörten, die sie für unabdingbar hielten, sollte die Bundesrepublik Deutschland in ein wie auch immer geartetes Sicherheitsbündnis der nach dem Kriege entstandenen westeuropäischen Völkergemeinschaft aufgenommen werden." Es fällt auf, dass er den Duktus übernimmt, nach dem Deutschland so viel Glück hat. Von Thüringen bis Mecklenburg hat man so viel Glück bedauerlicherweise nicht.[83]

Critchfields Philosophie ist seiner Logik haushoch überlegen. So kommt er zu der Weisheit: „Die Geschichte, die uns wie eine Aneinanderreihung von Ereignissen und von Handlungen einzelner Menschen erscheint, entwickelt normalerweise eine beträchtliche Eigendynamik." Lassen Sie uns also die Ereignisse und die Handlungen einzelner Menschen, die eine beträchtliche Eigendynamik entwickelten, kurz rekonstruieren. Im Juni '48 wurde eine Währungsreform in den West-Zonen durchgeführt, durch die die Sowjets aus der Ost-Zone Deutschlands verscheucht werden sollten – ein Gefallen, den sie dem Westen aber nicht taten, da sie wissen wollten, wer nun eigentlich die Schäden bezahlt, die die Deutschen in ihrem Land angerichtet hatten, und wo in Zukunft die Grenzen verlaufen sollten. Auf diesen Schlag folgte die Blockade West-Berlins. Im April 1949 wurde die NATO gegründet und über die nächsten Monate folgte ein Hammer dem anderen. Der erfolgreiche sowjetische Atombombenversuch Ende August 1949 führte allen vor Augen, dass die Sowjetunion sich zu einer Nuklearmacht von Weltrang entwickelt hatte und das Monopol der USA in dieser Technologie beendet war. Die Eindämmung der sowjetischen Bedrohung von Westeuropa überschreitet nun nach James Critchfields Überzeugung die Verteidigungsfähigkeit jedes denkbaren europäischen Verteidigungsbündnisses. Unterdessen siegen die Kommunisten in China über die sogenannten Nationalchinesen und auf der Suche nach Verbündeten gegen die Gefahr aus dem Westen schließt Moskau sogar einen Freundschaftsvertrag mit Peking ab.[84]

Konrad Adenauer wurde am 15. September '49 der erste Bundeskanzler der Bundesrepublik. „Die rasche Folge all dieser Ereignisse zwang uns zu der Erkenntnis, dass uns keine ein oder zwei ruhigen Jahre blieben, um uns mit der »Organisation Gehlen« vertraut zu machen. Ganz offensichtlich musste die Frage einer deutschen Beteiligung in einem Bündnis des Westens eher früher als später geklärt werden, wahrscheinlich innerhalb von Monaten und nicht von Jahren. Das immer klarere Lagebild – hochgerüstete, gegen Westeuropa gerichtete sowjetische Streitkräfte – sprach immer deutlicher zu Gunsten Gehlens."[85]

Es bringt Critchfield auch nicht zum Grübeln, dass jenes Horrorszenario aus den Berichten der von ihm zu beobachtenden Wehrmachtsgeneräle stammt und die Amerikaner noch immer keine eigenen Erkenntnisse in den *pool* des Wissens einbringen können. Mit Unbehagen nimmt er zur Kenntnis, dass die Administration in Washington den Abzug der eigenen Truppen aus Europa unvermindert fortsetzt. Ohne sich seinen Reim auf die Absicht machen zu können, konstatiert der US-amerikanische Nachrichtenoffizier: „Aus welchen Gründen auch immer, waren die drei ehemaligen deutschen Generäle Ende 1949 zu der Feststellung gelangt, dass nur in einer stärkeren Beteiligung der Vereinigten Staaten der Schlüssel zu einer überzeugenden Verteidigungsfähigkeit Europas lag. Die Gründung der NATO erschien daher als ein höchst ermutigender Silberstreif am Horizont. Nachdem ich von Heusinger gelernt hatte, wie wenig wir über die Bedeutung der Remilitarisierung zu wissen schienen, hatte ich Washington vorgeschlagen, dass es sinnvoll wäre, auf der Grundlage von Analysen in Deutschland nachrichtendienstliche Informationen über eine Remilitarisierung zu sammeln, wie es Heusinger sehr vage formuliert hatte."[86]

Um Gottes willen nicht: „Washington lehnte diesen Vorschlag unverzüglich ab und wies mich an, alle Informationen zu diesem Thema an die Generäle in Heidelberg und den Hohen Kommissar John J. McCloy in Bonn weiterzuleiten. Ich hielt diese merkwürdige Antwort für das Schreiben eines Wochenend-Vertreters, der es an einem Sonntagnachmittag während eines Heimspiels der Washington Redskins verfasst hatte.“[87] Hier will er wohl sagen, der gute Mann hatte ihm nicht richtig zugehört. Die Antwort entsprang aber keiner Nachlässigkeit. Das war die schon seit dem Ende des Krieges gültige Linie in Amerika: Es geht um die Eindämmung einer denkbaren Bedrohung durch Deutschland oder eben die Sowjetunion. Es ist interessant, dass für England und für Frankreich der Schwerpunkt auf dem Schutz vor Deutschland liegt. Critchfield ist zutiefst von seiner persönlichen Bedeutung für das Erhalten der Zivilisation auf der Erde überzeugt und es erfüllt ihn mit Zorn, dass die Berichte, die er in die Heimat schickt, nicht die gebührende Aufmerksamkeit erfahren.

Heillos enttäuscht stellt dieser Stratege fest: „Heusingers Rolle und seine große Bedeutung für Pullach wurde von vielen, die meine Berichte über meine Gespräche mit diesem bemerkenswerten Mann lasen, weder erkannt noch gewürdigt. Sollte Deutschland sich zu einem demokratischen Verbündeten der Vereinigten Staaten entwickeln, wäre es von Vorteil, so viel wie möglich über das zukünftige Führungspersonal seiner Streitkräfte und auch über seinen Nachrichtendienst zu erfahren. Sollte allerdings das Vorhaben der Vereinigten Staaten scheitern, wäre es sinnvoll zu wissen, welche Kräfte wir zurückließen. Die CIA würde zu beurteilen haben, ob die Bestrebungen der beiden Männer im Einklang mit den politischen Weisungen hinsichtlich der »Organisation Gehlen« standen.“[88]

Stolz wie Bolle erklärt der Mann: „Heusingers Vorhaben hatte ihnen eine neue Dimension hinzugefügt, auch wenn es sich 1949 um wenig mehr als um die Vorstellungen einer kleinen Expertenkommission handelte. Dennoch stand diese sehr weit oben auf meiner persönlichen Dringlichkeitsliste. Die Verbindungen zwischen den ehemaligen Generälen und Admirälen in der Bundesrepublik wurden von Pullach immer intensiver vorangetrieben.“[89]

Das fällt auch Critchfields Kollegen Henry Pleasants auf, der aber seinerseits die kindliche Begeisterung für diese tollen deutschen Generäle nicht teilt. Er hält „Gehlen für einen möglichen »neuzeitlichen Seeckt« und bezog sich dabei auf jenen deutschen General, der den deutschen Generalstab führte, als auch die Bedingungen des Versailler Vertrages umgangen wurden." Für Gehlen, so glaubt Pleasants, könnten neue deutsche Streitkräfte im Hinblick auf dessen politische Ziele eine unwiderstehliche Anziehungskraft besitzen.[90] Hier bringt er die Grundidee doch schon recht klar auf den Punkt. Jetzt müsste man bloß noch die politischen Ziele verstehen, um die ursprünglichen amerikanischen Ziele in Europa verfolgen zu können. Wie kam James Critchfield seinerseits zu der Vorstellung, die „Organisation Gehlen" wäre nicht geschaffen worden, um einen Teil des deutschen Generalstabs zu erhalten, und sie wäre nicht als Versorgungsbasis bei der Planung der Wiederbewaffnung gedacht gewesen?

Kennen Sie das, wenn Männer auch dann noch recht haben wollen, wenn sie sich wirklich einmal getäuscht haben? Wie 1939, als Moskaus Außenminister Molotov der Welt erzählen wollte, der Nichtangriffspakt Hitlers mit der Sowjetunion sei auf Stalins „Weisheit" und „Weitsicht" zurückzuführen, der damit sowohl Berlin als auch Moskau „ein Licht aufgesteckt" habe?[91] Während es seinerzeit im Kreml darum ging, die Führung durch Genossen Stalin trotz seiner Wendung in der Außenpolitik um 180 Grad nicht in Frage zu stellen, wird es dem zarten Alter James Critchfields zuzuschreiben sein, dass er einfach in eine Zeit hineingewachsen ist, in der Geschichte und Zukunft der USA neu erzählt werden. Als der Krieg aus war, ist er gerade 23 gewesen. Aus seiner Perspektive hört sich die USA-Geschichte so an: „Die grundlegende Vorstellung einer atlantischen Verteidigungsgemeinschaft hatte sich im Verlauf des Zweiten Weltkriegs unter der Führung der Vereinigten Staaten herausgebildet, die sich in zwei Jahrhunderten zur einzigen demokratischen Weltmacht entwickelt hatte. Sie sahen Deutschlands Zukunft ausschließlich in der Mitgliedschaft in einem von den Vereinigten Staaten geführten atlantischen Bündnis."[92]

Wie erklärt er sich dann, dass die NATO vor ein paar Monaten ohne eine einzige Zone in Deutschland gegründet wurde? Aber es klingt schon gut, wenn man die „Weisheit“ und „Weitsicht“ für sich beziehungsweise auch für sein glorreiches Heimatland gepachtet hat. Männer sind kompliziert. Im Unterschied zu Sefton Delmer kommt James Critchfield zu der nicht ganz nachvollziehbaren Ableitung: „Unglücklicherweise waren Adenauer und übrigens auch Gehlen bei ihren eigenen Überlegungen noch nicht so weit gekommen.“[93] Aber Gehlen hat seit 1945 die Amis angegraben.

Was die Führung in den USA eigentlich wollte, war meines Wissens eine Weltregierung, um auf die Art „die Mächte des Bösen, ja alle Mächte zu verabschieden und sich in einem Weltstaat zusammenzufinden“. Das hat den Vorteil, dass amerikanische Firmen nicht mehr durch Handels- und Zollbarrieren an der Ausbreitung wie Hefekuchen gehindert werden. Sie kamen präzise bis zum ersten Schritt, als in *San Francisco* die Vereinten Nationen oder kurz die UNO aus der Taufe gehoben wurden. Damals war es noch um eine Wirtschaftszone um den *Pazifik* gegangen. Danach ging gar nichts mehr, weil sich die „Supermächte“ ständig mit ihrem Veto gegenseitig behinderten. So sind Konflikte überhaupt erst entstanden und Konflikte wie jener im Nahen Osten unlösbar geworden. Es fällt auf, dass die westdeutsche Presse besonders energisch darauf hinweist, dass diese *Supermächte* einfach auf keinen gemeinsamen Nenner kommen können. Da werden Krokodilstränen vergossen, denn nirgends wissen sie besser, was die großen Länder entzweit hat, als in Pullach und in Bonn.

P.S.: Aufhorchen lässt es in zwei Richtungen, wer in den Jahren nach ‘45 im Westen Deutschlands in Spitzenämter gelangt. Zum Hochkommissar für Deutschland wird John Jay McCloy, von dem schon die Rede war. Er ist ein Jurist, Bankier und Politiker. Im Krieg war er Unterstaatssekretär im Kriegsministerium und von 1947 bis ‘49 der Präsident der Weltbank. Am 25. April 1930 heiratete er die Deutsch-Amerikanerin Ellen Zinsser – eine Cousine von Konrad Adenauers Ehefrau Auguste Zinsser.

Das Petersberger Abkommen

40 Prozent der deutschen Industrie liegen an der Ruhr. Geht es nach den Engländern und Franzosen, werden alle wichtigen Bereiche der Montanindustrie und des Maschinenbaus demontiert, also abgebaut und weggeschleppt. Damit gibt es schnell eine Angleichung der Lebensverhältnisse in West- und Ostdeutschland. Ihre Rechnung machen sie ohne den Wirt. Um die Demontagen zu beenden, setzt sich Konrad Adenauer sodann für das Petersberger Abkommen ein. Es wird an demselben 22. November in Bonn unterzeichnet, an dem auch die US-Embargobehörde CoCom ihren Kampf gegen die Sowjetunion aufnimmt. Jenes Abkommen vom Petersberg ist zugleich ebenso der erste Schritt zu konsularischen und Handelsbeziehungen zu anderen Staaten und zur Integration der BRD in ein vereintes Westeuropa. Konrad Adenauers Bild der Deutschen und der Lage Deutschlands fasst Franz J. Strauß folgendermaßen zusammen: Manche Leute hätten noch immer nicht verstanden, dass wir einen totalen Krieg verkündet und diesen totalen Krieg total verloren hatten. Wir seien ohnmächtig und rechtlos. Unser Vertrauen könnte sich nur darauf gründen, dass die westlichen Demokratien die eigenen Grundsätze gegenüber dem deutschen Volke nicht auf die Dauer mit Füßen treten. Unser Hauptfeind sei und bleibe die Sowjetunion. Die Sowjetunion wolle ganz Deutschland ihrem Macht- und Kontrollbereich einverleiben, weil sie glaube, Europa damit in der Hand zu haben.[94] Hier ist schon einmal vorgegeben, womit die Journalisten, Publizisten, Politiker und *last but not least* später einmal Historiker argumentieren werden. So ein Dissident wie Willy Brandt ist hier absolut machtlos: „Der Ost-West-Gegensatz geriet zur fixen Idee und wurde dem geschichtlichen Wandel entzogen. Strauß war, wie so oft, hinter seine eigenen Einsichten weit zurückgefallen.“[95] Es gibt weit mehr als eine solche Formulierung bei Willy. Immer wenn er die Beiträge der anderen Akteure auf der politischen Bühne nicht versteht, muss es wohl daran liegen, dass die anderen nicht oder nicht mehr helle genug sind.

Soll Strauß weiter berichten. Es gehe darum, mit dem Westen so zäh wie möglich zu verhandeln, um von der Industriesubstanz, die nicht zerstört und noch nicht demontiert ist, so viel wie möglich zu retten. So etwa begründet Adenauer also das Petersberger Abkommen. Wenn Bonn dieses Abkommen schlösse, käme es bald zu einem Ende der Demontagen. Bei dem Ringen um das Abkommen, das auch einige Zugeständnisse an die Alliierten enthält und deshalb *von der Opposition scharf kritisiert wird*, sind nach Strauß' Beobachtung Adenauers Beziehungen zu Hans Böckler sehr hilfreich. Der Vorsitzende des DGB schickt ihm ein unterstützendes Telegramm, das Adenauer dann, um die Dramatik der Rede im richtigen Augenblick zu steigern, im Bundestag verliest. Nur wer in der *black box* Deutschland weiß, wer die guten Bekannten sind, versteht die guten Beziehungen Konrad Adenauers zu Hans Böckler. Zweimal wurde Böckler von den Nazis verhaftet. Danach versteckte er sich im Bergischen Land. Nach dem Attentat vom 20. Juli '44 wurde Böckler wieder gesucht, doch ausgerechnet ein NS-Bauernfunktionär hat ihn vor der Entdeckung bewahrt. Wenige Kilometer entfernt verbarg sich Adenauer vor dem Zugriff der Fanatiker des Führers. Natürlich haben die beiden Deutschen auch jetzt wieder gemeinsame Interessen: Man will keine Demontagen mehr, dafür deutsche Beteiligung an der internationalen Ruhrbehörde. Strauß wartet noch mit seinem unvermeidlichen rhetorischen Beiwerk von einer „Schumacherschen Halsstarrigkeit und Unnachgiebigkeit" auf, mit der in dieser Lage nach „Adenauers Analyse" gar nichts zu erreichen sei, außer dass sich die Siegermächte noch enger zusammenschlössen gegen uns.[96]

Doch auch Schumacher zählt zum innersten Zirkel der Sternchen aus der Blütezeit Adolf Hitlers, und Adenauer wünscht sich, dass sich die immer vorhandene Opposition klar im Parlament selbst zeigt, anstatt außerhalb des Parlaments in nicht kontrollierbarer Weise um sich zu greifen. Sicher erinnern Sie sich an diese Worte aus seiner ersten Regierungserklärung.

1 Schmid (1979), S.557

2 Pollmann (1989), S. 893

3 Wiegrefe, Klaus (2006), Aufstieg nach dem Untergang. Blühende Landschaften. In: Spiegel-Spezial 1/2006, S. 14

4 Strauß (1989), S. 254

5 Personen/Karrieren aus der Zeit verfolgter Schüler, ohne Anspruch auf Vollständigkeit [online] Verfügbar unter http://www.verfolgte-schueler.org/per-kar.htm [28.01.2022]

6 Winkler (2002), S. 132
Schmid (1979), S. 454

7 Brandt (1990), S. 156

8 Ebd., S. 23

9 Hirche (1964), S. 213

10 Brandt (1990), S. 23f.

11 Ebd., S. 24 und 153

12 Darnstädt, Thomas (2006), Verteilte Macht. In: Spiegel special 01/2006, S. 55f.
Strauß (1989), S. 126

13 Critchfield (2005), S. 112

14 Ebd., S. 99 und 113

15 Ebd., S. 211f.

16 Ebd., S. 236

17 Weiner (2008), S. 76

18 Delmer (1963), S. 670 und 678

19 Weiner (2008), S. 76
Preparata (2011), S. 315

20 Weiner (2008), S. 80

21 Ebd., S. 80f.

22 Weiner (2008), S. 82f.

23 Sudoplatow (2013), S. 254f.

24 Die Fischer-Chronik (1999), S. 49

25 Winkler (1997), S. 126

26 Gaus (1986), S. 29f.

27 Ebd., S. 30

28 Wiegrefe, Klaus (2006), Aufstieg nach dem Untergang. Blühende Landschaften. In: Spiegel-Spezial 1/2006, S. 14

29 Mensing (1991), S. 440

30 Rothfels (1960), S. 32
Vielen Dank an Wikipedia und viel Glück allen Enthüllungsspezialisten, die bei diesen Kandidaten auch noch ein Haar in Suppe zu finden gedenken. Es ist gar nicht so sehr erstaunlich, dass der Nazi-Gegner Adenauer Gleichgesinnte und Unbelastete um sich scharte. Es erstaunt nur, warum sich die Medienlüge hält, Adenauer habe sich Nazis als Haustiere gehalten. Schade, dass nicht genug Leute die Medien und deren Aussagen hinterfragen.

31 Strauß (1989), S. 29
Wolf (2003), S. 164 und 169

32 Koch (1974), S. 46f.

33 Strauß (1989), S. 118

34 Hirche (1964), S. 197

35 Wolf (2003), S. 163

36 Strauß (1989), S. 118

37 Wikipedia (2022), Hans-Christoph Seebohm [online].
Verfügbar unter https://de.wikipedia.org/wiki/Hans-Christoph_Seebohm [28.01.2022]

38 Strauß (1989), S. 201

39 Loewe, Lothar (2000), Artikel in: Berl. Morgenpost, Illustrierte, 30.04.2000

40 Kiessler & Elbe (1993), S. 65

41 Strauß (1989), S. 146 f.

42 Ebd., S. 146 f.

43 Brandt (1990), S. 293

44 Regierungserklärungen (1979), S. 55

45 Ebd.

46 Ebd.

47 Strauß (1989), S. 203
Artikel in: Stern 39/1999, S. 111

48 Brandt (1990), S. 156

49 Ebd., S. 156

50 Haffner (1997), S. 200

51 Strauß (1989), S. 120

52 Habel & Kistler (1977)
Bahr, Egon (2009), Mein Deutschland (Teil 9) Drei Briefe und ein Staatsgeheimnis. Herbst 1969: Bundeskanzler Willy Brandt wird ein Schreiben vorgelegt. Erst weigert er sich, es zu unterzeichnen – dann tut er es doch. DIE ZEIT, 14.05.2009

Nr. 21 [online]. Verfügbar unter https://www.zeit.de/2009/21/D-Souveraenitaet?utm_referrer=https%3A%2F%2Fwww.google.com%2F [23.03.2022]

53 Haffner (1982), S. 116

54 Ebd., S. 113f.

55 Ebd., S. 114

56 Ebd.

57 Winkler (1997), S. 125

58 Brandt (1990), S. 37 f.
Podewin (1995), S. 197
Felfe (1989), S. 152f.

59 Podewin (1995), S. 197

60 Dornberg (1968), S. 23ff.

61 Ebd.

62 Hirche (1964), S. 220

63 Ebd., S. 213

64 Ebd., S. 228

65 Ebd. S. 220

66 Ebd., S. 218

67 Ebd., S. 217

68 Ebd., S. 218f.

69 Wehner (1968), S. 53

70 Hirche (1964), S. 50

71 Ardenne (1987), S. 176 und 180
Felfe (1989), S. 278
Um im Text an dieser Stelle einen Vorgriff auf spätere Ereignisse zu vermeiden, will ich die Antwort in die Endnote bringen. Es hat wohl Jahrzehnte gedauert, bis es die Amerikaner mitbekommen haben. In *Wendemanöver* von Ferdinand Kroh (2005), S. 77 finden Sie dies: „Die Bundesrepublik hatte sich schon lange heimlich gegen [ihre] NATO Verbündeten gestellt. Dies geht aus einem MfS Papier vom November 1985 hervor: »Die USA sind seit mehreren Jahren intensiv bemüht, ihre westlichen Bündnispartner [...] zu disziplinieren. [Die Auslassung stammt von F. Kroh.] So wird zum Beispiel der BRD in einer vertraulichen Studie vorgehalten, nicht in ausreichendem und erforderlichem Maße für die Unterbindung des illegalen Technologietransfers in die UdSSR und die anderen sozialistischen Staaten wirksam zu werden. In den Jahren 1966 bis 1982 seien vom Territorium der BRD aus 243 nachweisbar unerlaubte Exportumleitungen von technologisch hochentwickelten westlichen Erzeugnissen (insbesondere der Computertechnologie) vollzogen worden. Die gegenwärtige Situation bei der Verhinderung des illegalen Technologietransfers wird auch von der Spionageabwehr des Verfassungsschutzes und anderen BRD-Abwehrorganen als unbefriedigend eingeschätzt.«“ Erzählten

sie ihren Freunden aus *America*. Auf der Basis der Dialektik von Kritik und Selbstkritik. Am 31. Mai 1994 konnten die Amis in der aktuellen Ausgabe der Frankfurter Allgemeinen Zeitung lesen: „Auch die wichtigsten Lieferanten von Embargogütern in die DDR seien dem Bundesamt für Verfassungsschutz schon in den sechziger Jahren bekannt gewesen, heißt es in dem Bericht Frau Köppes." Ferdinand Kroh befand, „der heimliche Verrat, den die Bundesrepublik an den öffentlich erklärten Interessen und Strategien des westlichen Bündnisses beging, um der DDR beim Embargobruch zu helfen", sei gewissermaßen „brisant", und selbst dieses Wort verharmlost noch die Interessendivergenz von 180 Grad.

72 Hirche (1964), S. 216

73 Habel & Kistler (1977), S. 48 f.

74 Critchfield (2005), S. 154

75 Wolf (2003), S. 161

76 Delmer (1963), S. 678f.
Inidia.net (2022), Spiegel-Affäre 26. Oktober 1962 [online]. Verfügbar unter http://www.inidia.de/spiegel_affaere.htm [01.02.2022]

77 Delmer (1963), S. 679

78 Critchfield (2005), S. 113 und 142

79 Ebd., S. 113

80 Ebd., S. 242

81 Ebd., S. 242

82 Ebd., S. 130

83 Ebd., S. 236

84 Ebd., S. 141 und 242

85 Ebd., S. 141f.

86 Ebd., S. 129

87 Ebd., S. 129f.

88 Ebd., S. 130

89 Ebd., S. 130

90 Ebd., S. 153

91 Falin (1995), S. 70

92 Critchfield (2005), S. 154f.

93 Ebd., S. 155

94 Strauß (1989), S. 139

95 Brandt (1990), S. 294

96 Strauß (1989), S. 139 f.

Schon wieder Bewaffnung?

Es ist gar nicht so einfach, eine *postnationale* Politik zu realisieren. Wie will man Deutschland auch teilen, wenn das große Teile der Bevölkerung nicht wollen? Da ist die Idee mit dem Beharren auf diesen alten Grenzen und zugleich auf der Einheit des Reiches für den Anfang schon geeignet, wenn man weiß, dass das unter dieser Bedingung niemand erlauben will. Aber wie lange soll sich das als *Leitmotiv in Moll* über die Jahre halten? Es ist schon absehbar, dass die Grenzen eine Generation später ein alter Hut sein werden. Folglich muss hier ein stärkeres Geschütz aufgefahren werden. Die militärische Komponente muss betont werden, damit das zu einem gordischen Knoten wird, unlösbar. Ohne Militär, womöglich noch neutral und überwacht, könnte Deutschland ungehindert Eiskunstlauf in der Mitte Europas aufführen. Aber wenn im Westen wieder Militär aufgebaut wird, dann wird schon der Russe oder der Georgier für Militär im Osten sorgen. Sollen sich die Deutschen doch gegenseitig lynchen, wenn sie unbedingt alle naselang Krieg brauchen, wird er sich denken.

In der taufrischen Bundesrepublik gibt es zwei triftige Argumente gegen die Aufrüstung des Landes: Die Menschen sind durch die Erfahrung mit den letzten beiden Kriegen nicht erpicht auf einen weiteren und es wird durchaus verstanden, dass der eingeschlagene Weg von der Vereinigung, die Kanzler Adenauer im Falle günstiger außenpolitischer Umstände in Aussicht stellt, wegführt. Als Meinungsforscher vom Bielefelder Emnid-Institut im Januar 1950 gerne wissen möchten, ob es die Westdeutschen vielleicht für richtig halten, „wieder Soldat zu werden oder dass Ihr Sohn oder Mann Soldat wird“, beantworten 74,6 Prozent die Frage mit „Nein“. 6,9 Prozent votieren uneingeschränkt mit „Ja“. 11 Prozent erklären sich „unter bestimmten Voraussetzungen“ zum Dienst an der Waffe bereit.[1]

Die außen- und deutschlandpolitisch folgenschwerste Entscheidung der jungen Republik ist nur „teils gegen den Widerstand, überwiegend aber gegen den erklärten Willen vieler Bundesbürger“ durchzusetzen.[2] In der

Demokratie liefe das allerdings anders. Die Bevormundung erwachsener Menschen ist also beileibe nicht nur ein ostspezifisches Phänomen, aber letztlich haben wir ja auch die gleichen Wurzeln. Schon Adolf der Föhrer hat die Beifallsspender zu sich gerufen und Meckerfritzen von der freien Meinungsbildung ausgeschlossen. Im Osten nennen sie den Betrug nun *sozialistische Demokratie* und im Westen *repräsentative Demokratie* – und im Kern ist lediglich wichtig, dass es keine Demokratie ist, damit die Besserwisser ihre Vorstellungen für die lichte Zukunft umsetzen können. Jetzt lachen Sie noch. Warten Sie ab. Sobald die Leute die Opposition an die Regierung bringen, werden Sie sehen, dass die außenpolitische Linie auf Biegen und Brechen durchgezogen wird. Selbst ein Sympathieträger wie Brandt oder so wird mitsamt seinem Anhang und Beratern da nichts ändern können. Gegen die Macht der Parteiführungen und die Front der *von Brandt* unabhängigen Medien hat er sowieso keine Chance.

Helmut Schmidt aus der SPD wird später dezidiert zu der Frage Stellung nehmen, ob man Argumente von Regimekritikern in seine Meinungsbildung einbeziehen soll: „Die Abhängigkeit einer Regierung von der Stimmung des Medienpublikums charakterisiert alle Demokratien; sie ist ein Ausfluss der von demokratischen Verfassungen gewollten Volkssouveränität. Aber stimmungsdemokratische Politik sollte ihre Grenzen haben.“[3] Das ist keine Frage der Partei, das ist eine Einstellung zu den Menschen. Für den Fall, dass Helmut Schmidt vielleicht einst Kanzler werden sollte, und die gleiche *nonchalance* im Umgang mit der Demokratie pflegt wie Kanzler Adenauer aus der CDU, dann können wir uns jetzt schon einmal auf spannungsgeladene Jahrzehnte mit massig kaltem Krieg einrichten.

Der Publizist und Journalist Sebastian Haffner, der sich nach dem Krieg in England einbürgern ließ, schätzt die Interessenlage bei einer Wiederbewaffnung der Bundesrepublik so ein: Sie geht auf eine eigene Initiative der Bundesrepublik zurück, der die Westmächte nicht ohne Bedenken – und nicht ohne Hintergedanken – zustimmen. Vor allem jedoch werden sie von der Initiative aus Bonn erst einmal überrascht, um das zu klären.

Von Pullach über Korea zur Wiederbewaffnung

Kommen wir an dieser Stelle doch einmal zurück auf die Eigendynamik, die die Handlungen einzelner Menschen in der Geschichte auslösen. Die Welt besteht nicht nur aus Deutschland allein und in anderen Gegenden der Welt blieb unterdessen die Zeit ebenfalls nicht stehen. Die Halbinsel Korea zwischen dem Japanischen und dem Gelben Meer ist am Ende des Zweiten Weltkrieges durch amerikanische und sowjetische Truppen vom Norden bis in den Süden hinunter besetzt worden. Ähnlich wie auch dort warten die Staatsführungen der Alliierten auf die Unterschrift unter den Friedensschluss mit den Japanern. Moskau besteht auf dem Gewinn von einigen japanischen Inseln nördlich der Hauptinsel, die es für strategisch bedeutsam hält. Aber der Kriegsverlierer will verständlicherweise nix abgeben. Vor diesem Hintergrund überschreiten nordkoreanische Soldaten am 25. Juni 1950 die Demarkationslinie zwischen dem Norden und dem Süden Koreas. Es sieht ganz danach aus, dass auch dort kommunistische Heißsporne wie in Deutschland die durch den Krieg entstandene Lage in ihrem Land für ihre gesellschaftlichen Experimente am lebenden Objekt ausnutzen, anders als in Deutschland aber aus der sowjetischen Zone des Landes in die amerikanische Zone einfallen. Wegen 99.000 Quatratkilometern in Asien, einem Gebiet, noch kleiner als die sowjetische Zone bei uns, wird es sich Stalin wohl kaum mit Truman verscherzen und seinen Traum von einer europäischen Friedensordnung in den Sand setzen.[7]

So nimmt der erste Minister für Volksbildung der DDR Paul Wandel die Szenerie wahr und er sollte wissen, wovon er hier spricht. Er hatte durch seine Zeit im Exil in der Sowjetunion seine Verbindungen und wird 1958 als Botschafter der DDR in Peking eingesetzt. Er berichtet, dass schließlich chinesische und sowjetische Truppen eingreifen, um die sowjetische Zone nicht überrennen zu lassen. Hier hat die schnelle Beseitigung eines Missverständnisses auch nicht funktioniert. Critchfield bekommt jedoch von seinen deutschen Spezialisten in Pullach eine völlig andere Analyse. Sie besagt, dass die Strippenzieher der Aktion in Korea im Kreml sitzen.

General Heusinger gelangt zur Schlussfolgerung, dass die strategischen Zielvorstellungen der Sowjets weit über Europa hinausreichten und eine globale Dimension angenommen hätten, was durchaus zur Auseinandersetzung der beiden *Supermächte*, der Sowjetunion und der Vereinigten Staaten, führen könnte. Das möchte Washington aber gerne vermeiden, alleine schon, weil man annimmt, dass die Russen einiges in der Hinterhand haben, was zumindest West-Europa gefährlich werden könnte. Der erste sowjetische Test einer Atombombe liegt jetzt ein Jahr zurück. Diese Auswertung bringt hingegen Adenauer in Bonn einen Schritt voran. Vom *American heroe* Critchfield können wir erfahren: „Bis zum Ausbruch des Koreakrieges war die Wiederbewaffnung Deutschlands kein Thema."[8] Da muss man einschränken, dass es seit Ende 1948 bereits in der Auslandspresse eine Rolle spielte und eben *nicht* umgesetzt wurde. Es ist bedenklich, dass die Schlauköpfe um Gehlen als Berater für Washington herangezogen werden, dass man an ihren Lippen hängt, als wäre das nur eine Offenbarung, dass ihre Worte auf vorurteilsvolle Außenpolitiker wie z.B. George Frost Kennan oder auf Karrieremenschen wie Joseph McCarthy in Washington stoßen und dass es daraufhin zum ersten Krieg zwischen Amerikanern und Sowjets kommt – in Korea.

Hier spielt sicherlich im Vergleich eine Rolle, dass Stalins Politik auch in Deutschland darauf abzielt, günstige Nachkriegsbedingungen für seinen kommunistischen Vielvölkerstaat zu erreichen. Immer zog er die innenpolitische Stabilisierung anderen Erwägungen vor. Was er in Korea gewinnen könnte, ruiniert seine Aussichten bei uns. Eine Destabilisierung der Lage – ob beabsichtigt oder nicht – wird mit der Zeit eine Spezialität der demokratischen Freunde in Amerika, oder täusche ich mich da? Für meine Betrachtung zur Entwicklung in Europa ist hier auch nur von Bedeutung, dass es zum Überfall auf die amerikanische Zone in Korea kam und dass sowjetische Truppen beteiligt sind. Reinhard Gehlen wird zum Mann der Stunde. Er hatte es bereits 1945 vorausgesagt und jetzt tragen seine Vorbereitungen Früchte. Mit dem Einsatz amerikanischer Truppen im fernen Asien ist es ihm gelungen, das Augenmerk der US-Amerikaner von Deutschland abzulenken und auf ein anderes Thema zu richten. Und den Kanzler interessiert das Leid am anderen Ende der Welt nicht mehr als die Wasserstandsmeldung am Jangtsekiang. Franz Josef Strauß wird das gerne bestätigen: „Adenauers Denken und Sorgen konzentrierte sich jedoch bis zum Schluss auf das deutsche Schicksal. Hier Unheil abzuwehren, sah er als seine politische und persönliche Aufgabe. Weitverzweigte globale Verflechtungen interessierten und bewegten den ersten Kanzler nur insoweit, als davon unmittelbar deutsche Interessen berührt waren." Dann ist Adenauer ja der perfekte Lehrmeister für Strauß.[9]

Aber wer ist eigentlich dieser Joseph Raymond McCarthy? Von dem war doch noch nie die Rede? Nun gut, das ist auch kein Wunder. Er hat noch nie eine große Rolle gespielt. Jetzt liegt sein vierzigster Geburtstag auch schon wieder zwei Jahre zurück und seine Karriere braucht einmal einen Schub nach vorn. In der letzten Zeit ist immer wieder die Rede von einer kommunistischen Gefahr, die Amerika bedrohe. Wahrscheinlich hat der aus dem ländlich-langweiligen Wisconsin stammende Anwalt nur einige Stichwörter darüber gehört, auf jeden Fall bringt er dieses Thema auf die ganz große Bühne, indem er anfängt, Anschuldigungen über angebliche kommunistische Subversion in hohen Regierungskreisen in die Welt zu setzen. Mag sein, dass er seine Räuberpistolen nicht beweisen kann, aber das ist jetzt egal. Er sitzt im Senat in Washington und sorgt für aufsehenerregende Schlagzeilen. Angefangen hatte er im Februar 1950 mit einer Rede in Wheeling, West Virginia. Da erklärte er der staunenden Menge, dass *205* Kommunisten das Außenministerium infiltriert hätten. So kam er prompt vom Atlantik bis zum Pazifik in die Schlagzeilen. Gewusst wie. Als er darüber vor dem Senatsausschuss für auswärtige Beziehungen ein Wort mehr verlieren sollte, hatte er keinen einzigen „Kommunisten mit Ausweis" benennen können. Na und? Mama, ich bin in der Zeitung! Die Denunzierung wildfremder Leute als Kommunisten bringt Abwechslung in das langweilige Einerlei des Alltags. Jetzt muss man nicht mehr als GI nach Europa und Asien gehen, um den Kommunismus einzudämmen. In Zukunft kann man gleich zu Hause seinen Beitrag leisten. Der Anwalt in der *midlife crisis* startet einen antikommunistischen Kreuzzug und wird vom kleinen Anwalt zum engagierten Patrioten und zu einem Hüter des echten Amerikanismus. Ihm ist es egal, ob deswegen Menschen auf dem elektrischen Stuhl verrecken. Es kann ihn nicht von seiner Geschäftsidee wegbringen, dass Kritiker ihn als selbstsüchtigen Hexenjäger betrachten, der die Traditionen der bürgerlichen Freiheiten in den USA zerstört.[10]

Kommen wir nach diesem Ausflug über den Großen Teich zurück in das Land der Dichter und Denker und verfolgen die fremde Wahrnehmung. Nehmen wir erneut einen Originalton, um zu hören, wie absurd der Ami die deutsche Szene sieht: „Obschon Heusinger gegenüber dem amerikanischen und dem deutschen Nachrichtendienst gemischte Gefühle hegte, war ihm auch bewusst, dass Adenauer insgeheim beruhigt darüber war, dass er und Gehlen in einer Siedlung lebten und arbeiteten, über der die Stars and Stripes ebenso wie die neue deutsche Flagge wehten." Die neue deutsche Fahne ist die alte deutsche Fahne, die erst '35 offiziell aus dem Verkehr gezogen wurde in Hitlers Reich, und bei *stars and stripes* denkt Adenauer gewiss noch am ehesten an die Bomber, die sein schönes altes Köln in Schutt und Asche gelegt hatten, sodass man '45 erwog, die Stadt aufzugeben und in der Nähe neu aufzubauen.[11]

Adenauer braucht sich weder um Heusinger noch um Gehlen einen Kopf zu machen. Mit denen war er unter Lebensgefahr gegen Adolf Hitler verschworen. Nein, Adenauer ist über die *stars and stripes* so froh wie über rote Sowjetfahnen in Deutschland, weil damit die Planung des Kreisauer Kreises aufgeht. Wie die Russen bald wieder nach Hause sollten, um das verwüstete Land und seine Industrie erneut aufzubauen, sollten auch die Amerikaner abgezogen werden. Das junge Talent Franz Josef Strauß hat sich göttlich amüsiert, weil aus diesem Rückzug nichts wurde: „Obwohl die Amerikaner gegen ihre Tradition und gegen ihren Instinkt in Europa gewissermaßen festgenagelt waren, bestand nicht die Gefahr, dass ihnen der Aufbau der Bundeswehr einen Vorwand liefern könnte, sich nun zurückzuziehen und es bei nuklearen Garantien zu belassen. Dieses Risiko gab es deshalb nicht, weil damals niemand eine deutsche Armee wollte, die auf deutschem Boden allein stand."[12] Je mehr in der BRD auf die Remilitarisierung gedrängt wird, desto sicherer ist also, dass alle bleiben.

Zur neuen außenpolitischen Elite der Amerikaner nach dem Kriege zählt auch Henry Kissinger, der aus dem fränkischen Fürth emigrierte *superman*. Selbst unter hohen Militärs und Politikern wird es nicht besonders viele Männer geben, die in diesem Maße unter männlicher Überheblichkeit leiden, oder sie sogar noch zelebrieren. Kein Wunder, dass man ihn dann in *America* als *Super-Henry* tituliert.[13] Während Strauß später nur darüber grinst, dass es in Pullach und Bonn gelang, die Amerikaner hier in Europa festzunageln, kommt Kissinger zu einer wesentlich positiveren Auswertung: „Die Vereinigten Staaten waren, ohne es zu wollen, zum Bewahrer des neuen Gleichgewichts geworden. Es ist das unbestrittene Verdienst jener Generation von Amerikanern, dass sie diese Verantwortung mit Energie, Ideenreichtum und Sachkenntnis übernommen hat."[14]

Mit Energie auf jeden Fall. Es kommt in Gegenden der Welt zu Kriegen, von denen Europäer zuvor noch kein Wort gehört hatten – unbestreitbar ein Verdienst der Amerikaner. Es ist allerdings etwas zu schmeichelhaft für seine neuen Landsleute, wenn er ihnen auch Sachkenntnis attestiert. Die Grundlage der Degeneration ihrer Außenpolitik ab '45 waren falsche Informationen über den Feind nach Hitler, die eben geschluckt wurden, weil ihnen die Sachkenntnis fehlte, und es ist kaum absehbar, wann sich das ändern wird. Es gibt ja noch nicht einmal Spionageflugzeuge, um die Sowjetunion aus göttlicher Perspektive zu betrachten, und wer unten am Boden als Spion erwischt wird, der bereut es bitter. Da bedarf es freilich auch nicht gleich der sowjetischen Geheimpolizei. Nach dem hässlichen Vernichtungskrieg der frühen vierziger Jahre, werden schon die Bauern auf den Feldern mit Mistgabeln auf jeden losgehen, der wieder aus dem Westen die Landschaften Russlands begutachten möchte.

Zur Entwicklung in der Katholischen Kirche

Die deutschen Bistümer der Katholischen Kirche hatten sich bereits am 23. August '45, also nur wenige Tage nach dem Abschluss der Potsdamer Konferenz in sogenannten *auctoritas territorialis*, in separaten Gebietskörperschaften organisiert. So hat sich die Kirche gleich nach dem Krieg auf eine dauerhafte Teilung Deutschlands eingerichtet. Es sei an diesem Punkt daran erinnert, dass es auf der politischen Ebene bis '48 Kontakte zwischen den Alliierten gab, die auf eine Lösung der deutschen Frage auf dem Verhandlungswege abzielten. Bis '48 war es eben gerade nicht klar, wie es mit diesem Land weitergehen soll. Im September '49 wurde dann zwar in Bonn am Rhein die Bundesrepublik Deutschland gegründet, aber sie war nicht als das Ende der Geschichte verkauft worden. Ausgerechnet in dieser Phase erfolgt ein weiterer Schritt in Richtung hin zur Zerlegung der Katholischen Bischofskonferenz für Deutschland in eine für die BRD und in eine für die dann im Oktober 1949 gegründete DDR. Es gibt Entscheidungen, für die sich die Katholische Kirche auf jeden Fall mehr Zeit genommen hat. Seit 1945 haben Bischöfe und Bischöfliche Kommissare in der damaligen Sowjetischen Besatzungszone immer wieder Kontakte untereinander; viele Aufgaben werden gemeinsam in Angriff genommen. Eminenz Konrad von Preysing wird am 12. Juli 1950 mitgeteilt, dass der Heilige Vater die Zustimmung erteilt zu einer Konferenz, in der sich die Ordinarien von Ostdeutschland unter seiner Leitung treffen, ähnlich wie die bayerischen und westdeutschen Bischöfe schon seit längerer Zeit zusammenkommen. Mit diesem Entscheid der Fuldaer Bischofskonferenz kommt es zur Gründung einer eigenen regionalen Bischofskonferenz, die sich später Berliner Ordinarienkonferenz nennen wird. Zwischen diesen Konferenzen werden rege Kontakte gepflegt und es wird auch manch ein Geldkoffer aus dem reicheren Westen in den Osten wandern, ohne schon zu viel zu verraten. Während des Konzils in Rom können ostdeutsche mit westdeutschen Bischöfen gemeinsam tagen und beraten.[15] An der Stelle kann man es nur wiederholen: Unterschätzen Sie die Kirchen nicht.

Wo soll denn nun die Grenze verlaufen?

DDR-Ministerpräsident Otto Grotewohl unterschreibt am 6. Juli '50 für die mittlere Parzelle Deutschlands das Abkommen über die Oder-Neiße-Grenze mit dem in eine Volksrepublik gewandelten Polen. Die taufrische Regierung in Bonn sowie die drei westlichen Alliierten protestieren postwendend. Was soll, was könnte denn ein östlicher politischer Beobachter der Szene im Westen daraus entnehmen? Hören wir also stellvertretend für Ost-Berlin Erich Honecker, einen 37 Jahre alten Saarländer, der umständehalber im Osten hängengeblieben ist; immerhin wurde er hier vor vier Jahren Chef der Freien Deutschen Jugend – einem Verein deutscher Emigranten, der damals 1936 in Paris gegründet worden war. Über seine Landsleute im Westen stellt er fest, dass der erhobene Anspruch auf das „Deutschland in den Grenzen von 1937" den Revanchismus nähre und so laufend zur Konfrontation beitrage. Zu der Unterschrift vom Juli erklärt Honecker: „Auch uns Kommunisten fiel es nach 1945 nicht leicht anzuerkennen, dass Hitler mit seinem Krieg, seinem Raub- und Mordfeldzug die Gebiete jenseits der Oder und Neiße verspielt hatte. Auch wir mussten bei unserer Stellungnahme dazu mit dem Unverständnis der Wähler, darunter nahezu 4,3 Millionen Umsiedlern, rechnen." Dabei müsste man dazu sagen, dass es nicht noch mehr sind, weil von den über 12 Millionen Menschen, die aus den Gebieten bis hinüber nach Tilsit an der Grenze zu Litauen in das Gebiet westlich der Flussläufe der Oder und der Görlitzer Neiße flüchten mussten, viele vor Hunger und Kälte im Schnee gestorben und viele in die westlicheren Gebiete des Reiches weitergezogen waren.[16]

Leider kommt Honecker hier nicht der Gedanke, dass das einfach umgedreht gemeint sein könnte – dass Volksverteter Stettin fordern, weil man von Stralsund nichts mehr wissen will, und streng genommen schon von seinen Nachbarn in Stuttgart nichts mehr hören will. Die Tausend Jahre haben tiefe Narben bei vielen Menschen hinterlassen. Aber wie soll Erich aus dem Saarland 1950 auf den Gedanken kommen, dass der laut vorgetragene Anspruch auf die Ostprovinzen bloß pro forma aufrechterhalten wird, um das ehemalige Deutsche Reich in kleinere Staaten zu zerlegen, wenn auch die drei westlichen Alliierten, die sich in der NATO gegen die Sowjetunion organisiert haben, auf diplomatischem Wege gegen die Anerkennung dieser Grenze protestieren? So muss der Eindruck entstehen, sie würden Bonn bei passender Gelegenheit helfen, das ehemalige Reich in seinen Grenzen vor dem Krieg wiederherzustellen. Doch dafür müsste man *jetzt* über das Vorleben der Sternchen in Bonn Bescheid wissen.

Neben denen, die empört sind, weil die Provinzen östlich der Oder in der richtigen Realität für Deutschland verloren sind, und denen, die empört sind, weil die anderen das nicht einsehen, gibt es Wesen der dritten Art, die in Zeitungen und Zeitschriften, in Versammlungen und im Radio die Leute Tag für Tag und Woche für Woche mit tagesaktuellen Worthülsen umsäuseln, damit die Leute ein bisschen Denk- und Erregungsfutter für die Frühstückspause bei Fencheltee finden. Über die Jahre gesellen sich dann noch Politologen und Historiker dazu, die alle ihr feines Scherflein dazu beitragen, dass die Leute immer etwas zu bequackeln haben. Dabei wäre es albern anzunehmen, dass keiner von denen, die von den Medien an die Öffentlichkeit gebracht werden, weiß, was hier gespielt wird. Dazu werfen wir exemplarisch einen Blick in die Schlusszusammenfassung zu Arnulf Barings Buch *Außenpolitik in Adenauers Kanzlerdemokratie*, ein Begriff, über den man auch nicht besonders lange nachdenken darf. Dort schreibt der Mann, der eigentlich aus Dresden stammt, über den Kanzler der 1949 erst aus der Taufe gehobenen Bundesrepublik: „Nicht übertriebenes Machtstreben hat ihn veranlasst, nach Westen übernationale Integrationspolitik, nach Osten – vermeintlich – nationalstaatliche Politik zu treiben, hier das praktisch Mögliche listig und würdevoll durchzusetzen, dort hartnäckig maximale Rechtsansprüche zu behaupten." Und was ist es wirklich? „Es waren Rücksichten auf gesamtdeutsche Gefühle, es war die Furcht vor einer imaginären Koalition der gesamtdeutschen Gruppe seiner Partei und des nationalen Flügels der FDP mit der SPD und dem BHE, die ihn zu dem Versuch veranlassten, seine Westpolitik als wahre Ostpolitik zu rechtfertigen. Vorwiegend innenpolitische Gründe legten ihm eine zwiegesichtige Politik nahe."[17] Bloß für den Fall, dass Sie nichts mit BHE anfangen können: Der BHE ist der Bund der Heimatvertriebenen und Entrechteten. Es ist klar, dass Arnulf Baring das verdammt viele Jahre später so offen schreibt. Da aber zur praktischen Umsetzung einer zwiegesichtigen Politik Minister und Staatssekretäre vonnöten sind und zur medialen Verschaukelung der Leute draußen im Lande Journalisten, Publizisten und in späterer Zeit eloquente Historiker, müssten wir in gemeinsamer Anstrengung einen Begriff finden, worum es sich da handelt, und geben Sie bloß nicht mir die Schuld für Ihre Wortwahl.

Sebastian Haffner bringt die geschliffenen Formulierungen Barings über die eigenen Kanäle unters Volk: „Selbst unter dem Schock der Niederlage, selbst angesichts des Eisernen Vorhangs ließ sich der Westabmarsch, wie ihn Gustav Heinemann genannt hat, nach Überzeugung des Bundeskanzlers der Bevölkerung nur plausibel machen, wenn man ihn zugleich als kürzesten Weg zur Wiedervereinigung ausgab." Das letzte Wort zeigt wieder, dass es sich dabei um einen *fake* handelt. Baring wird schließlich in den Wind hauchen: „Trotz seiner genialen taktischen Begabung wagte Adenauer nicht, den Deutschen seine Sicht der Lage zu vermitteln."[18] Da geht es aber nicht nur darum, wie man den *fake* den Deutschen verkauft. Das hat auch damit zu tun, dass ihm Engländer und Amis die Hölle heiß machen würden, wenn sie nach fünf Jahren verstünden, dass der Zugang zu den Rohstofflagern Russlands von den Deutschen verbaut wurde.

Im Jahr 1950 aber stellt sich erst einmal die ganz praktische Frage: Wird dieser Spagat gelingen? Kann man jetzt Heimatgefühle der Vertriebenen wachhalten, ohne sie womöglich überkochen zu lassen? Im Sommer des Jahres liegt auf jeden Fall die Charta der deutschen Heimatvertriebenen vor. Sie enthält eine feierliche Erklärung; Außenstehende werden ahnen, was drin steht. Das steht allerdings nicht drin: „Wir Heimatvertriebenen verzichten auf Rache und Vergeltung. Dieser Entschluss ist uns ernst und heilig im Gedenken an das unendliche Leid, welches im Besonderen das letzte Jahrzehnt über die Menschheit gebracht hat." Viel vernünftiger in den Gedanken und Worten geht es doch nun wirklich nicht – schon hier werden alle Opfer des letzten Jahrzehnts eingeschlossen. Alle. So geht es weiter: „Wir werden jedes Beginnen mit allen Kräften unterstützen, das auf die Schaffung eines geeinten Europas gerichtet ist, in dem die Völker ohne Furcht und Zwang leben können." Da ist alles Schöne drin; es lässt aber auf der anderen Seite alles offen und jeder kann das hören, was ihm oder ihr am ehesten zusagt. Man kann den Wunsch nach einem Europa mit Belgien und Polen, Frankreich und der Sowjetunion hören oder man kann hier den schrittweisen Zusammenschluss des westlichen Drittels in Europa heraushören. Ganz nach Belieben. Träumen Sie weiter. Auch die Aufforderung zum Aufbau West-Deutschlands wird elegant verpackt. Da heißt es: „Wir werden durch harte, unermüdliche Arbeit teilnehmen am Wiederaufbau Deutschlands und Europas." Was auch immer mit Europa gemeint sein mag. Und man verdrückt seine Tränen: „Wir haben unsere Heimat verloren. Heimatlose sind Fremdlinge auf dieser Erde. Gott hat die Menschen in ihre Heimat hineingestellt. Den Menschen mit Zwang von seiner Heimat trennen, bedeutet ihn im Geiste töten." Nach den drei Punkten heißt es: „Wir haben dieses Schicksal erlitten und erlebt. Daher fühlen wir uns berufen zu verlangen, dass das Recht auf die Heimat als eines der von Gott geschenkten Grundrechte der Menschheit anerkannt und verwirklicht wird." Diese Charta der Heimatvertriebenen wird dann am 5. August 1950 in Stuttgart unterzeichnet.[19]

Unterdessen kümmert sich der Bonner Bundestag am Rand des Alltagsgetöses um die nötigen Gesetzeswerke, sodass entsprechende juristische Rahmenbedingungen für die weitere Entwicklung hergestellt werden. So werden schon kurz nach der Gründung der Bundesrepublik Deutschland „diese schwierigen Zuzugsgesetze" für West-Berlin durch den Bundestag verabschiedet, damit die Stadt mit den Jahren in Ruhe wegsterben kann. Etwas tollkühn erklärt sich die demokratische Führung von West-Berlin am 1. September '50 rotzfrech eigenmächtig zum Bundesland. Doch das ist kein Kavaliersdelikt mehr, denn das stört nun ernsthaft die geordnete Teilung Deutschlands. Immerhin liegen die westlichen wie die östlichen

Stadtteile mitten in der DDR. Die Berliner Abgeordneten bekommen also im Bundestag kein Stimmrecht und sie dürfen (wegen des Status Berlins) von den Berlinerinnen und Berlinern auch nicht direkt gewählt werden. Vergebens jammert der Neu-Berliner Willy Brandt herum, in Bonn lägen „Statuskult und Spaltungspflege besonders nahe beieinander". Wenn die Leute in West-Berlin bereits für die Sternchen in Bonn nicht mehr dazugehören, was könnten dann die Leute in Ost-Berlin oder von der Ostsee bis zum Erzgebirge von Bonn erwarten? Noch weniger? Folgerichtig geht ein Gesetz durch den Bundestag, nach dem DDR-Übersiedlern nur unter eingeschränkten Bedingungen die Aufenthaltserlaubnis zu gewähren ist. Das und nichts andres ist von den großdeutschen Sprüchen aus Bonn zu halten. Es ist warme Luft. Deshalb wird man sich später einmal völlig zu Recht darauf berufen können, dass die offizielle Anerkennung der DDR-Staatsbürgerschaft nicht mehr ist als die schon jahrzehntelang so praktizierte Respektierung der Staatsbürgerschaft, wie sie doch „alle Bundesregierungen seit Konrad Adenauer de facto praktiziert" hätten. Johannes Rau aus der SPD wird sich damit irgendwann aus der Affäre ziehen, aber wir sind ja noch in den Zeiten der Sprüche von Kurt Schumacher.[20]

Kann sein, dass Leute im Osten nun *wieder* am kürzeren Hebel sind, die wie Kurt Hirche auch in den Jahren unter Adolf Hitler bereits mit ihren kritischen Anmerkungen keinen Einfluss auf den Lauf der Dinge hatten. Aber das spielt für die Sterne, die wissen, worum es in Deutschland geht, bei aller Liebe keine Rolle. Anfang des Jahres 1949 wurden zum Beispiel elf Angestellte des neuerdings „volkseigenen" Betriebes NAS im Berliner Stadtteil Oberschöneweide, die ein Spottgedicht über die neuen Herren Wilhelm Pieck und Otto Grotewohl verfasst hatten, verhaftet und in das NKWD-Gefängnis Bernau eingeliefert. Was das bedeutet, möchte ja auch wieder niemand selbst erfahren müssen. Es ist nicht schmerzhafter und nicht weniger traumatisierend als früher. Für die Leute vom Harz bis an die Oder hat sich beim Öffnen des Mauls nichts Wesentliches verändert. Wer erinnert sich hier nicht an den *Witz*: „Goebbels hat ein Wochenblatt gegründet. Es heißt: Das Maul – und jeder Deutsche hat es zu halten."[21]

Der in Potsdam ansässige und aus den Jahren vor '33 weit über Deutschland hinaus bekannte Karikaturist Karl Holtz zählt zu den Opfern dieses Eingriffes der sowjetischen *Freunde* in Deutschland. Das Militärtribunal verurteilt jenen Kämpfer gegen Nationalsozialismus und die Unmenschlichkeit, dem im Reich Hitlers Berufsverbot auferlegt war, wegen „sowjetfeindlichen Verhaltens" 1950 zu fünfundzwanzig Jahren Arbeitslager, da er an westdeutschen Zeitungen mitgearbeitet hat.[22]

Während man über die Zustände unter Hitler zumindest bis zum Beginn des Kriegs noch Witzchen machen konnte, nach dem Motto „Humor ist, wenn man trotzdem lacht", verstehen die kommunistischen Fundamentalisten von Anfang an gar keinen Spaß, wenn einer von ihren Zuständen nicht begeistert ist. Ich meine, es ist nicht alles schlecht. Da gibt es schon auch Zeitschriften wie Frischer Wind oder den Ulenspiegel, später sicher auch den Eulenspiegel. Aber nach zwölf Jahren Diktatur plus x wird man schon wesentlich vorsichtiger, weiß man doch inzwischen von Fotos, wie es in Lagern so ungefähr zugeht. Dort möchte man nicht unbedingt rein. Dann packt man schon lieber seine sieben Sachen und versucht, mit der S-Bahn in Berlin über die Sektorengrenzen abzuhauen. Von Kurt Hirche erhalten wir einen Eindruck: „Was von da ab zunächst im Frischen Wind und dann im Eulenspiegel als parteieigener Witz in Erscheinung tritt, ist von jener Anspruchslosigkeit und Verkrampftheit, die zwangsläufig überall dort entstehen müssen, wo der Geist sich nicht frei entfalten darf, sondern zur Erfüllung vorher festgelegter Aufgaben kommandiert wird."[23]

Um Beispiele ist er nicht verlegen. Das erste gibt die Ost-Berliner Wahrnehmung wieder, was Bonn wohl will: „Was ist der Unterschied zwischen Adenauer und einem kleinen Kind?" – „Adenauer will den Krieg und ein kleines Kind kriegt seinen Willen." Bei der Eindimensionalität, wie man sie von Kommunisten kennt, wird es vermutlich über Jahrzehnte bei der etwas verkürzten Analyse und dem verzweifelten Schattenboxen um den Frieden bleiben. Beim zweiten Beispiel muss man nur erklären, dass die SED die relativ neue Sozialistische Einheitspartei Deutschlands ist – und

HO die Abkürzung für Handelsorganisation, eine Ladenkette, langweilig wie irgend etwas: Ein SED-Mitglied fragt einen Genossen: „Was tust du für den Friedenskampf?“ Sagt der Genosse: Ich gehe jeden Tag in die HO und esse zwei Amerikaner.“[24] Wenn der Staatswitz schon nicht lustig ist, lässt er wenigstens hoffen, dass sie in Ost-Berlin nicht auf Krieg setzen.

Der Krieg in Korea zeitigt Auswirkungen

Der Erfolg der aus den Fingern gesaugten Analysen in Pullach ist durchschlagend. Im August 1950 fordert London oder genauer gesagt Winston Churchill eine europäische Armee mit deutscher Beteiligung, die mit den USA zusammenarbeiten soll und am 11. August befürwortet dann die beratende Versammlung des Europa-Rates die Schaffung einer derartigen Armee. In den Vereinigten Staaten von Amerika beginnt sich gleichzeitig in der Öffentlichkeit der Gedanke durchzusetzen, dass eine europäische Verteidigungsstreitmacht im Rahmen der NATO aufgebaut werden soll. Bundeskanzler Konrad Adenauer hat damit den Aufhänger für sein Ziel, die verstärkte Integration West-Deutschlands in Westeuropa ebenso wie die Erlangung einer weitgehenden Souveränität seines Hoheitsgebietes. In einem Memorandum an die Hohen Kommissare vom 29. August 1950 erklärt sich der alte Herr freundlicherweise bereit, ein deutsches Militärkontingent im Rahmen einer westeuropäischen Armee bereitzustellen.

Der Chefredakteur des Magazins Der Spiegel Rudolf Augstein schreibt in seinem Blatt zwei Tage später über Adenauers Sicherheitsmemorandum vom 29. August: „Dass der Kanzler seine ursprüngliche Forderung nach einer »Verteidigungstruppe« wieder dementieren würde, war zu erwarten, nachdem die Franzosen inoffiziell ihre üblichen Bedenken angemeldet hatten. (Fußnote: Immerhin hat sich Adenauer dabei in den Schein der Unredlichkeit begeben. Natürlich weiß der Kanzler ganz gut, dass es bei den 80.000 Polizisten nicht bleiben wird. Aus London verlautet denn auch schon, Kirkpatrick habe den Wunsch Adenauers auf 250.000 Polizisten überreicht.) Aber es scheint doch so, als ob die Schwenkung, die er in der Pressekonferenz offensichtlich vollzog, auf seine Unterredung mit Kurt Schumacher zurückging. Der Oppositionsführer verfuhr denn auch in seiner Pressekonferenz mit dem Kanzler in einer ungewohnt vornehmen Art, so dass man den Eindruck eines Spiels mit verteilten Rollen haben konnte."

Ansonsten wird das Ding gerne als Alleingang verkauft; keiner unter den Ministern oder gar der Bundestag soll etwas davon gewusst haben. Es ist fraglos möglich, das zu glauben, wie das ja auch jedem freisteht in Bezug auf den Weihnachtsmann. Aber der vermeintliche Alleingang „des Alten" ordnet sich so nahtlos in das Bemühen um einen militärischen Schulterschluss mit der westlichen Welt seit 1945 ein, dass wir gut und gerne von einer konzertierten Aktion der hohen Generäle um Reinhard Gehlen und der Sternchen in Adenauers Kabinett sprechen dürfen. Der Weihnachtsmann wurde bislang immer bloß maskiert gesehen, doch die Papiere des Kreisauer Kreises liegen physisch im Tresor vor, unabhängig davon, dass wohl keiner auf die Idee kommt, sie Hals über Kopf zu veröffentlichen.

Der *Alleingang* des CDU-Kanzlers wird begleitet von einer Äußerung des Vizekanzlers aus der FDP im August gegenüber einem Vertreter von der *Overseas News Agency*, mit dem der Druck noch weiter gesteigert wird: „Wir Deutschen sollten nicht über Wiederbewaffnung reden. Wir sollten handeln, stillschweigend, aber schnell."[25] Es ist nicht wirklich ganz stillschweigend, wenn der Minister das zu einer ausländischen Agentur sagt. Was soll das für ein Alleingang Adenauers sein, wenn der Chef der SPD-Opposition schon eine Woche vor der Übergabe jenes Sicherheitspapiers am 23. August in Bonn erklärt hat: „Es ist gar nicht einzusehen, dass die amerikanischen Divisionen nicht in Grafenwöhr oder in der Lüneburger Heide ausgebildet werden, statt in Texas und Arizona."[26] So steht es zum Beispiel am 25. November in der Nordbayerischen Volkszeitung. Hoffen wir, dass keiner sagt, Schumacher wäre gegen die Westbindung. In den Nürnberger Nachrichten finden die Leute am 25. Oktober 1950 folgende

Nachricht über die SPD: „Dr. Schumacher, der seit Monaten die Aufstellung zahlreicher alliierter Divisionen in Deutschland fordert, um im Falle eines Krieges die erste Schlacht an der Elbe und die zweite an der Weichsel schlagen zu können, meinte, dass die angekündigten Verstärkungen nicht ausreichend seien und keinen Schutz bieten." Die Forderung ist so klar wie Kloßbrühe und wird im Osten als bedrohlich angesehen – genau wie im Westen. Niemand hat die Absicht, für die Deutschen irgendeinen Krieg an der Elbe oder an der Weichsel zu führen, natürlich nicht.[27]

21 Jahre jung ist Günter Gaus jetzt und studiert munter Geschichte plus Germanistik. Schon bevor er einen Abschluss hat, darf er älteren Leuten als Journalist erklären, wie sie Geschichte, Gegenwart und Zukunft sehen sollen. Wenn er später alt genug ist, wird er sich ausschütten vor Lachen, weil es den Politikern und den Medien in den fünfziger Jahren gelungen ist, den eindeutigen Widerspruch zu verkaufen, der sich wohl unbemerkt eingenistet hat, „einerseits kommt morgen der Russe, aber andererseits werden wir demnächst siegreich durchs Brandenburger Tor marschieren und den Annaberg in Schlesien zurückerobern".[28] Aus welcher Richtung droht demzufolge die Kriegsgefahr?

Wer sich hier schon die Hände darüber reibt, wie dusselig die Leute dort im Westen seien, dass sie diesen eigentlich offensichtlichen Widerspruch nicht irgendwann bemerken, der hat sich zu früh gefreut. Es ist ja keinen Deut besser, wenn sie im Osten Artikel und ganze Bücher darüber in die Welt setzen, nach denen Adenauer oder Bonn Deutschland spalten will, und weitere Texte, nach denen es die Absicht geben soll, mit klingendem Spiel durchs Brandenburger Tor einzumarschieren. Der Ausdruck soll ja auf die Militärparaden vor den beiden Weltkriegen verweisen. Entweder Bonn will das Staatsgebiet zerlegen oder Bonn will den Osten erobern.

Wie Adenauer das traditionelle Beamtenrecht seiner intelligenten Demokratur dienstbar macht

Rund 8,5 Millionen Mitglieder hatte die NSDAP im Jahr 1945 und in der Zwischenzeit sind sie nicht alle geplatzt. Der einzige Trost besteht darin, dass mancher davon in der DDR wohnt. Die Regierung Adenauer findet einen Weg, um sie daran zu hindern, so oder so ihr Unwesen zu treiben. Es ist andererseits ein raffinierter Schachzug, die Altnazis zu integrieren; so haben die Leute, die sagen, früher ist nicht alles schlecht gewesen, das Gefühl, dass eigentlich alles bleibt, wie es einmal war. Am anderen Ende ist die KPD mit 5,7 Prozent der Wählerstimmen in den ersten Bundestag eingezogen, was bei der seit Jahren großartig proklamierten Gefahr aus der kommunistischen Sowjetunion ja auch nicht geht. Am 19. September 1950 wird mit dem sogenannten Adenauererlass, in dem zwei rechte und elf linke Organisationen aufgelistet werden, gut Vorsorge getroffen, falls einer dumme Gedanken hat: „Die Gegner der Bundesrepublik verstärken ihre Bemühungen, die freiheitliche demokratische Grundordnung zu untergraben. Jede Teilnahme an solchen Bestrebungen ist unvereinbar mit den Pflichten des öffentlichen Dienstes. Alle im unmittelbaren oder mittelbaren Bundesdienst stehenden Personen haben sich gemäß §3 des vorläufigen Bundespersonalgesetzes durch ihr gesamtes Verhalten zur demokratischen Staatsordnung zu bekennen. Wer als Beamter, Angestellter oder Arbeiter im Bundesdienst an Organisationen oder Bestrebungen gegen die freiheitliche demokratische Staatsordnung teilnimmt, sich für sie betätigt oder sie sonst unterstützt, wer insbesondere im Auftrag oder im Sinne der auf Gewalthandlungen abzielenden Beschlüsse des 3. Parteitages der kommunistischen SED und des sogenannten Nationalkongresses wirkt, macht sich einer schweren Pflichtverletzung schuldig.“ Was blüht dem, der bei der Zuwiderhandlung erwischt wird? „Die Bundesregierung ersucht die Dienstvorgesetzten, gegen Beamte, Angestellte und Arbeiter, die ihre Treuepflicht gegenüber der Bundesrepublik durch Teilnahme an solchen Organisationen oder Bestrebungen verletzen, die erforderlichen Maßnahmen zu ergreifen.“ Und? „Gegen Schuldige ist unnachsichtig die sofortige Entfernung aus dem Bundesdienst, und zwar bei Beamten auf Lebenszeit durch Einleitung eines förmlichen Dienststrafverfahrens unter gleichzeitiger vorläufiger Dienstenthebung und Gehaltseinbehaltung, bei Beamten auf Widerruf durch Widerruf, bei Angestellten und Arbeitern durch fristlose Kündigung herbeizuführen.“[29] Hoffentlich haben Sie das aufmerksam studiert. So werden Befürworter anderer Staatsformen als der jetzigen durch elementaren wirtschaftlichen Druck zu Mitläufern in der Demokratie umgepolt. Da ist es egal, was man früher mal wollte.

Meine Herren, an die Waffen!

Schon in den ersten Oktobertagen gehen hochrangige Offiziere der ehemaligen Wehrmacht im Kloster Himmerod in der Eifel in Klausur – und wie es der Zufall so will, geht es darum, eine „Denkschrift über die Aufstellung eines deutschen Kontingents im Rahmen einer internationalen Streitmacht zur Verteidigung Westeuropas“ zu erarbeiten. In aller Ruhe wird die Aufstellung von Truppen geplant und man redet über Konzepte zur Inneren Führung der Armee; ein Generalstab darf es nicht sein. Man muss wissen, dass diese Himmeroder Denkschrift klammheimlich hinter dem Rücken der Alliierten ausgearbeitet wird.

Andererseits sind sie in Paris um eine Initiative auch nicht verlegen. Am 24. Oktober unterbreitet Ministerpräsident René Pleven seinen eigenen Plan, der sich am *Schuman-Plan* vom 9. Mai 1950 orientiert. Da hat sich das Konzept der wirtschaftlichen Verknüpfung mit Deutschland niedergeschlagen. Außenminister Schuman meinte: „Der Friede der Welt kann nicht gewahrt werden ohne schöpferische Anstrengungen, die der Größe der Bedrohung entsprechen.“ Und so weiter. Nach dem *Pleven-Plan* soll eine europäische Armee bei Beteiligung der BRD entstehen. Im Gegensatz zu den anderen Ländern der Verteidigungsgemeinschaft, Italien und den drei Benelux-Staaten, müssten die deutschen Truppen in den internationalen Streitkräften aufgehen, um eine neue deutsche Armee zu verhindern. Aber warum würden es europäische Verbände zur Verteidigung der Freiheit nicht tun? Der Bonner *insider* Carlo Schmid (SPD) weiß, wie es weitergeht. Unmittelbar nach der Erklärung des Ministerpräsidenten in Paris kommt es zu einem Austausch des SPD-Chefs Kurt Schumacher und Carlo Schmids mit den zwei Generälen Speidel und Heusinger. Die Generäle erklären nach Schmids Bekunden, „aus militärischen Gründen" sei das Konzept aus Paris unmöglich; ein jeder Kenner soldatischer Psychologie könne sich die Auswirkung der Diskriminierung der deutschen Truppen auf ihre Kampfkraft ausmalen.[30]

Umgekehrt kann sich ein jeder Kenner der menschlichen Psychologie an einem Finger ausrechnen, wie es sich auswirkt, wenn im Vierteljahresbericht des amerikanischen Hochkommissars für Deutschland McCloy die folgende Information über diesen Mann auftaucht: „In einer Ansprache vor einer öffentlichen Versammlung in München betont Professor Carlo Schmid, der sozialdemokratische stellvertretende Bundestagspräsident, die Sozialdemokraten würden nur dann für eine deutsche Mitwirkung an der Verteidigung Europas eintreten, wenn sie sicher sein könnten, dass im Kriegsfalle die zweite Schlacht bereits östlich der Weichsel in Polen ausgefochten würde."[31] Fast genau so hatte es auch der SPD-Chef gesagt.

Wer die Furcht Adenauers vor Moskau als Motiv für seine Bemühungen um eine Armee ansieht, wird durch den Spiegel arg enttäuscht. Er greift hier auf die Vorarbeit seiner Opposition zurück: „Den zögerlichen europäischen Nachbarn, die nach zwei Weltkriegen von deutschen Soldaten genug haben, malt er ein Schreckensszenario: »Wenn ich einmal nicht mehr da bin, weiß ich nicht, was aus Deutschland werden soll. Glauben Sie mir, die Gefahr des deutschen Nationalismus ist viel größer, als man denkt«, sucht er im Foyer eines Londoner Hotels den Luxemburger Ministerpräsidenten Joseph Bech und den belgischen Außenminister Paul-Henri Spaak zu ängstigen, damit sie der Westintegration der Deutschen zustimmen. An einem durch eine Säule verdeckten Nebentisch sitzt der damalige SPIEGEL-Redakteur Lothar Rühl und notiert die Worte."[32]

Jetzt wollen Sie natürlich wissen, warum irgendein Spiegel-Redakteur in dem Moment hinter jener Säule in England sitzt. Mal sehen, was sich da finden lässt. Lothar Rühl zählt zu den sogenannten IIIer-Verbindungen, die Reinhard Gehlens Männer mit den Politikern und Medien verbinden. Seit 1949 war er Korrespondent der Nachrichtenagentur *Agence France-Presse (AFP)* und erhielt prompt den Decknamen *Richelieu*. In Bonn hat er nach dem Kriege Rechts- und Staatswissenschaften sowie Geschichte studiert. Jetzt ist das Kerlchen 23 Jahre alt. Parallel zu seiner Arbeit für AFP ist er auch für das Magazin Der Spiegel tätig. Früh übt sich, wer ein Meister werden will. Nach vielen weiteren Stationen des Lebens wird er sich vielleicht als Krönung seiner Karriere in einer Danksagung Helmut Schmidts für all die wiederfinden, die dem Ex-Kanzler bei der Korrektur seines Manuskriptes zu *Menschen und Mächte* helfen dürfen.[33]

Interessant ist auch, wie Critchfield die Sache wahrnimmt: „Plevens Plan mag sich sehr wohl in die Vorstellungen über ein Westeuropa eingefügt haben, in dessen Mittelpunkt eine Annäherung von Frankreich und der Bundesrepublik Deutschland stand. Er passte aber nicht in das Konzept eines westlichen Verteidigungsbündnisses, dessen Kern ein NATO-Militärbündnis unter amerikanischer Führung bildete. Der Pleven-Plan diskriminierte eindeutig Deutschland und stand im Widerspruch zum Konzept der Himmeroder Denkschrift, deren Inhalt in Bonn nach wie vor geheim gehalten wurde.“ Dann können die Franzosen natürlich noch nicht einmal wissen, dass ihr Kurs im Widerspruch zu den Bonner Wünschen steht. Critchfield ist der Meinung, dass sich Kanzler Adenauer geradezu frontal mit den Franzosen anlegt, als er am 2. November 1950 der Denkschrift zustimmt und sich mit den wichtigsten Beratern zusammensetzt, um Fragen der *nationalen* Sicherheit zu besprechen. Adenauer bittet die Herren Heusinger und Speidel an diesem Tag offiziell, sich ihm und dem einstigen Gewerkschaftssekretär Theodor Blank als militärische Berater zur Verfügung zu stellen. Warum soll ein Gewerkschafter nicht auch eine Armee auf die Beine stellen können? Organisation hat er gelernt.[34]

Da Adenauer (natürlich) immer noch nicht aufgefordert worden ist, sich mit einem Vertreter des westlichen Bündnisses an einen Tisch zu setzen, um die Rolle der BRD bei der Verteidigung vor dem Russen als solchem zu besprechen, wird die Bekanntgabe der Ernennung von Heusinger und Speidel zu Militärberatern einige Wochen verschoben werden. Ein paar Wochen hin oder her machen das Kraut nicht fett, aber die Pferde scheu machen, will der alte Fuchs nun auch nicht um jeden Preis. So dauert es bis zum 23. Dezember, bis sich die alliierten Hohen Kommissare treffen und die Bundesrepublik im Auftrag des NATO-Rates einladen, offiziell in die Gespräche über Fragen der Verteidigung einzusteigen.[35]

Zur Erinnerung: Nachdem sich die Deutschen seit dem Ende des Krieges um die Änderung der Militärpolitik des Westens gekümmert haben, sind sie nun von der NATO zu solchen Gesprächen eingeladen worden; davon abgesehen sind das noch lange nichts als Gespräche zu dieser Thematik. Der *American heroe* Critchfield wundert sich zu wenig darüber, dass der Kanzler zu dieser Beratung den Herrn Gehlen aus Pullach hinzuzieht. In Critchfields Erinnerung hat der Kanzler gesagt, dass nachrichtendienstliche Tätigkeit und Remilitarisierung völlig getrennte Bereiche seien und es auch bleiben würden. Dass er hier über die vergangenen Jahre keinen Zusammenhang erkannt hat, bedeutet im Endeffekt, dass er Washington nicht korrekt über die Ziele der Führung in Bonn informieren kann. Die beiden Sternchen Globke und Adenauer haben übrigens auch einen sehr guten Grund, die nachrichtendienstliche Arbeit für *America* und den Gedanken an eine Bewaffnung für die Bundesrepublik tunlich auseinanderzuhalten, und Critchfield weiß das: Die CIA wünscht die Unterscheidung nachdrücklich. General Gehlen sieht sich nach Critchfields Beobachtung selbst nicht in Heusingers Bestrebungen für eine Wiederbewaffnung einbezogen, auch wenn Heusinger immer wieder seine Fähigkeit unter Beweis stellt, auf die Mittel der Organisation Gehlen zurückzugreifen, ohne den unabhängigen Charakter seiner eigenen Rolle zu verwirken. Er muss sich ja nicht mutwillig selbst aus dem Spiel hinausschießen.[36]

Einer der unmittelbar Leidtragenden der Schon-Wieder-Bewaffnung des östlichen Nachbarn Frankreichs ist der ganz frisch gebackene Abiturient Helmut Kohl. Soll er sagen, wie er unschuldig in die Mühlen der großen Politik kommt: „Als ich seinerzeit nach dem Abitur zum ersten Mal mit Vertretern der pfälzischen CDU im französischen Außenministerium am Quai d'Orsay bei Außenminister Robert Schuman war, wurden wir dort vom Saaldiener behandelt wie Aussätzige. Man kann sich das heute einfach nicht mehr vorstellen." Es wäre aber gut, sich das vorzustellen, um die Ängste in den anderen Ländern in Europa vor der Wiederaufrüstung im neuen Deutschland zu verstehen.[37]

Gustav Heinemann ist Robin Hood

Da die Großinszenierung zwischen Flensburg und Lindau am Bodensee unter dem Titel „Demokratie“ läuft und sich der Großteil der Leute ganz eindeutig gegen die dritten Kriegsvorbereitungen in einem Jahrhundert ausgesprochen hat, muss jetzt *action* her, damit es nicht gleich wieder so aussieht, als hätte man hier auch nicht mehr zu melden als beim Föhrer zuvor. Prompt gibt es auch einen publikumswirksamen Austritt aus dem Bonner Kabinett. Am 10. Oktober '50 tritt Gustav Heinemann vom Amt des Innenministers zurück, weil Adenauer doch unter Umgehung seiner Sterne den Weg zur Bewaffnung der Bundesrepublik geebnet hatte. Gut ein Jahr später, Ende November 1951, gründet er eine „Notgemeinschaft für den Frieden Europas“ als Sammelbecken aller Gegner der Remilitarisierung und tritt 1952 ganz und gar aus Adenauers CDU aus und gründet die Gesamtdeutsche Volkspartei (GVP). Es kann mit knapper Not gerade noch verhindert werden, dass er sich in einem See ersäuft. Ach so, nein, das ist Quatsch. Das ist mir bloß als Szenario gerade durch den Kopf gegangen. Wie bierernst man seinen Theaterdonner nehmen muss, wird zu sehen sein, wenn er seine gesamtdeutsche Gruppe mangels Wirksamkeit wieder einstampft und in einer Partei oben ankommt, die sich durchaus mit Militär in der BRD anfreunden kann, sobald die Gefahr besteht, dass sie an die Macht kommen kann. Warten wir es ab.

Bei Reinhard Gehlen findet sich glücklicherweise auch eine Verwendung für Ewiggestrige, die 108-Prozentigen des 1000-jährigen Reiches. Lesen wir in einen Bericht eines der Spitzel hinein, die Gehlen auf die Sterne in Bonn ansetzt. Er zeigt deutlich die Technik, mit der Gustav Heinemann die vermeintlich von ihm vertretene Linie selbst diskreditiert und damit dem Kanzler hilft: „Seit Bundesminister a. D. Dr. Dr. Gustav Heinemann aus dem ersten Kabinett Adenauer ausschied, hat er vor allem die außenpolitische und verteidigungspolitische Konzeption der Bundesregierung und der CDU/CSU bekämpft. In seinen vielen Äußerungen hat er dabei Thesen vertreten, wie sie in dieser Schärfe nicht überboten werden können. Eine Reihe seiner politischen Überlegungen zeigt fatale Parallelen zur Propaganda der Kommunisten . . . Alle Bestrebungen Heinemanns, die Integration der Bundesrepublik mit den freien Völkern des Westens und den Aufbau deutscher Streitkräfte im Rahmen der NATO zu verhindern, sind gescheitert." Würden Sie den Spitzel politisch anders verorten als ich es tue? In einem anderen Bericht schreibt ein ebenfalls ahnungsloser, aber auf jeden Fall unheimlich stark engagierter Spitzel für seinen Auftraggeber: „Seine Schriften und Reden zeigen gewisse Neigungen zur Radikalität, sie sind oft Zeugnisse unsteten und versponnenen Denkens." So unstet und versponnen wird sein Denken schon nicht sein; wenn alles gutgeht, bringt er es ja vielleicht bis zum Bundespräsidenten. Auch wenn es prinzipiell Zustimmung zu den vorgetragenen Ansichten gibt, werden die Sympathisanten durch die Art des Vortrags davon abgehalten, sich in dieser Richtung zu engagieren, und das schon alleine durch die Nähe der Argumentationen zu denen der KPD.[38] Wir werden am Ball bleiben und diese Technik auch bei anderen Politikdarstellern in der Bundesrepublik verfolgen: Man kann die Leute auch dadurch von gesamtdeutschen Vorstellungen abbringen, dass man sie so heftig übertreibt, bis sie bloß noch lächerlich und altbacken wirken, gerade auf die jungen Menschen. In der Hinsicht unterscheidet sich Gustav Heinemann aus der CDU nicht vom SPD-Chef Kurt Schumacher oder von Franz Josef Strauß aus der CSU.

Es ist wahrscheinlicher, dass der Kanzler seine Minister nicht umgangen hat. Die Alliierten wünschen keine Bewaffnung der Bundesrepublik und auch für Herrn Adenauer gilt das Alliierte Kontrollratsgesetz Nr. 34 vom 20. August 1946, das die Wiedererrichtung deutschen Militärs jetzt und in Zukunft bei Androhung der Todesstrafe verbietet, und im Besatzungsstatut ist die „erneute Übernahme der Ausübung der vollen Gewalt unter bestimmten Voraussetzungen" angedroht worden. Indem der Kanzler jedoch selbst die gesamte Verantwortung auf sich nimmt, bringt er durch dieses Herangehen die Hohen Kommissare in die höchst missliche Lage, den von ihnen abgesegneten Kanzler persönlich kaltmachen zu müssen, worauf sie erwartungsgemäß verzichten. Allerdings müssen sie dafür in

Kauf nehmen, dass im östlichen Ausland der Eindruck entsteht, dass sie selbst die Bewaffnung der BRD unter der Hand angeregt hätten. Es liegt sehr nahe, dass sowohl Heinemanns „Notgemeinschaft für den Frieden Europas" als auch seine „Gesamtdeutsche Volkspartei" bloß Testballons darstellen, durch die herausgefunden werden soll, wie vielen Bürgern die gewünschte Verhinderung einer Wiederbewaffnung hinreichend wichtig ist, um nun ihretwegen der CDU den Rücken zu kehren. Immerhin geht es unter Führung der CDU und dem Wirtschaftsexperten Ludwig Erhard wirtschaftlich schnell bergauf. Wenn die Leute aber wirklich eine andere Partei wählen, dann bitte zumindest eine Partei, die die Sternchen selbst steuern können. Das muss man sich nicht ausdenken, das berichtet Karl Gebauer vom Verfassungsschutz, einem Dienst, der am 7. November '50 gegründet wird. Er hält den Kollegenspruch fest: „Sie wissen doch: Wenn man eine politische Partei schon nicht verhindern kann, muss man sich an ihre Spitze setzen, um den Laden im Griff zu behalten. Alter Geheimdiensttrick, hahaha."[39]

Illustrieren wir die ausgeklügelte Technik mit einem Präzedenzfall. 1948 wollten sich Uneinsichtige in einer *Deutschen Rechtspartei* organisieren. Weit kamen sie damit nicht. Hans Zehrer aus der ehemaligen Redaktion der Zeitschrift Die Tat übernahm kurzerhand die Führung der Partei. Er hatte mit seinen Artikeln ganz sicher zu dem autoritären Staat nach 1933 sein intellektuelles Scherflein beigetragen. Einen Tick zu spät ist ihm ein Licht aufgegangen, als er in seinem klugen Kopf verstanden hat, was das im Endeffekt heißt, autoritärer Staat. Da bleibt es leider Gottes nicht bei der Theorie. Autoritär ist dann auch autoritär. Im Mai 1933 untersagten die Nazis sein kluges Denken für Die Tat vorläufig und im Juli '33 dann endgültig. Sie müssen ihm seine Gedanken nicht verzeihen, die sich nach kurzer Amtszeit des Föhrers mit der großen Klappe als Irrweg erwiesen. Sie müssen eigentlich überhaupt nichts außer Sterben – Sie können aber einmal drüber nachdenken, dass es Menschen im Kopf bewegt, wenn sie sich arg verkalkuliert haben. Spätestens die Konfrontation mit den Nazis und seiner jüdischen Ehefrau Margot Susmann-Mosse hatte eine richtig ernüchternde Wirkung auf seinen klugen Kopf. Im Verlauf der folgenden Tausend Jahre mit Adolf Hitler lernte er Axel Springer kennen und ganz bestimmt nicht nur ihn. So kam er auf lange Sicht in die richtigen Kreise. Auch Springer hatte seine liebe Not mit seiner jüdischen Ehefrau Martha Else Meyer. Er wollte sie damals am liebsten in die Standuhr einsperren. Für jene Jungs von der *Deutschen Rechtspartei* knüpfte Hans Zehrer an den Thesen von früher an. Statt von einem „Führer" sprach er von einem Monarchen und schwarz-weiß-rot war die Farbe, die voranflattern sollte, wie in den guten alten Zeiten unter dem Kaiser.[40] So führte Hans Zehrer die Partei auf die Halde. In wie vielen Varianten gab es bei den Kritikern des Staates den Gedanken: „Lieber ein Kaiser von Gottes Gnaden als ein Mörder aus Berchtesgaden"? Apropos Halde: Springers Zeitung Die Welt hat Hans Zehrer nicht kaputt geritten. Aus der Zeitung macht Zehrer ein Millionengeschäft. In den folgenden Jahren wird uns bestimmt noch ein weiteres Sternchen aus den Jahren bis 1945 begegnen, das jene Nummer bei einer unerwünschten Parteigründung erneut praktisch vorführt.

Aber wir waren ja eigentlich bei Gustav Heinemann. Der gute Mann geht doch hoffentlich später nicht in die SPD, insbesondere dann nicht, wenn die sich für den Westen öffnet *und* für die Wiederbewaffnung *und* für die Anerkennung *unserer* DDR. Wenn Sie nach alldem immer noch meinen, dass Heinemann aus tiefer Überzeugung und wegen des Pazifismus, also weil er den Krieg ablehnt, vom Amte des Innenministers zurückgetreten sei, gehen Sie scheinbar davon aus, dass der Kanzler auch einen weiteren Krieg in Kauf nehmen würde und sein Oppositionsführer Schumacher in vollem Ernst nach vier Konzentrationslagern in elf Jahren den Krieg um und gegen Polen wiederaufnehmen wolle, den der Führer im September 1939 schon einmal mit aller Brutalität ins Werk gesetzt hatte.

Man muss es sich auch gar nicht ausdenken, dass hier eine richtig große Zirkusnummer durchgezogen wird. Da braucht man ja nur *insider* in der politischen Szene zu lesen und ihr weit ausholendes Geschwurbel einmal zu verstehen versuchen, statt sie als Schwätzer abzutun. Wunderbare Beiträge dazu bietet Sebastian Haffner an: „Nicht alles ist heute in Deutschland so, wie es bei oberflächlicher Betrachtung der Dinge zu sein scheint. Die westliche Öffentlichkeit hat sich daran gewöhnt, die Politik der westlichen Integration mit der Bereitschaft der »guten« Deutschen zur friedlichen Kooperation und die Forderung nach nationaler Einheit mit dem unverbesserlichen Nationalismus der »schlechten« Deutschen gleichzusetzen. Das ist eine gefährliche Vereinfachung.“[41] Ich kann Ihnen sagen, warum zum Beispiel Kurt Schumachers Forderung nach nationaler Einheit als unverbesserlicher Nationalismus der schlechten Menschen aufgefasst wird: Weil *Seine* SPD die deutschen Ostprovinzen angeblich mit einem Krieg gegen die Sowjetrussen zurückerobern will. Wer nicht weiß, was sie in Bonn im Schilde führen, kann nicht ahnen, dass es hier nur so wimmelt vor guten Menschen, Schafen im Wolfspelz. Je lauter die Guten herumkrakelen, desto sorgfältiger muss man zuhören, was sie eigentlich genau sagen, und fragen, warum das Volk nicht darüber abstimmen soll, ob man nicht lieber auf die Ostprovinzen verzichten würde, wenn man in der Folge westlich der Oder einen normalen Staat bekommt.

Gut, und was sagt Sebastian Haffner zu Heinemanns Beitrag? „Genauso wie nicht nur prowestliche und antipreußische Liberale zu den Befürwortern der westlichen Integration gehören, sondern auch Kriegshetzer, die nur den günstigsten Zeitpunkt abwarten wollen, zählen nicht nur Nationalisten Bismarckscher Prägung zu den Befürwortern der deutschen Einheit, sondern auch aufrichtige Pazifisten, wie zum Beispiel die von Pastor Niemöller und dem früheren Minister Heinemann geleitete Gruppe von Protestanten, die ein stabilisiertes Deutschland anstreben, das ungeteilt und nicht den mit Rüstung und Allianz verbundenen Versuchungen ausgesetzt ist.“[42] Warum wird das extra betont, dass sie da aufrichtig sind?

Am besten ist es immer noch, wenn man ganz einfach offen sagt, dass in diesem Land mit gezinkten Karten gespielt wird. Diese Ehrlichkeit ist so entwaffnend, dass man sich noch nicht einmal mehr darüber aufregt. Es führt über die Jahre lediglich zu einem giftigen Zynismus, der seinerseits dafür garantiert, dass so gut wie niemand mehr gegen die Verschaukelei auf die Barrikaden geht. Wer aber aufgehört hat sich zu empören, der ist der perfekte Spielball für Leute, die sich und ihre eigenen Vorstellungen unerhört ernst nehmen. Lassen wir Günter Gaus aus erster Hand sagen, wie es mit den Medien aussieht: „Was wir im Grunde glauben, habe ich vor Jahren so formuliert: Wir alle werden viel belogen, jeden Tag. Und tagtäglich werden wir auch aufgefordert, des Kaisers neue Kleider zu bestaunen, jenes Gespinst aus Nichts, das im Märchen vor dem Nicht-verblendet-Sein eines Kindes zerfällt, so dass endlich die nackte Wahrheit wiederzuerkennen ist. Wir werden belogen und sollen Dinge zur Kenntnis nehmen, die es so, wie sie uns präsentiert werden, nicht gibt.“[43] Das hat jetzt nicht Günter Gaus gesagt?! Oh doch, das hat der Genießer sehr wohl gesagt und mit diesen Worten. Und wo wird man es denn vielleicht noch besser wissen als beim Spiegel? Wenn Sie hier konkret „die Gefahr aus dem Osten“ nehmen und den Kalten Krieg als mediale Inszenierung, dann wird die Tragweite deutlich. Gaus ist gar nicht zu bremsen: „Es geschieht mit uns alle Tage: Absichtsvoll und unabsichtlich, bewusst wie unbewusst wird uns der Blick verstellt durch zweckbestimmte Gebots- und Verbotstafeln, auf denen geschrieben steht, wie wir dies und das sehen sollen, was wir nicht denken dürfen, sondern stattdessen zu glauben haben.“[44] Fassen wir seine Äußerung einmal zusammen: Wir alle werden viel belogen, jeden Tag. Es blüht uns ständig, doch es passiert unabsichtlich und unbewusst. Das Geheimnis, wie das funktioniert, nimmt er wohl mit ins Grab, wie auch welches Menschenbild jemand hat, der seine Mitmenschen bewusst und absichtsvoll belügt und Dinge präsentiert, die es nicht gibt. Dieses Bekenntnis beendet er mit den Worten: „Die Mehrheit hierzulande nickt heftig mit dem Kopf, wenn derlei, das von des Kaisers neuen Kleidern, durchaus zutreffend, über die DDR gesagt wird. Aber im vorliegenden Fall war die Bundesrepublik gemeint. Man kann es ein gesamtdeutsches Credo nennen, das diesseits der Elbe von einer Minderheit angestimmt wird.“[45] Ei, ei, ei. Darüber wollen wir nicht nachdenken! Aber wir könnten natürlich einmal darüber nachdenken.

Reinhard Gehlen aus Erfurt ist der strahlende Held

Es ist zweifellos gespenstisch, wie Gehlen frohlockt: „In der Einstellung unserer amerikanischen Freunde zum weiteren Schicksal der »Organisation Gehlen« hatte sich ab Ende 1950 ein bemerkenswerter Wandel vollzogen. Sie hatten, vor allem Mr. M., aber auch die beiden Chefs der CIA, zuerst General Walter Bedell Smith, dann Allen Dulles (ab Januar 1953), erkannt, dass sich meine Konzeption von 1945 realisieren würde, zu der sich als erster General Sibert im *Gentlemen's Agreement* bekannt hatte. Sie zogen daraus den Schluss, die Überführung der Organisation in die Hände der Bundesregierung mit allen Kräften zu unterstützen." Darüber hinaus erklärt er bereitwillig, wenn auch zu spät, dass amerikanische Beauftragte im Lauf der Jahre Gespräche mit dem Bundeskanzleramt über technische Fragen der Überführung geführt hätten und auf den verschiedensten Wegen auch die anderen Alliierten dazu bewogen, ebenfalls eine zustimmende Haltung einzunehmen. Sie taten dies, befindet Gehlen, „in der selbstverständlichen Erwartung, dass die enge Zusammenarbeit des Dienstes mit ihnen und den anderen Alliierten auch in Zukunft bestehen bleiben würde". Die CIA sei auch davon überzeugt gewesen, dass sich die positive Haltung in der künftigen politischen Partnerschaft der Bundesrepublik mit den Westalliierten bezahlt machen würde. „Diese Rechnung ging selbstverständlich auf; die vertrauensvolle kameradschaftliche Partnerschaft trug für alle Teile reiche Frucht." Na ja, für alle Teile nicht. Die guten Seelen aus den USA werden noch nicht einmal stutzig, als sie Anfang der 1950er Jahre bemerken, dass der neue Freund Reinhard Gehlen den Stäben seiner sogenannten Org. „keine besondere Aufmerksamkeit" widmet und ein größeres Interesse an dem entwickelt, was jetzt in Bonn geschieht, als an den Einzelheiten der Operationen.[46] Meinen Sie, dass es in Bonn auf offene Ohren stoßen wird, wenn der DDR-Ministerpräsident Otto Grotewohl am 30. November 1950 der Bundesregierung vorschlägt, einen „Gesamtdeutschen Konstituierenden Rat" zu bilden, der gesamtdeutsche freie Wahlen für eine Nationalversammlung und den Abschluss eines Friedensvertrages plus eine Regierungsbildung vorbereiten soll?[47]

1 Latsch, Gunther (2006), Lieber tot als Soldat.
In: Spiegel special Nr. 1/2006, S. 135

2 Sagt der Militärhistoriker Hans-Erich Volkmann laut diesem Artikel auf S. 135.

3 Schmidt (1987), S. 331

4 Haffner (1997), S. 200 f.

5 Wolf (2003), S. 52f.

6 Sudoplatow (2013), S. 254

7 Die Aussage geht auf Unterhaltungen des Autoren mit Paul Wandel nach dem Mauerfall zurück. Herrn Paul Wandel habe ich in den 1990er Jahren persönlich kennengelernt und wir haben uns neben den Entwicklungen in Deutschland auch über die Sowjetunion und Korea unterhalten.

8 Ebd.
Critchfield (2005), S. 237

9 Strauß (1989), S. 389 f.

10 Encyclopaedia Britannica (2022), Joseph McCarthy [online]. Verfügbar unter https://www.britannica.com/biography/Joseph-McCarthy [17.02.2022]

11 Critchfield (2005), S. 173

12 Strauß (1989), S. 258

13 Harpprecht (1998), S. 431

14 Kissinger (1981), S. 90

15 Das habe ich vor 2008 noch auf dieser Seite der Deutschen Bischofskonferenz gefunden: http://dbk.de/dbk/in_dbk101.html – Nu isses wech und unauffindbar.

16 Honecker (1994), S. 50 f.

17 Haffner (1982), S. 115

18 Ebd.

19 Bund der Vertriebenen (2022), Die Charta der deutschen Heimatvertriebenen [online]. Verfügbar unter https://www.bund-der-vertriebenen.de/charta [19.02.2022]

20 Böhme & Wirtgen (1993), S. 56 und 73
Artikel: (Der SPD-Bundestagsabgeordnete Johannes) Rau weist Vorwurf der Kumpanei zurück. In: Frankfurter Allgemeine Zeitung vom 05.02.1994, S. 4

21 Hirche (1964), S. 100
NKWD hieß von 1934 bis '46 das Volkskommissariat für Innere Angelegenheiten also das Innenministerium der Sowjetunion.

22 Hirche (1964), S. 204

23 Ebd., S. 208

24 Hirche (1964), S. 208

25 Kuczynski (1969), S. 99

26 Ebd., S. 98

27 Ebd.

28 Gaus (1986), S. 165

29 DFR (2022), BVerfGE 39, 334 - Extremistenbeschluss, S. 10 von 15 [online]. Verfügbar unter https://www.legislationline.org/download/id/3266/file/Federal%20Constitutional%20Court,%20decision%20of%2022%20May%201975%20on%20extremists%20German.pdf [20.02.2022]

30 Europäische Union. Geschichte [online]. Verfügbar unter https://european-union.europa.eu/principles-countries-history/history-eu/1945-59/schuman-declaration-may-1950_de [13.02.2022]

31 Vierteljahresbericht des amerikanischen Hochkommissars für Deutschland, McCloy, 1. Oktober bis 31. Dezember 1950. In: Kuczynski (1969), S. 99

32 Wiegrefe, Klaus (2006), Aufstieg nach dem Untergang. Blühende Landschaften. Spiegel special 1/2006, S. 15

33 Schmidt-Eenboom (2004), S. 147f.
Schmidt (1987), S. 13

34 Critchfield (2005), S. 171f.

35 Ebd., S. 172

36 Ebd.

37 Diekmann & Reuth (1996) 119f.

38 Schmidt-Eenboom (2004), S. 251

39 Gebauer (1999), S. 118

40 Jürgs (1996), S. 67f.

41 Haffner (1997), S. 167f.

42 Ebd.

43 Gaus (1967), S. 70f.

44 Ebd.

45 Ebd.

46 Critchfield (2005), S. 131

47 Felfe (1989), S. 156 und 225

Erinnerungspolitik in Ost und West

Im Osten sind die Leute kaum davon begeistert, dass sich Kommunisten jetzt als die größten Kämpfer gegen die Diktatur aufspielen, und so geht es längst nicht bloß bürgerlichen Kreisen, die von einem Sozialismus in die nächste Mühle der Diktatur von Wirtschaftsamateuren hineingeworfen wurden. Es waren doch am Ende die bewaffneten Straßenkämpfe der einen mit den anderen Anti-Demokraten, die zur Alleinherrschaft der Nazis geführt hatten. Außerdem weiß niemand besser als die Kommunisten, dass Moskau die Parole ausgegeben hat, nach der die guten Kommunisten nicht mit den „Sozialfaschisten" von der SPD koalieren durften. Gemeinsam hätten sie die Nationalsozialisten locker ausgestochen: Sie hätten zusammengerechnet über 37 Prozent auf die Waage gebracht, aber die Nazis lediglich 33 Prozent. Und seit 1945 hat sich zur Genüge gezeigt, dass man die Kommunisten richtig eingeschätzt hatte. Die *konsequentesten Kämpfer* gegen die autoritär tickenden Nationalsozialisten sind von ihrer Denkstruktur her selbst ebenfalls nicht auf Demokratie ausgelegt.

Was viele Leute mindestens genauso abstößt, ist der unnachvollziehbar vornehme Umgang mit den ollen Nazis im Westen. Es überdeckt die Kritik an den real existierenden Problemen in der sozialistischen Republik in Mitteldeutschland, dass die Leute natürlich auch wahrnehmen, dass vielen Nazis im Westen jetzt nicht endlich der Prozess gemacht wird. Es ist fast zu befürchten, dass man sich da zu lange zu viel von den Möchtegernen in Ost-Berlin gefallen lässt, da diese doch immerhin die alten braunen Kameraden zur Verantwortung ziehen. An diesem Punkt deckt sich die Kritik auch in Ost und West. Hier ist wieder zu sehen: Wir sind *ein* Volk. Überall teilen Leute diese Kritik, denn immerhin war die Hälfte der Leute zwölf Jahre lang nicht dazu zu bewegen gewesen, in irgendeinen von den Nazi-Klubs einzutreten. Wer sich fragt, wie die Ablehnung dieses Regimes damals tatsächlich aussah, kann zu den Nichtnazis noch jene dazurechnen, die irgendwo reingegangen waren, weil sie ihre Berufe weiter ausüben wollten, und kann eben auch diejenigen noch hinzurechnen, die anfangs von Adolf Hitler und seinen Sprüchen überzeugt waren und sich durch die persönlichen Erlebnisse später wieder von ihm abgewendet haben. So ist die Kritik an der laschen Strafverfolgung gegen die Verantwortlichen überall in Deutschland groß und mündet gar einige Tausend Male in die Übersiedelung aus dem Westen in den Osten. Die Dimension der Wanderungsbewegung in diese Richtung ist nicht mit der Bewegung in Richtung Westen vergleichbar, weil es, wie erwähnt, im Osten aus verschiedenen Gründen beim Lebensstandard nicht vorwärtsgeht.

Doch jetzt wird es unübersichtlich. In der sowjetischen Zone hatte es natürlich auch genug Wendehälse gegeben, die nach dem Krieg nicht mehr braun, sondern plötzlich rot waren, in manch einem Falle auch zurückgekehrt waren zu ihrer Ausrichtung vor 1933. Es führt durchaus zu starken Irritationen, dass mehr als einer dieser Männer auch in der DDR eine neue Karriere starten kann. Im Endeffekt besteht ja die Geschichte immer aus Geschichten, von denen nicht jede hübsch zum erstrebten Geschichtsbild passt. In der Bundesrepublik ist es in der neuen Hauptstadt Bonn noch wesentlich vertrackter. Dort ist der Vorhang für das Theater der Sternchen* aufgegangen. Wie es bereits vor dem versuchten Staatsstreich vom Juli 1944 vorgesehen war, hat sich nun eine ganze Palette von Akteuren aus dem ehemaligen Untergrund in der politischen Landschaft von Links über die Mitte bis hin zum konservativen Spektrum verteilt und wirbt um die Gunst in der Öffentlichkeit. Dass dahinter ein abgesprochenes System steckt, wird man spätestens bei einer Wahl bemerken, die einmal nicht Adenauer und seine CDU an die Spitze einer Regierung bringt. Die potenziellen Wählerinnen und Wähler müssen bei ihrer Einschätzung der neuen Politprominenz selbstredend nach den vorgetragenen Absichten der Kandidaten urteilen, genau wie ausländische Beobachter. Es *müssen* Ewiggestrige sein, die einen Anspruch auf die Wiederherstellung des Reiches in den Grenzen von 1937 oder ganz und gar von '14 fordern.

Von Adenauer stammt der Spruch, dass die drei westlichen Alliierten daran interessiert sein könnten, Deutschland „etwa in den Grenzen des Reiches Karls des Großen wiederherzustellen“. Nein, das ist kein Scherz, das ist Bonn in den 1950er Jahren.[1] Ohne Frage möchte er so den geografischen Kern seines vereinten West-Europas abstecken – aber manch einer hört auch bloß *das Reich wiederherstellen* und kriegt gleich Panikattacken, besonders im Ausland. Die verlassenen deutschen Ostprovinzen gehörten auf jeden Fall nicht zu Karls Reich. Kein Mensch im Inland oder im Ausland könnte Carl Friedrich Goerdelers Traumtänzerei mit den alten Grenzen ernst nehmen, würde man einfach so sagen, welche Rolle die einzelnen Mitarbeiter des neuen Kanzlers zu Hitlers Zeiten gespielt haben. Also hüllt man sich in Schweigen. Bloß keine Spekulationen über Antifas in Bonn ins Kraut schießen lassen.

Ein anderes Beispiel für die unmöglichsten Sprüche des Jahres liefert das aufstrebende Polittalent Franz Josef Strauß. Auf die Frage, ob er sich nur so hervortut, weil er vielleicht einmal Bundeskanzler werden will, antwortet der 36-Jährige, er wolle gar nicht erst Bundeskanzler, sondern gleich Reichskanzler werden.[2] Es ist bedauerlich, dass viele Leute im Inland wie auch im Ausland über jedes Stöckchen springen.

Die Erinnerungspolitik im Westen Deutschlands führt auch auf anderen Wegen zum Heruntermanipulieren des Ausmaßes an Widerstand gegen die Diktatur der Nazis. Wenn die Schiene durchgezogen wird, bleibt am Ende noch Sophie Scholl als Heldin übrig. Da fragt sich nur, wer weshalb in Gefängnissen und Lagern gesessen hat. Günter Gaus kann hier glaubhaft aus der Redaktion des Spiegels Auskunft geben: „Der in der Bundesrepublik mehrheitlich anerkannte Widerstand gegen die nationalsozialistischen Bürokraten, Handlanger und Mitläufer in allen Schichten der Gesellschaft, war bald nach der Staatsgründung im Jahre 1949 auf die Opposition in Stabsquartieren, auf Rittergütern und in großbürgerlichen Herrenzimmern eingegrenzt worden. So wurde der befremdliche Vorgang von Verweigerung, von Unangepasstheit für die – tonangebende, breit gewordene, in manchen Formen neuartige, in den Machtstrukturen und Abhängigkeiten jedoch weithin restaurierte – Mittelstandsgesellschaft in Kreise versetzt, zu denen man aufblicken konnte, ohne sich im Verhalten und Benehmen mit ihnen vergleichen zu müssen. Ein Widerstand – nicht tatsächlich, aber in der öffentlichen Vorstellung, wie auf dem satinierten Papier der »Eleganten Welt«. Des Widerstands aus der Wohnküche, in Arbeitervierteln der Großstädte, der sich in aller Ohnmacht früher regte als der auf den Landsitzen und in Generalkommandos, wurde nach dem Kriege fast immer nur in betroffenen Zirkeln gedacht, wenig oder gar nicht von Staats wegen."[3] Lernt man beim Spiegel, so verquirlt zu schreiben, oder schreibt man so und wird aus dem Grund beim Spiegel eingestellt? Logischerweise erklärt Gaus nicht, warum der Widerstand so vieler Menschen aller Schichten heruntergeschrieben und kleingeredet wird und wieso Adenauers Minister und der Geheimdienstchef *in spe* in ein anrüchiges braunes Schummerlicht gerückt werden. Er wird den Grund kennen. Zu dieser seltsamen Erinnerungspolitik gehört auch, dass selbst im Jahre '51 noch keine Gedenkveranstaltungen für die Helden der Staatsstreichversuche von 1938, 1939 und dann wieder 1943 und '44 geboten werden. In der Quintessenz bleibt übrig, dass man eine Schieflage in der Wahrnehmung erzeugt, indem man den Widerstand im Dritten Reich herunterspielt, bis zu dem Punkt, an dem Persönlichkeiten des öffentlichen Lebens irreführend in einer dunkelbraunen Ecke stehen gelassen werden. Sonst würde man sich im Inland wie im Ausland ganz einfach nur scheckig lachen, wenn ein führender Bundespolitiker davon spricht, das Reich Karls des Großen wiedererrichten zu wollen.

Hans Maria Globke: Top secret – For eyes only

In Ost-Berlin beginnen sie frühzeitig, alle Beamten zu Bonn aufzulisten, die dem NS-Regime bis zum Ende gedient hatten. Das fällt auch nicht so schwer, denn es sind viele. Im Bonner Auswärtigen Amt ist zum Beispiel unter Konrad Adenauer der prozentuale Anteil einstiger Mitglieder der NSDAP Höher Als Zur Besten Zeit Des Führers. Rührt Euch. Setzen. Auf große Entfernung ergibt das ja wohl ein schräges Bild. Jetzt wäre es gut zu wissen, wer zu welchem Zeitpunkt in den Jahren der Diktatur in den Fanklub des Föhrers eintrat und was seine Gründe waren. Das fängt mit dem am lautesten gescholtenen Mann schon an: Hans Maria Globke. Bei Männern wie ihm kann man das Empörungsmanagement in den Medien des westlichen Teils Deutschlands gut schulen, zumal längst nicht jeder neue Medienvertreter weiß, wer die älteren Herrschaften im Einzelnen waren, die jetzt unter den Beamten in Bonn sind. Etwa ein Jahr nach der Gründung der Bundesrepublik taucht erstmals die Frage auf, was eigentlich Hans Globke im Bundeskanzleramt zu suchen hat, der doch damals etwas mit den Rassegesetzen von 1935 zu tun hatte. Das wurde doch erst die Grundlage für die menschlich, beruflich und finanziell erdrückenden Schikanen gegen die Juden. Es sagt viel aus über das von Nazismus und Krieg bediente Land, wenn die Beschäftigung eines jeglichen Vertreters der Verwaltung von damals zu einem Sturm der Entrüstung führt.

Einen Teufel werden die *insider* tun und das oberste Staatsgeheimnis in der abgespalteten westdeutschen Republik ausplaudern. Keiner wird in zehn oder fünfzehn Jahren verraten, wer im abgeschirmten Regierungsviertel zu Bonn die Fäden zieht. Sie werden gerade noch ihre Namen zu hören bekommen, aber kein Wort über das Dutzend Jahre unter Hitler. Falls es Sie Generationen später ernstlich noch interessiert, wer diejenigen waren, die Deutschland zerlegten und längst das Zeitliche segneten, warten Sie auf ein verspätetes Buch des Meisters der Indiskretion Franz Josef Strauß: „Konrad Adenauer, ein Gegner der Nationalsozialisten und von diesen verfolgt, zeigte sich von den Angriffen auf Globke wegen dessen Vergangenheit wenig beeindruckt. Globke hatte den Kommentar zu den Nürnberger Gesetzen von 1935 in der Absicht geschrieben, sie rechtlich einzugrenzen, aber in den fünfziger Jahren hatte niemand den Mut, dies in der deutschen Öffentlichkeit klar auszusprechen.“[4]

Der Grund ist sicher nicht an dem Ende zu suchen, dass es Adenauer an Mut fehlen würde. Als schüchternes Mäuschen ist der Alte aus Rhöndorf wirklich nicht bekannt. „Trotz aller Angriffe blieb Globke bis zum Ende, er ging erst, als Adenauer ging. Der Bundeskanzler wollte auf die Dienste seines Getreuen nicht verzichten. Globke leistete vorzügliche Arbeit auch auf schwierigsten Gebieten.“ Der Kreis schließt sich, wenn Franz Strauß hinzufügt: „Nicht zuletzt war er, was damals besonders wichtig war, der Verbindungsmann zu den Nachrichtendiensten und hatte ein besonders inniges Verhältnis zu Reinhard Gehlen.“ Der Speerspitze gegen Hitler – und auch das werden sie weder in zwanzig noch in vierzig Jahren sagen. Historikern, die von Tuten und Blasen keine Ahnung haben, wird es aber auch schwer gemacht, in der Personalie Gehlen zu recherchieren. Er hat alle Unterlagen über sein Hitler- und regimekritisches Vorleben aus den öffentlichen Archiven tilgen lassen.[5] Das ist das Gleiche in grün wie zum Beispiel bei Herrn Minister Fritz Schäffer, dessen Biografie bis 1933 geht und ohne 12 Jahre im Konzentrationslager Dachau 1945 wieder einsetzt.

Der Kanzler steht jetzt vor einer ernsten Herausforderung: Er muss den guten Mann aus dem Kreuzfeuer der Kritik holen, ohne ihn als Antifa zu enttarnen, damit die *show* der „schlechten“ Deutschen nicht unglaubhaft wird. Sonst kann er gleich hinausposaunen, was es mit anderen auf sich hatte. Um in dieser heiklen Geschichte die Medien mit ins Boot zu holen, bestellt Adenauer kurzerhand die Chefredakteure der wichtigsten großen Zeitungen ins Bundesdorf Bonn und lässt Dokumente kursieren, die den infrage stehenden Berater in ein gänzlich unerwartet helles Licht stellen. Die Journalisten trauen ihren Augen nicht – Globke besitzt einen ganzen Aktenordner mit *Persilscheinen* erster Klasse, ausgestellt von Personen, die über jeden moralischen Zweifel erhaben sind.

Der Berliner Bischof Graf Preysing bestätigt, dass Hans Maria Globke in den 1930er Jahren dem Klerus Pläne der Nazis durchgestochen hat, die Ehen zwischen Christen und Juden zwangsweise scheiden zu lassen. Die Bischöfe konnten dadurch rechtzeitig intervenieren. Erinnern Sie sich an die tagelange Demonstration der Deutschen in der Rosenstraße in Berlin 1943, die so die Deportation ihrer Ehepartner nach Auschwitz verhindert haben? Die gesetzliche Grundlage dafür hatte Hans Maria Globke gelegt. „Eine Zeit hindurch", erklärt Bischof Preysing in seinem Entlastungsgutachten, „mussten wir Herrn Dr. Globke fast täglich in Anspruch nehmen. Stets stand er uns in opferbereiter Weise zur Verfügung."[6]

Otto Lenz, der Vorgänger von Hans Globke im Amte des Staatssekretärs, bezeugt den handverlesenen Journalisten im Zimmer: „Als ich nach dem 20. Juli im Gefängnis saß, erklärte sich Globke auf meine Kassiberbitte bereit, mir einen gestempelten Bogen des Reichssicherheitshauptamtes hereinzuschmuggeln, auf dem ich dann mithilfe eines SS-Führers meine Entlassung verfügen wollte. Hans Globke hat im Dritten Reich mehr als einmal Kopf und Kragen riskiert."[7] Ruhmestaten wie diese würden in der Deutschen Demokratischen Republik an die ganz große Glocke gehängt. Das würden die Kinder schon in der Schule vom Montag bis zum Sonnabend um die Ohren bekommen, bis sie es nicht mehr hören können.

Der einflussreiche Tübinger Staatsrechtler Theodor Eschenburg erklärt, dass er der Trauzeuge einer Eheschließung zwischen einem sogenannten *Arier* und einer Frau war, die unter der Rubrik *Halbjüdin* lief, und dass die Ehe nur durch Hans Globkes Hilfe zustande gekommen sei. Der Prof. aus Tübingen betont: „Er hat sehr mutig und sehr vielen geholfen."[8] Was sich in der *black box Germany* in der Zeit der Diktatur in welchem Kopf und in welchem Raum abgespielt hat, werden weder die Alliierten noch die Kinder herausbekommen können, wenn man es ihnen nicht auf ihre Nasen bindet. Die können alles essen, müssen aber nicht alles wissen. Es ist nur zu befürchten, dass aus den unaufgeklärten Nachgeborenen einst unangenehme Besserwessis werden.

Die Chefin des Bundespresseamtes Ruth Müller erklärt: „Dr. Globke hat meinen jüdischen Vater aus dem Arbeitslager Leuna geholt." Fällt Ihnen *ein* Motiv ein, warum Ruth Müller das zu Protokoll geben sollte, wenn es nicht stimmen würde? Das überzeugendste Ehrenbezeugnis stammt von einem Mann, der inzwischen amerikanischer Staatsbürger geworden ist. Es handelt sich um Robert Kempner, einen der wichtigsten *Ankläger* bei den Nürnberger Prozessen. Er war dort das Gegenteil eines *Verteidigers*. Robert Kempner und Hans Globke sind alte Bekannte – sowie Kollegen. Der deutsche Jude Kempner war vor seiner Emigration im Preußischen Innenministerium Justiziar gewesen. Sein Büro war auf demselben Flur wie das von Globke. Beide kennen sich aus jener Zeit von Gesprächen in der Kantine. Dann begann die neue Zeit und nach der Eingliederung des preußischen Innenministeriums ins Reichsinnenministerium wurde ein großer Teil der Beamten, die nicht rechtzeitig in die NSDAP gingen, aus den Ämtern gedrängt und zumindest auf das berufliche Abstellgleis verschoben. Na, logisch sind viele Beamte in Bonn ehemalige Mitglieder der NSDAP. Doch Globke war nicht bereit in die letzte verbliebene Partei im Reich zu gehen und man entzog ihm wichtige Kompetenzen. Er grübelte, ob er besser in die freie Wirtschaft gehen sollte. Als Schwiegersohn eines erfolgreichen Fabrikanten wäre dies bei seinen Qualifikationen problemlos möglich gewesen. Aber Bischöfe der Katholischen Kirche, zu denen er schon in seiner Funktion im Preußischen Innenministerium den Kontakt pflegte, drängten ihn, im Amt zu bleiben. Ihnen sollte er fortan aus dem innenpolitischen Zentrum der braunen Machthaber berichten und, wenn möglich, etwas zugunsten der Gerechtigkeit und der Kirche beeinflussen. So wurde Hans Globke zu einem V-Mann des Episkopats.[9]

Als man die Nürnberger Rassegesetze verabschiedet hatte, konnte Otto Normalverbraucher bei den Deutschen nicht mehr viel dagegen machen. Hans Globke ist aber in der günstigen Situation gewesen, etwas machen zu können. Er hat Kommentare verfasst, die viele Menschen vor der absoluten Willkür gerettet hat. Robert Kempner hat Hans Globke als einen aufrichtigen Demokraten in Erinnerung und er war nach dem Krieg über die Agententätigkeit für die Katholische Kirche informiert. Kempner war auf der Suche nach Zeugen, die bei den Nürnberger Prozessen aus dem Zentrum der Macht berichten konnten, und stieß wiederum auf Globke, der Reichsinnenminister Frick schwer belastete. Zwei jüdische Anwälte in Kempners Stab durchsuchten Globkes Akten nach Unstimmigkeiten und Widersprüchen zu seinen Aussagen vor Gericht – ohne Erfolg.[10]

Wenn Historiker meinen, dass wohl kein Bundeskanzler nach Adenauer über eine derartige Machtfülle verfügen wird wie der erste Regierungschef und dass er die Minister „schurigelt wie Dezernenten",[11] dann kann man sicher davon ausgehen, dass er die Möglichkeit besitzt, Globke mit Schwung vor die Tür zu setzen und ihn einfach zur *persona non grata* zu machen, statt zum Chef des Kanzleramtes. Das ist einfach nur eine Frage des stringenten Denkens. Dafür muss man nicht mal Historiker sein.

Die Journalisten verlassen die Aufklärungsrunde des alten Mannes über seinen treuen Berater Globke und fallen in Tausendjähriges Schweigen, unabhängig davon, ob sie dazu verdonnert werden mussten oder augenzwinkernd begriffen haben. Die eine Hälfte der Deutschen kann selbstredend nicht verstehen, wieso die Kritik an Hans Maria Globkes Wirken im Dritten Reich in den Medien verstummt. Einer der Unbedarften dort draußen auf den Straßen Deutschlands heißt schon ziemlich lange Willy Brandt. Er liefert uns ein plastisches Beispiel dafür, wie ein unwissender, aber doch gutwilliger Beobachter der Szene in Bonn sich die rätselhaften Winkelzüge Adenauers erklären will: „Da spielt eine Rolle, was ich zeitweilig für eine der staatsmännischen Leistungen von Konrad Adenauer gehalten habe: mit Hilfe eines gewissen Opportunismus so etwas wie ein neues Staatsgefühl werden zu lassen. Adenauer, der mit den Nazis wirklich nichts im Sinn hatte, hat sich gesagt: Wir können nicht gut mit einer in sich geteilten Nation in dem einen westdeutschen Volk leben. Bedenken Sie, dass mindestens die Hälfte des Volkes mehr oder weniger in das Lager der Nazis gelaufen war." Am Rande: Das ist die nächste Schätzung, die von etwa der Hälfte spricht. Warum wollen die Medien unbedingt erklären, dass es mehr Nazis gab? Aber Brandt hat die Motive der Akteure in Bonn auch nicht verstanden: „Adenauer sagte sich wohl: Schaffen wir mal eine Generation Abstand. Sein Denken war: Über die kritische Zeit hinwegkommen, bis die Personen nicht mehr agieren, die den Nationalsozialismus als Staat getragen haben. So wurde es auch gemacht. Die, die bei den Nazis eine Rolle spielten, sind zum großen Teil in die Wirtschaft gegangen, die meisten der leitenden Beamten sind da geblieben, wo sie waren. Beim Militär hat man im Wesentlichen eine vernünftige Auswahl getroffen." Doch einen Kritikpunkt kann sich der Meister aus Lübeck bei aller Liebe nicht erklären: „In der Presse sind erstaunlich viele erstaunlich rasch wieder dagewesen und konnten jetzt ebenso gut schreiben wie zuvor, auch bei den überregionalen Zeitungen."[12] Es ist bedauerlich, und das vor allem für die von Walter Ulbrichts persönlicher Vorstellung von Sozialismus tagtäglich betroffenen Menschen, dass Politiker wie Brandt nicht verstehen, was in Bonn gegeben wird. In der Bundesrepublik sind sowohl jene wichtig, die wissen, was gehauen und gestochen ist, als auch diejenigen, die an den Schwindel in Bonn glauben. Wenn sich dort einer der Autoren die Finger blutig schreibt im guten Glauben, dass man bald das Deutsche Reich von der Maas bis an die Memel wiederherstellt, wird die Kulisse für den Mummenschanz der Antifas bloß überzeugender.

Selbst wenn Staatssekretär Globke seinem Kanzler weiter beistehen darf, ist ein Nutzeffekt gewiss für die Zeit, wenn er in die ewigen Jagdgründe gegangen ist. Über die Pseudo-Kritik an Globke kann man ab und zu ins Gespräch bringen, dass es in grauer Vorzeit – also zehn Jahre zuvor – in unserem Lande einmal Rassegesetze gegeben hatte, die eine Sünde und eine Schande waren. Dann müssen sie bloß noch aufpassen, dass daraus nicht der 24/7-Antifaschismus wie in der DDR wird, der obendrein auch noch für die aktuelle Politik missbraucht wird. Nicht dass sie später mit ihrem deutschen Heer so weit draußen in der Welt Leute umbringen, wie Hitler beim schönsten Wetter nicht kam. Überhaupt besteht die Gefahr, dass die Nachfolger der Sternchen anfangen, jegliche kritische Äußerung über ihr politisches Vorgehen mit dem Aufkleber „Nazi" abzubürsten.

Eine breit gefächerte Medienlandschaft

In dem halben Jahrzehnt seit dem Kriegsende haben die Alliierten ganz langsam und vorsichtig Presselizenzen im Westen verteilt. Da alles super entnazifiziert werden soll, verließen sie sich auf den Leumund der Leute, die sie gewissermaßen als *clean* eingestuft haben. Dies öffnet den neuen Chefs Tür und Tor. Die Chefredakteure brauchen bei sich bloß Kollegen einzustellen, die ein bestimmtes Publikum ansprechen. Es ist noch nicht einmal nötig, dass jeder neue Kollege und jede neue Kollegin auch selbst wissen muss, worum es strategisch in Deutschland geht. Sie sollen ganz einfach nur in eine gewisse Richtung argumentieren, links, Mitte, rechts, bloß schreiben oder reden. Wichtig ist nur, dass in der Redaktion wenige kluge Köpfe wissen, in welche Richtung das Schiff gelenkt wird über die Jahre und Jahrzehnte.

Im Rückblick wird die Historikerin Christina von Hodenberg später das abgekartete Spiel der westdeutschen Medien im Spektrum von links bis rechts als den *Konsensjournalismus* bezeichnen. Wie meint sie das? „Es galt, die grobe Linie der Regierungspolitik zu befürworten, politische Berichterstattung am Publikum der Gebildeten auszurichten, nationalistische und antikommunistische Töne zu tolerieren und das heikle Thema der NS-Verbrechen wenn irgend möglich zu umgehen.“[13]

Dann ist es ja kein Wunder, dass nationalistische und selbstverständlich auch antikommunistische Töne im Spektrum zwischen der SPD und der CSU zum Repertoire gehören. Wenn die Massenmedien jedoch die grobe Linie der Regierungspolitik befürworten, kann man wohl nicht mehr von einer Verschwörungstheorie sprechen. Dann ist das die eingespielte und täglich geübte Verschwörerpraxis. Oder finden Sie ein anderes Wort?

Apropos Praxis: Dass es sich in Unserer DDR um eine Verschwörung der Granden aus der KPD handelt, die sich schon recht trickreich gegen eine Deutschland-Politik à la Stalin stemmen und schließlich so ziemlich das gesamte politische Spektrum über einen Kamm scheren, werden ja nicht irrsinnig viele bezweifeln. Hört man auf der anderen Seite, was der westdeutsche Publizist Manfred Bissinger berichtet, stellen sich ganz andere Fragen: „In den fünfziger und sechziger Jahren gehörte es zur Ehre eines jeden Chefredakteurs, von dem legendären Reinhard Gehlen empfangen worden zu sein. Ich erinnere mich gut, wie einer der Stern-Chefs immer wieder voll Freude von einer solchen Begegnung berichtete: Wie er in einem Auto mit Gardinen, von einem Mann mit Decknamen gesteuert, am Flughafen abgeholt wurde, wie der Adjutant salutierte, wie er die Stufen heraufgeführt wurde und wie er schließlich in der großen Eingangshalle Patschhändchen geben durfte. Bei Gehlen eingeladen, das war so etwas wie ein Adelsprädikat im Nachkriegsjournalismus."[14] Das muss komisch sein, wenn man in der Bundesrepublik lebt und hat auf einmal das Getue wie in der DDR *live* und in Farbe. Ich hätte gern einmal Gespensterbahn und zurück für Samstagnachmittag bitte.

Energisch dementiert Manfred Bissinger, dass diese schon einigermaßen plastische Beschreibung vom Gründer des Magazins *stern* Henri Nannen stammt. Aber ob nun vielleicht Nannen oder eben auch nicht Nannen – mit oder ohne Patschhändchen, reduziert auf den Kern bestätigt der gute Mann aus der Redaktionsstube, dass Reinhard Gehlens Vertrauensleute und die *unabhängigen* Massenmedien über Vertrauensjournalisten miteinander und mit dem Geheimdienstchef Kontakt halten.[15]

Das ist sehr gut für die Informationspolitik der unabhängigen Regierung im Städtchen Bonn am Rhein. Der Unterschied zum Osten ist eigentlich relativ einfach und schnell erklärt: Wenn man sich in den Medien gegensätzliche Meinungen um die Ohren haut, hat man im Publikum stets den Eindruck, dass man doch alles sagen und alles kritisieren kann. Damit ist schon einmal der größte Druck aus dem Dampfkessel genommen. Wenn sie im Osten hingegen immer nur in eine Richtung marschieren und den Leuten noch nicht einmal erlauben offensichtliche Fehlentwicklungen zu kritisieren, dann hat man sehr schnell wieder die Schweigespirale wie im

Regime zuvor. Den einen passt es und die anderen können versuchen, in diese oder jene Richtung zu flüchten. Mir geht es bloß nicht in den Kopf, dass die Schlauberger im Westen im vollen Ernst glauben, dass das nicht über kurz oder lang zu einem Aufstand führt. Hauptsache, sie halten uns später nicht vor, was wir im Osten für ein Unrechtsregime hätten.

Dann ist es ja gar nicht schwer zu erklären, warum in den Zeitungen viel steht, bestimmte Thesen aber unumstößlich sind und anschließend auch überall verkündet werden, während andere nicht in Erscheinung treten. Wo könnte das Problem liegen, wenn da mittels eines Netzes stiller Post durchgegeben wird, was in den nächsten Wochen und Monaten die neue Linie ist? Es ist gut, wenn Bissinger sagen kann, dass allen, die die Liste der Listen zu sehen bekommen, „die Augen überlaufen". Darauf seien so gut wie alle Herrschaften verzeichnet, die im bürgerlichen Journalismus Rang und Namen haben.[16]

Die Liste der Listen

Der Neid muss es den Hitler-Gegnern lassen: Zu ihrem Netzwerk gehört längst *nicht nur* die Elite des Journalismus. Allerdings fliegt dieses Ding erst in der fernen Zukunft auf, wenn der Querschläger Willy Brandt vom Wahlvolk an die Macht gebracht wird. Deshalb müssen wir jetzt mit den Funktionsträgern späterer Jahre vorlieb nehmen. Aber es geht auch bloß darum, hier schon einmal abzustecken, wie die Bundesrepublik nach der Geburt dieses kleineren Deutschlands unter der Oberfläche funktioniert. Schauen wir uns also einige Namen von Menschen an, die durch Verbindungsleute konspirativ miteinander verbunden sind, um noch besser zu verstehen, wer die Welt im Innersten zusammenhält, zumindest im Land zwischen der Nordsee und den Alpen. Auf dieser Liste sind nicht nur die Sternchen aus den ersten Bänden meiner Serie versammelt. Andererseits fehlen auch viele Namen, weil sie von denjenigen, die einen Blick auf die Liste werfen konnten, nur aus dem Gedächtnis aufgeschrieben wird.

Da finden sich zum Beispiel folgende Positionen:
* der Politikwissenschaftler Wolfgang Abendroth
* der Bundeskanzler Konrad Adenauer
* der Wirtschaftstheoretiker des DGB Victor Agartz
* der Regierungssprecher und SPD-Abgeordnete Conrad Ahlers
* der „Kronjurist" der SPD Adolf Arndt
* der KPD-Vorsitzende Kurt Bachmann
* der CDU-Abgeordnete Fritz Baier
* der Sprecher des SPD-Vorstandes und Intendant des SFB Franz Barsig
* der Bundestagspräsident aus der CDU Rainer Barzel
* der SPD-Abgeordnete und Sprecher der Kriegsopfer Helmut Bazille
* der SPD-Abgeordnete Arno Behrisch
* der Aufsichtsratsvorsitzende bei Krupp Berthold Beitz
* der Präsident des Bundesverfassungsgerichts Ernst Benda
* Querschläger wie Willy Brandt werden gleich mit observiert
* der Staatssekretär des Auswärtigen Amtes Sigismund von Braun
* die Publizistin Margarethe Buber-Neumann
* der Verleger des *unabhängigen* Blattes Die Zeit Gerd Bucerius
* der Vorsitzende des Deutschen Journalistenverbandes Helmut Cron
* die Chefredakteurin des Blattes Die Zeit Marion Gräfin Dönhoff
* der Wirtschaftsminister und spätere Kanzler Ludwig Erhard, kein Wunder, da seine Empfehlung von Carl F. Goerdeler stammt.
* der SPD-Vorsitzende Fritz Erler
* der Bundestagspräsident Eugen Gerstenmaier aus der CDU oder besser gesagt aus dem Kreisauer Kreis
* der Staatssekretär Hans Maria Globke
* der Wehrbeauftragte des Bundestages Helmut Grolmann aus der SPD
* der Generalbundesanwalt Max Güde
* der Verteidigungsminister Kai-Uwe von Hassel
* natürlich Gustav Heinemann, der schon bei zwei größeren Parteien mitgemischt hat und später den Bundespräsidenten für die dritte gibt.
* der Generalinspekteur der Bundeswehr Adolf Heusinger
* der Wehrbeauftragte Helmut Heye

* der Kanzlerberater bei Ludwig Erhard: Karl Hohmann;
er ist witzigerweise selbst zuständig für den BND,
der eine Personalakte über den braven Mann führt.
* der CDU-Abgeordnete Hans-Edgar Jahn
* der Bundeskanzler Kurt Georg Kiesinger
* der persönliche Referent Adenauers Hans Kilb
* der Mitbegründer der Ost-CDU Ernst Lemmer
* der Bundespräsident Heinrich Lübke
* der CDU-Außenpolitiker Ernst Majonica
* der Vorsitzende der FDP Erich Mende;
vermutlich ist jedes Mitglied in der FDP freier als ihr Chef.
* der Bundesvertriebenenminister Theodor Oberländer,
vermutlich als braune Tarnung für die anderen Minister Adenauers.
* der SPD-Vorsitzende Erich Ollenhauer
* der Haushaltsexperte der SPD Heinrich Ritzel
* der SPD-Abgeordnete Philip Rosenthal
* der Bundesverfassungsrichter Fabian von Schlabrendorff
* der Bundestagsvizepräsident Carlo Schmid aus der SPD
* der Minister für innen und außen Gerhard Schröder aus der CDU
* der CDU-Bundesverkehrsminister Hans-Christoph Seebohm
* der Chefredakteur des *unabhängigen Blattes Die Zeit* Theo Sommer
* der Generalinspekteur der Bundeswehr Hans Speidel,
ja genau dieser Speidel, der bei mir so oft plaudern darf.
* der Bundesfinanzminister Gerhard Stoltenberg aus der CDU
* der Atomminister und Verteidigungsminister und Finanzminister und
CSU-Vorsitzende und bayerische Ministerpräsident Franz Josef Strauß
* der Generalinspekteur der Bundeswehr Heinz Trettner
* der Staatssekretär Friedrich-Karl Vialon
* der Bundesminister Hans-Jochen Vogel aus der SPD
* der Vorsitzende des Bundestagsausschusses für gesamtdeutsche
und Berliner Fragen Herbert Wehner aus der SPD
* der Erste Bürgermeister in Hamburg Herbert Weichmann aus der SPD
* der Kanzleramtschef unter Ludwig Erhard, Ludger Westrick

* der Staatssekretär im Gesamtdeutschen und dann im Verteidigungsministerium Günter Wetzel
* der Bundesminister und SPD Bundesgeschäftsführer, später auch der Staatsminister Hans-Jürgen Wischnewski
* der Bundesinnenminister aus der CSU Friedrich Zimmermann
* der Vertriebenenfunktionär Siegfried Zoglmann (FDP, dann CSU)[17]

Auf keinen Fall will ich Sie mit den Namen womöglich langweilen, doch ich möchte schon, dass Sie eine zarte Vorstellung davon bekommen, wie man sich in diesem Land nach etwas über zwölf Jahren mit Adolf Hitler Demokratie vorzustellen hat. Interessant ist allein schon, welche Felder damit abgedeckt werden. Inlandsaufklärung ist ja laut Grundgesetz nicht erlaubt, aber das hier geht. Bestimmt kennt nicht jeder Einzelne aus dem Netzwerk der Hitler-Gegner den knapp 50 Jahre alten Reinhard Gehlen persönlich. Hören wir also die Mittvierzigerin Marion Gräfin Dönhoff zu ihrer Wahrnehmung Gehlens. Immerhin hat sie in den dreißiger Jahren für kritisch eingestellte Menschen in Deutschland Kontakte ins Ausland ermöglicht und Mitteilungen an ausländische Diplomaten in der Schweiz weitergeleitet. Seit '46 ist sie eine freie Mitarbeiterin der Wochenzeitung Die Zeit. Sie charakterisiert Reinhard Gehlen als einen „Gentleman", den merkwürdig widersprüchliche Eigenschaften auszeichnen. Sie befindet, er müsse „mit allen Wassern gewaschen" sein. „Das ist bei diesem Beruf auch gar nicht anders denkbar; und er wirkt doch zuweilen ganz arglos, fast könnte man denken naiv." Ganz große Klasse. „Er kümmert sich bis ins Detail und mit großer Wärme um seine Untergebenen, auch um die letzte Sekretärin, und ist dabei doch ganz unsentimental, kühl und ohne politisches Engagement. Sein Beruf ist es aufzuklären und abzuwehren, und damit basta." Dieselbe Frau wundert sich für das Publikum, dass ein Mann wie Gehlen, dessen Metier es mit sich bringt, dass er den Osten als potenziellen Gegner betrachten muss, sich so freihält von antikommunistischen Komplexen.[18] Mit weiblichem Charme hat sie so säuselnd das doppelte Spiel Reinhard Gehlens angedeutet. Alle vier Alliierten würden ihm gemeinsam die Hosen stramm ziehen, wenn es ihnen klar würde.

Das Netzwerk derjenigen, die wissen, worum es geht

Es ist einfach nur schön, wenn sich zwei Menschen verstehen. In den angespannten Zeiten der Diktatur haben die Italiener, die Menschen in der Sowjetunion, im Deutschen Reich oder zum Beispiel in Spanien gelernt, sich auch wortlos zu verstehen. Erinnern Sie sich noch an die Worte von Frau Dönhoff? „Das war der Beginn einer Freundschaft, die mit der Feststellung begann, dass das moralisch-politische Koordinatensystem übereinstimmte, die dann jahrelang um Gleichgesinnte warb und sich durch Erarbeitung der Grundlagen für das nachhitlersche Deutschland festigte und die schließlich am Galgen in Plötzensee endete. Alle Freundschaften politisch engagierter Menschen fingen damals so an. Zu allererst wurde abgetastet, wes Geistes Kind der andere sei. So stark war das Bedürfnis, Gesinnungsfreunde zu finden, dass man mit der Zeit einen sechsten Sinn für diese Kunst entwickelte und natürlich auch für die Gefahren, die damit verbunden waren.“[19] Das erste Gegenbeispiel, das nicht in Plötzensee umkam, ist sie selbst. Die couragierte Frau hat die gefahrenbehaftete Art der Annäherung schön beschrieben: „Mir ist es häufig so ergangen, dass ich während eines kurzen Sachgesprächs in einer gleichgültigen Behörde plötzlich an irgendeinem Wort, manchmal nur einem Attribut erkannte: »Der da ist einer, den man brauchen könnte.« Oder dass ich bei einer beliebigen Versammlung plötzlich spürte, da drüben in der Ecke steht einer, der denkt wie du. Dieser Urinstinkt zur Solidarität gedeiht offenbar nur unter äußerstem Druck.“[20] Vielleicht erinnern Sie sich auch an Franz Josef Straußens Worte zu Erkennungszeichen: „Die Gleichgesinnten an der Universität erkannten sich bereits daran, dass sie *Grüß Gott* sagten statt *Heil Hitler*. *Grüß Gott* konnte nicht bestraft werden, ebenso wenig wie Guten Tag, wenn auch die Nazis beide Grußformeln missliebig aufnahmen.“[21] Wer *die* Zeit erlebt hat, der *ist* mit allen Wassern gewaschen.

Wie mancher Amerikaner die eineiigen Drillinge Heusinger, Speidel und Foertsch als symbiotische Einheit erlebt, so erlebt auch Heinz Felfe vom Gesamtdeutschen Ministerium diese *Demokratie neuen Typus* zu Bonn am schönen Rhein: „Das Dreigestirn Adenauer-Globke-Gehlen entschied außerhalb von Parteiinteressen und parlamentarischem Gehabe, was mit wem, wann und wo zu passieren hatte.“[22] Können Sie sich noch erinnern, wie Jakob Kaiser 1947 abserviert wurde? Franz Josef Strauß hatte das so beeindruckend plastisch wiedergegeben. Warten wir ab, welche anderen Hinweise wir auf eine Regierung bekommen, bei der wenige Beteiligte in höheren Rängen wissen, worum es geht, und die Methoden einsetzt, die für eine Demokratie landläufig tabu sind. Nehmen wir zum Beispiel die Verbindung der Akteure auf der Liste der Listen über Kuriere sowie ihre Überwachung durch Gehlens Leute: „Globke störte es nicht, dass er bei seinem ersten Besuch in der Zentrale der Organisation, Anfang der fünfziger Jahre, in der Kartei, die ihm gezeigt wurde, in dem Kasten »G« die Karte fand, die die Organisation über ihn angelegt hatte.“[23] Da ist jedoch durchaus ein mächtiger Unterschied zwischen Geheimdiensten im Osten und im Westen Deutschlands. Während man im Osten Wissenswertes zu den Arbeitern und Bauern archiviert, um ihnen im Bedarfsfall ordentlich den Marsch zu blasen, sichten sie im Westen konspirativ die Aktivitäten der Sternchen, damit die Geheimnisse in der Familie bleiben und gewiss auch, um sicherzustellen, dass kein Stern auf einmal aus der Reihe tanzt. Auf der anderen Seite ist es nicht übertrieben erstaunlich, dass Akteuren wie Hans Globke oder Herbert Wehner sonnenklar ist, dass sie und ihre Mitstreiter durch Gehlens Geheimdienst überwacht werden. Können Sie sich erinnern, dass Kurt Schumacher den Herrn Wehner in die erlesene Runde hineingeholt und 1951 kommentiert hat, für ihn halte er nicht nur die Hand, sondern seinen Kopf ins Feuer? Das hört sich nach einer noch eingebrannteren inneren Einstellung an als der *gefestigte Klassenstandpunkt* der Herrscher über die Arbeiter und Bauern im Osten und so eine Verschwörung muss logischerweise auch zünftig überwacht werden.[24]

Bei Hans Globke haben wir schon ein wenig länger verweilt, über Gustav Heinemanns Überwacher hatten wir schon ‘50 etwas gehört, jetzt sollten wir uns den früheren Kommunisten, der nun als Sozialdemokrat auftritt, Herbert Wehner noch genauer ansehen. Er, der Vorsitzende des Bundestagsausschusses für gesamtdeutsche und Berliner Fragen, hat einen ganz exponierten Posten im Zusammenhang mit unserem Thema inne. Unter den Kollegen im Bundesministerium für gesamtdeutsche Fragen ist auch Heinz Felfe. Das trifft sich gut, denn Felfe hat eigene Kanäle in Richtung Osten. Über ihn wird noch gesondert zu sprechen sein.[25]

Bleiben wir an dieser Stelle erst einmal bei Herbert Wehner. Er hat auch zu Bundeskanzler Adenauer enge und vertrauensvolle Beziehungen und zu weiteren wichtigen Funktionsträgern in Bonn. Seine Kontakte reichen keineswegs nur quer durch die bunte Parteienlandschaft im abgeschirmten Bonner Regierungsviertel. Wehner ist auch den obersten Rängen der Kirchen eng verbunden. Dabei unterscheidet er sich ganz wesentlich von Willy Brandt aus derselben SPD, der über sich selbst sagt: „Für die Fortsetzung von Kirchentagen mit anderen Mitteln hatte und habe ich nichts übrig."[26] Doch es sind die Männer der Kirche, die den gläubigen Bürgern in Westdeutschland Woche für Woche auf ihrem Weg von Deutschen zu Westdeutschen weiterhelfen, oder anders gesagt in die Kleinstaaterei der Zeiten vor Otto von Bismarck. Wir kommen später darauf zurück, welche praktischen Handgriffe sie über eigene Kuriere ausführen, um jetzt eine dauerhafte Teilung des Reiches von der Maas bis an die Memel in die Tat umzusetzen. Der Politologe Arnulf Baring kann über Brandts weltfremde Begriffsstutzigkeit einfach nur den Kopf schütteln. Er sieht, dass Wehner die tiefe Abneigung abgeht, die Willy Brandt gegen die Christlich Demokratische Union hegt. Immerhin kämpft Kurt Schumachers und Herbert Wehners SPD doch mit aller Inbrunst für die Wiederherstellung der Einheit der Deutschen in Ost und West. Aber schon hier hört Brandt leider nur das, was er selbst hören will. Schumacher und die anderen Granden der SPD im Westen schließen immer die Ostprovinzen bis Ostpreußen in die Gebete mit ein. Arnulf Baring wird den Menschen einst erzählen, der Unterschied sei darin begründet, dass Wehner Bibel, Christentum sowie die Kirchen viel bedeuteten. Das kann ich mir allerdings bei einem überzeugten Kommunisten in den 1920er Jahren nur ganz schwer vorstellen. Brandt hingegen werde von Wehner nachgesagt, dass der Politiker aus dem Westen von Berlin ohne Verhältnis zu den letzten Werten wäre, ohne Interesse an der Frage nach Gott. Wehner jedoch, „tief religiös“, richte Dinge und Menschen dieser Welt, auch sich selbst am Maßstab der Ewigkeit – mit Erschrecken.[27] Wenn sie die Zerlegung Deutschlands in Bonn mit so einer heiligen Inbrunst durchziehen, können die im Osten bis nach Sibirien gefangen gehaltenen Menschen, ob SPDler oder andere Meckerlieschen, natürlich lange auf ihre Rettung warten.

Zu den Kritikern Herbert Wehners zählt Helmut Bärwald, der sowohl in der LDPD im sächsischen Leipzig als auch in einer sozialdemokratischen Widerstandsgruppe aktiv war. 1948 flüchtete er aus der Ost-Zone in den Westen und trat 1949 als Mitarbeiter in das Ostbüro der SPD ein. Es ist nicht erstaunlich, dass es ihn irritiert, dass da ein Bonner Politiker unter der Hand seine Kontakte zu dem sozialistischen oder kommunistischen Regime drüben in der Ost-Zone pflegt. Die '51 gegründete HVA der DDR findet in ihm jedenfalls einen Ansprechpartner. HVA ist die Abkürzung für die Hauptverwaltung Aufklärung – die Spionage der DDR. Allerdings erfährt Markus Wolf in der HVA in Ost-Berlin, dass das nicht der Anfang war. Er sagt später: „Ein Kontakt von ihm zur DDR war schon installiert, als ich 1951 zur Aufklärung kam.“ Als Verbindungsmann fungiert Markus Wolf zufolge der Journalist Ernst Hansch, der später als ein inoffizieller Mitarbeiter der HVA sowie als offizieller Chefredakteur des Ost-Berliner Blattes BZ am Abend in Erscheinung tritt. Auch in diesem Fall ist wieder ein Journalist die Kontaktperson. Von den Engländern lernen, heißt einfach siegen lernen. Ich hoffe, Ernst Hansch ist nicht auch ein Mitarbeiter der Organisation Gehlen wie Vinzenz Müller, der sich in die Spur macht, um langsam auch in der DDR etwas Ähnliches wie eigenes Militär aufzubauen. Wer sich aber auch alles um Unser Sozialistisches Vaterland rund um die Kartoffeläcker Brandenburgs verdient macht. 1951 bekommt die DDR also tatsächlich die Kasernierte Volkspolizei, von der Gehlen seinen amerikanischen Zuhörern schon vor Jahren etwas erzählt hat.[28] Nun gibt es aber im Bundestag nicht nur die SPD, die CDU, die FDP und die CSU. Wie sieht es mit den Repräsentanten der KPD in Bonn aus?

Das Netzwerk der Guten umfasst, wie es aussieht, auch die KPD. Kanzler Adenauer schätzt seinerseits den Witz und die Schlagfertigkeit des Abgeordneten Heinz Renner. Je schärfer Renner am Mikrophon des Bundestages herumpolemisiert, desto mehr schmunzelt Adenauer. Nett ist auch *die* Beobachtung: Der Bundespräsident Theodor Heuss macht mit Heinz Renner in einer Pause zwischen zwei Sitzungen einen Spaziergang, hakt ihn unter, geht mit ihm im Garten auf und ab und führt ein durchaus angeregtes Gespräch.[29] Sieht das nach Kampf gegen die Kommunisten aus? Mit denen auf den Straßen wird anders umgegangen als mit Renner.

Klimaabkühlung mit Eiswürfeln in der Suppe

1951 wird dem verdammt kalten Krieg in der Bundesrepublik polemisch wie auch juristisch heftig Nachdruck verliehen. Über den Bundeskanzler Herrn Dr. Konrad Adenauer wird man im Jahre 2006 erfahren: „Und er bündelt die konservativen Kräfte mit demagogischer Verve: Der Wähler, so behauptet er schon im ersten Wahlkampf, müsse sich zwischen Christentum oder Sozialismus entscheiden; gern bezeichnet Adenauer die Sozialdemokraten als heidnische Brüder der Kommunisten.“[30] Die Sozialdemokraten wollen gerne die erste Schlacht an der Elbe schlagen und die zweite an der Weichsel, und die Christdemokraten versuchen die Wähler mit demagogischer Verve für sich zu gewinnen. Wenn man da einmal im Wörterbuch nachschaut, heißt Demagogie: „Volksverhetzung, Aufwiegelung durch Aktivieren von Vorurteilen, Verleumdung und Diffamierung des Gegners, um die eigene Meinung durchzusetzen“ Klären sollte man auch das tolle Wort *Verve*. Es wird als *Begeisterung, Schwung, Feuer* erklärt.[31]. Das ist die dunkle Seite der Demokratie. In der jungen DDR wird ehrlich gesagt, wohin das Schiff zu fahren hat, und es wird 24/7 herzlich darum gebeten, dass sich möglichst viele Leute engagiert beteiligen; man denke bloß an die roten Losungen an den Wänden, die auch sonntags zu Höchstleistungen aufrufen. Es ist die andere Seite der Medaille, wie dort mit Leuten umgesprungen wird, die sich offensiv gegen die vorgegebene

Route engagieren. Aber erstens stört das ja auch Adenauer, Schumacher und die anderen guten Menschen nicht, und zweitens sind sie zwischen dem französisch besetzten Saarland und dem östlichen Rand Hessens ja auch nicht übertrieben zimperlich. Nicht bloß die CDU ist absolut durch den Wind: „Auch die Sozialdemokraten lassen sich von der verbreiteten Kommunistenfurcht anstecken, obwohl die KPD keineswegs jene Supertruppe Stalinergebener Fanatiker ist, als welche die SED-Propaganda sie hinstellt." Ist es denn nicht vielmehr die Westpresse, die sie in dieser Art aufbauscht? Wenn aber einer nicht mit den Wölfen heult, bleibt es nicht bei der Polemik: „Doch die gezielt geschürte Angst vor Stalins westlichen Ablegern hat juristisch weitreichende Folgen: 1951 beschließt das Parlament das erste Strafrechtsänderungsgesetz, ein Schandfleck in der bundesdeutschen Rechtsgeschichte. Mit den 37 Gummiparagrafen lässt sich jeder verhaften, der auch nur Plakate klebt. Und nicht nur Kommunisten sind betroffen. Über 100.000 Ermittlungsverfahren werden eingeleitet, tausende Urteile gefällt – solche Zahlen, urteilt 1965 der spätere FDP-Innenminister Werner Maihofer »machten einem ausgewachsenen Polizeistaat alle Ehre«. Das Misstrauen ist groß, die Kontrolle auch. Wer die drögen Zeitungen aus der DDR beziehen möchte, braucht eine Sondererlaubnis, Privatbriefe werden auf politische Inhalte durchgesehen. Protest gegen die Wiederbewaffnung kann den Job kosten."[32] Da ist es nicht entscheidend, ob sie dröge sind oder nicht; von den Vorschlägen zum Lösen der angeblich offenen deutschen Frage, wie sie Stalin im Kreml wünscht, erfährt man brav aus den vom Publikum unabhängigen West-Medien.

Medientechnisch ändert sich für die Deutschen im Vergleich zum Reich des Föhrers wenig, sodass man sich nicht großartig umzustellen braucht. Das gilt vor allem thematisch. Da kann man am Antikommunismus anknüpfen und braucht nur noch eine Schippe draufzulegen. Jetzt hat man die praktischen Beispiele gratis und frei Haus gar mitten in Deutschland. Sie erinnern sich ja – bis 1945 bedienten die Zeitungen unter der Fuchtel von Goebbels nur einen Teil des Marktes – und es gab andere Zeitungen. Nach der Gründung der Bundesrepublik im Westen wird der Bezug von

Zeitungen aus der DDR genehmigungspflichtig. Was glauben Sie, was für ein breites Kreuz jemand braucht, der unter den Augen von *Big Brother* noch eine Meinungsvielfalt mit Gegenargumenten von der anderen Seite nutzen mag in einer mittelgroßen Stadt oder einer ländlichen Gemeinde oder als Beamter selbst in einer Großstadt? Das lässt man tunlichst sein. So erfährt man und frau von politischen Initiativen aus Moskau oder aus Ost-Berlin durch die Filter der lizenzierten westdeutschen Medien – *Im Westen nichts Neues*. Dort wird von den Blättern der SPD bis hin zu den Blättern der CSU unisono die Angst vor dem Russen propagiert. Und im Osten kann man nur in Berlin dies und das zufällig aus dem Westen aufschnappen, wenn man einer Zeitung aus West-Berlin habhaft wird. Hier darf man aber auf keinen Fall den Sender RIAS Berlin vergessen, der auf alle Fälle seinen Teil zur Meinungsbildung in der DDR beiträgt. RIAS ist der Rundfunk im amerikanischen Sektor Berlins, eine Legende und ein ständiger Zankapfel, denn den hört man freiwillig und für den wird auch Ärger in Kauf genommen wie beim Abhören von Feindsendern vor zehn Jahren. Kommt es den antifaschistischen Widerstandskämpfern in West und Ost eigentlich nicht auch selbst fragwürdig vor, dass sie nicht anders mit der Meinungsfreiheit umgehen als die Nazis zuvor? Ich weiß ja nicht, ob die gelenkte Meinungsfreiheit im Westen das Gelbe vom Ei ist.

Im Frühjahr und jetzt noch einmal im Herbst 1951 werden Bundestagsentschließungen verkündet, mit denen Kontakt- sowie Verständigungsangebote der DDR an die taufrische Regierung in Bonn mit dem greisen Kanzler an der Spitze zurückgewiesen werden. Das führt naturgemäß im weiteren Verlauf nicht zu Gesprächen über die zu lösenden Probleme. Es ist aber auch in diesen Zeiten nicht alles schlecht: Am 20. September ’51 wird das Berliner Abkommen zwischen der BRD und *unserer* DDR abgeschlossen, das „mit geringfügigen Änderungen“ die vertragliche Basis für alles bleibt, was als „innerdeutscher Handel“ bezeichnet wird. Staunend wird der jetzt noch nicht einmal geborene englische Historiker Timothy Garton Ash einst wissenschaftlich belegen: „Dass überhaupt keine Beziehungen zwischen den beiden Staaten bestanden hätten, war stark untertrieben. Denn zumindest im Handelsbereich hatten sie sich von Anfang an gegenseitig anerkannt."[33] Sehen Sie: Auf so wenigen Zeilen kann man in einem einzigen Absatz beweisen, dass in diesem Buche eine handfeste Verschwörung in ihren praktischen Auswirkungen offengelegt wird. Auf der westlichen Seite wird das Denken der Menschen von der Realität der Welt entkoppelt und zugleich werden Grundlagen dafür hergestellt, dass in der DDR eine lebensfähige Wirtschaft auf die Beine gestellt wird.

In der Folge des Berliner Abkommens werden 10 Prozent von den in der DDR gefertigten Produkten in Richtung Bundesrepublik versandt. Dass der Anteil über die Jahre nicht anwächst, hat damit zu tun, dass man in Ost-Berlin die Paranoia schiebt, man würde sonst zu sehr abhängig von der BRD. Hier haben wir ebenfalls auf wenigen Zeilen den Beweis dafür, dass stringentes Denken einfach nicht jedem Menschenkind liegt. Wenn sie im Westen den Osten in der Öffentlichkeit verteufeln und ihr eigenes Ding westlich der Elbe abziehen und auf der anderen Seite mit der bösen DDR Handel und Wandel betreiben, sogar Embargobestimmungen ihrer neuen Freunde in Amerika unterlaufen, dann unterstützen sie doch den Aufbau des Sozialismus oder tun sie das vielleicht nicht? Dann kann der Staat im Osten doch viel entspannter damit umgehen, dass Querdenker, die das Regime kritisieren bis ablehnen, herummaulen. Damit jene DDR jedoch 10 Prozent der Produkte in die BRD liefern kann, müssen erstmal 100 Prozent hergestellt werden. Doch woher nehmen und nicht stehlen? Viel ist traditionell nicht da an Industrie, abgesehen von Standorten wie Leuna oder Buna, und viele Städte waren klipperklar geschossen worden durch britische und amerikanische Bomber während des Weltkriegs. Im Unterschied zur Bundesrepublik wird jedoch nicht amerikanisches Geld über Kredite in den Wiederaufbau eingeschossen. Die Sowjets, die offensichtlich weiterhin nichts wie weg wollen, holen sich das heraus, was sie in der letzten Sekunde in ihrer Zone gerade noch kriegen können, um die Kriegsschäden bei sich zu beheben. Nichts deutet darauf hin, dass sie dabei helfen würden, den Sozialismus in Deutschland aufzubauen, denn sie bauen nicht auf, sondern ab.

Wenn Kinder an die Macht kommen

Über die letzten Monate ist der 27-jährige Markus Wolf schon wieder ein Jahr älter geworden. Mit 28 wird es Zeit für den Griff nach den Sternen. In Ost-Berlin suchen die Genossen nach jemandem, der einen Spionagedienst für die große weite Welt, in erster Linie selbstredend für die neue Bundesrepublik aufbauen kann. Zielsicher verfallen sie auf einen Mann, der noch nicht einmal über eine dreißigjährige Lebenserfahrung verfügt und obendrein die letzten beiden Jahrzehnte im Wesentlichen in Stalins schöner Sowjetunion sozialisiert wurde. Statt einer Grundausbildung auf den Feldern der Psychologie, Soziologie und Geschichte hat er den Lehrgang kommunistische Ideologie auf der Haben-Seite. Als Chef eines Geheimdienstes braucht man eine Menge Menschenkenntnis und muss die Wahrheit von Lügen unterscheiden, man muss erkennen, ob jemand für Geld spioniert oder einfach aus Überzeugung, man muss mitbekommen, ob jemand Geld annimmt, weil es nicht wie eine Überzeugung aussehen soll, wegen der er oder sie spioniert. Würden Sie sich das zutrauen?

Im August 1951 ruft Staatssekretär Anton Ackermann den jungen Mann, der noch an der Moskauer Botschaft arbeitet, an und holt ihn in dringenden Angelegenheiten nach Berlin zurück. Am Rande: Ackermann ist nur ein Pseudonym aus der Kampfzeit wie viele andere. Ursprünglich wuchs er einmal als Eugen Hansch auf. Warum hat er nicht selbst jenen Posten besetzt, den er dem anbietet, der gut und gern sein Sohn sein könnte? Er ist mehr in der Welt herumgekommen und kann aus einem viel größeren Erfahrungsschatz, auch in der Personenkenntnis schöpfen. Markus Wolf kommt nach Berlin und Ackermann eröffnet ihm in seinem unnachahmlich geheimnisvoll-feierlichen Ton, wie Wolf findet, dass die Führung der Partei ihn mit dem Aufbau eines politischen Aufklärungsdienstes beauftragt hat und dass er für eine Funktion darin vorgesehen ist. Das ist kein Vorschlag, sondern ein Parteibefehl, und wer würde besser verstehen als ein ehemaliges Mitglied der KPD, was das bedeutet? Mischa ist auf jeden Fall stolz, erklärt er, dass man ihm ein solches Angebot macht.[34]

Flink wie die Wiesel heben sie in Ost-Berlin schon am 16. August '51 das Institut für wirtschaftswissenschaftliche Forschung (IPW) aus der Taufe. So soll die Tarnbezeichnung für den Außenpolitischen Nachrichtendienst (APN) lauten – „ein wenig kompliziert, aber sehr konspirativ". Die erste Amtshandlung Wolfs in der neuen Tätigkeit besteht darin, dass er in die achtzylindrige Tatra-Limousine Richard Stahlmanns einsteigt, der schon 1948 den illegalen Grenzverkehr zwischen der SED in Ost-Berlin und der KPD in den westlichen Zonen Deutschlands organisierte und sich um die Sicherheit von Wilhelm Pieck und Otto Grotewohl bei deren Westreisen kümmerte. Dem Tatra Stahlmanns folgt ein luxuriöser offener Horch, in dem die sowjetischen „Partner" fahren. Selbstkritisch merkt Wolf an, das sei ein imposanter Anblick, aber wohl kaum das, was man sich landläufig unter Geheimhaltung vorstellen würde. Bald wird jener Außenpolitische Nachrichtendienst den Namen in Hauptverwaltung Aufklärung oder einfach HVA ändern. Die HVA hat dann in erster Linie eigene Kontakte mit gesprächsbereiten Personen in West-Deutschland aufzubauen. Schön ist, dass die Organisation Gehlen davon ein ganzes Netz installiert hat. Jetzt müssen die Agenten bloß noch die Richtigen ansprechen oder sich eben umgekehrt ansprechen lassen.[35]

Wolf versteht seine Aufgabe. Er soll die bundesdeutschen Geheimdienste infiltrieren. Doch das ist leichter gesagt als getan. Da sitzen sie also jetzt zu viert und haben nicht die leiseste Ahnung, wie sie es mit Nachrichtendiensten aufnehmen sollen, die den Zusammenbruch des Dritten Reichs „fast unbeschadet überlebt" haben und wie der Phönix aus der Asche auferstanden sind. Als er mit seiner winzigen Abteilung zum Jahreswechsel 1951/52 den *Kampf gegen* die schon vollständig handlungsfähigen westdeutschen Apparate aufnimmt, sagt keinem von ihnen der Name Pullach mehr als dass er manchmal geheimnisumwittert in der Presse auftaucht. Der steht für eine unbekannte und, wie ihm scheint, unerreichbare Welt. Auf den Namen des Mannes, der in Pullach den Hut (und eine schwarze Brille) aufhat, stößt Markus Wolf erstmals in einem Artikel des Daily Express aus London unter der Schlagzeile *Ex-Hitler-General spioniert jetzt für Dollars*. Und weil es bei Sefton Delmer so steht, ist Herr Gehlen also für Markus Wolf der Ex-Hitler-General. Zu seiner Entschuldigung muss man einräumen, dass die Ansage, dass es in der Organisation Gehlen wie auch im Diplomatischen Dienst vor Altnazis nur so wimmele, durch vermeintliche Enthüllungen immer wieder neu eingeprägt wird.[36]

Die Wissenslücke, wie die betreffenden Herren ticken und wie sie früher getickt haben, lässt sich eigentlich nur schließen, indem man ihr persönliches oder auch berufliches Umfeld ausforscht. Aber die werden sich in Acht nehmen und keinem Fremden ein Sterbenswörtchen erzählen. Für den Rest der Geheimhaltung sorgen Gehlens Laufburschen. Aber Wolf ist auch aus einem anderen Grund nicht prädestiniert, korrekte Analysen zu Pullach oder Bonn anzufertigen, wenn er von sich selbst sagt: „Die Arbeit am Schreibtisch hat mir nie behagt." Es sei jedoch „schon toll, mit Westpapieren in der Tasche frei reisen zu können und in einer guten Bar den Martini zu schütteln oder zu rühren". Doch der Schreibtisch wäre eigentlich sein Arbeitsplatz. Es ist befremdlich, von ihm zu hören, dass neben vielen anderen ausgerechnet ein hoher Beamter im Bundesministerium für Gesamtdeutsche Fragen seine HVA mit Informationen versorgt. Mir wird allerdings unwohl, wenn das Magazin Der Spiegel vermutlich nicht ohne reichliches Hintergrundwissen später bitter über jenen großartigen Markus Wolf schmunzelt: „Mit sichtlichem Vergnügen ließ der ehemalige HVA-Chef die Namen von Prominenten fallen, die sich zu geheimen Zusammenkünften getroffen haben."[37] Mich irritiert, dass er nicht bemerkt, dass er nix verstanden hat. Warum werden sie ihn sonst reden lassen?

Im gleichen sarkastischen Ton wird das Magazin zurückblicken und den Interessierten erklären, in der Nachkriegszeit seien Politik und Spionage im Verhältnis zwischen jener Bundesrepublik und *unserer* schönen DDR anfangs nicht voneinander zu trennen gewesen. *Beide* Seiten hätten stets nach vertraulichen Gesprächen gesucht. Die Bonner Republik habe dafür meist Politiker aufgeboten. Die DDR habe aber einen kommunistischen Sicherheitswahn gehabt, der dazu geführt habe, dass die besten Köpfe in den Geheimdienst gesteckt wurden und nicht in Ministerien zusammengeholt. Lieber habe sie Abgesandte der HVA in die Spur geschickt. Wolf selbst wird dem Spiegel erklären, die „HVA hat im Vorfeld der offiziellen Verhandlungen Außenpolitik gemacht".[38]

Das ist 1951 natürlich weniger dem Sicherheitswahn geschuldet, als dem Missverständnis, dass die laute Nichtanerkennung der DDR gerade nicht bedeutet, dass die Politiker in Bonn womöglich die DDR nicht wünschen würden. Sie sind es, die sich mit den Abgesandten aus Ost-Berlin treffen. Man schreibt das eben nur nicht auf Papier, damit sich die Leute auf den Straßen nicht gleich aufregen und nachfragen, was aus den Verwandten und Freunden in der Zone werden soll. So erzählen die demokratischen Politiker ihrem Wahlvolk etwas vom Pferd – so zum Beispiel, dass Briefe von den Führern des *Regimes in Pankow* nicht einmal geöffnet würden. Pankow ist jener Stadtteil in Ost-Berlin, wo die Führer der Arbeiter und Bauern in Villen gut beschützt residieren. Es ist natürlich irre lustig, den Neulingen in der großen Politik in Ost-Berlin ihren Sicherheitswahn vorzuwerfen. Aber der ist doch auch nur dem Irrglauben geschuldet, dass es sich in Bonn um eine Demokratie handelt, in der man mit äußerster Vorsicht versuchen muss, heimlich zu einem Gesprächspartner zu kommen. Das ganze geheimdienstliche Brimborium könnte man sich doch einfach schenken, wenn man einmal klipp und klar hören würde, dass sie sich in Ost-Berlin nach Herzenslust austoben können mit Sozialismus oder gern auch mit FKK, weil nur ein Vorwand gebraucht wird für die Teilung.

Bestimmt hat Markus Wolf recht, wenn er ehrlich einräumt: „Da war es nur ein schwacher Trost zu merken, dass auch unsere sowjetischen Berater, die wir bisher voller Ehrfurcht betrachtet hatten, ähnlich blutige Anfänger waren wie wir selbst." Das soll ihnen auch zugestanden sein, doch wie sehen die Ergebnisse aus den Gesprächen mit den Spitzenpolitikern bei den Bösen aus? „Viele unserer damaligen Agenten und Kontakte im Westen waren keine Kommunisten, sondern arbeiteten für uns, weil sie die Teilung Deutschlands überwinden helfen wollten und die Politik der

Amerikaner für falsch hielten."[39] Das dürfte doch nicht das Resultat des ganzen Grübelns sein, wenn zugleich so prominente Firmen wie Siemens die Embargobestimmungen der Amerikaner umgehen und über die ewig lange Grenze zwischen beiden deutschen Staaten beste Technologie zum Aufbau einer eigenen Wirtschaft in die DDR schmuggeln. Derartige Einschätzungen finden sich in Wolfs Selbstbeweihräucherung *Spionagechef im geheimen Krieg* am laufenden Meter. Ich habe mich bei einem jeden einzelnen Punkt gefragt, ob sich hinter seinen Darstellungen besonders raffinierte Verschleierungsversuche verbergen, und bin immer wieder zu dem Schluss gekommen, dass da jemand einfach grausam ehrlich ist, der sich aber im Großen und Ganzen für ein sehr großes Licht hält. Vielleicht ist es ganz hilfreich, einmal die Gesichter der Chefs der beiden Geheimdienste im Osten und im Westen zu studieren und wirken zu lassen. Sie finden sie in ihren Memoiren, ein Bild von Wolf vorn auf dem Umschlag und ein Bild von Gehlen gleich am Anfang auf der Seite links neben dem Titel *Der Dienst*.

Ich hoffe, Sie sitzen schön bequem, damit Sie mir jetzt nicht umfallen. In den Jahren 1951 bis '55 arbeitet ein Volksschulabsolvent namens Günter Guillaume als Redakteur bei dem Ost-Berliner Verlag „Volk und Wissen" nachrichtendienstlich gegen die Bundesrepublik. Da kann man im Ernst bloß sagen, wer zu früh kommt, den bestraft das Leben. In diesen Jahren fährt er einige Male nach West-Berlin – und auch in die Bundesrepublik, um Aufträge zu erfüllen, die ihm östliche Dienststellen erteilt haben. Das könnte man für eine Erfindung böswilliger Menschen halten, wenn er es nicht später in seinem Poesiealbum mit hübschen Anekdoten bestätigen würde. Ich nenne es so garstig, weil seine Schilderung in einer unerhört überheblichen Art geschrieben ist. Es hinterlässt bei der Leserschaft ein mulmiges Gefühl, wenn bei westlichen Dienststellen *jetzt* bereits aktenkundig ist, dass ein Mann mit einem derartig auffälligen Namen in die Bundesrepublik einreist und dann immer wieder in unsere schöne DDR zurückreist. Den können sie sich im Westen schon einmal als biologisch abbaubare Ladung Dynamit für ein Attentat ohne Leichen vormerken.[40]

Geheimdienste der Supermacht USA

Späher von der OSS schickten die Amerikaner schon im Krieg hinter die feindlichen Linien. Doch selbst ein paar Schwalben machen noch keinen Sommer und nun geht es eigentlich um qualifizierte Geheimdienstarbeit, eigentlich, denn in *America* haben sich, wie Sie sich erinnern, jene Jungs durchgesetzt, denen das bedächtige und geduldige Sammeln von Hintergrundinformationen ein mühseliges und zeitraubendes Geschäft ist und die stattdessen durch einen Geheimkrieg und durch verdeckte Aktionen den Kampf ins Lager des Feinds tragen wollen. Das spiegelt sich auch in den Filmproduktionen aus Hollywood. Doch es gibt bloß deshalb Kampf, weil *America* einen Kampf ausgerufen hat. So wird die Nummer zu einer Lachnummer, ein Schattenboxen mit den Sowjets, die die Signale gehört haben und sich nun mit allen ihnen zu Gebote stehenden Mitteln zu verteidigen trachten. In der allgemeinen amerikanischen Wahrnehmung ist damit der Beweis für den Kampf erbracht und er wird wie schon damals in Guantamo und in amerikanischen Konzentrationslagern in Asien mit Folter, Mord und Totschlag geführt. In der gegnerischen Ecke des Rings lassen sich die Sowjets nicht lumpen – auch sie haben da Erfahrung.[41]

Bei den Informationen hingegen lassen sich die Kämpfer aus den U.S.A. von ihren neuen *Freunden in Deutschland* (West) versorgen. Im Zweiten Weltkrieg, meint der US-amerikanische General Vandenberg, „mussten wir uns blind und vertrauensvoll auf den überlegenen Nachrichtendienst der Briten verlassen“, aber „es darf doch nicht sein, dass die Vereinigten Staaten mit dem Hut in der Hand losziehen und eine ausländische Regierung um die Augen ihrer Nachrichtendienstler bitten müssen, um etwas zu sehen.“ Spricht es aus und verlässt sich fortan auf die Deutschen, die allerdings nicht vergessen, dass über ihnen weiter das Damoklesschwert des Friedensvertrags zwischen den vier Alliierten infolge des Kriegs und der bedingungslosen Kapitulation schwebt. Liest man US-amerikanische und englische Darlegungen über die Jahre seit dem Kriegsende, entsteht der Eindruck, dass sie das überhaupt nicht mehr auf dem Schirm haben, weil das Herz vor lauter Angst vorm Russen in die Hose gerutscht ist.[42]

Die Krönung ist aber, dass die Amis sogar das Feld der Abwehr östlicher Spionage den Deutschen überlassen. Zugunsten der Amis kann man nur sagen, dass *einem* dies als Problem auffällt: „Auch wenn die Spionageabwehrabteilung des amerikanischen Heeres, das CIC [Counter Intelligence Corps], zahlreiche Verbindungen zur Polizei und zu Sicherheitsbehörden geknüpft hatte und ein klares Bild von den ostdeutschen Aktivitäten und denen der kommunistischen Parteien in Westdeutschland besaß, wurden seltsamerweise die Deutschen mit der Spionageabwehr betraut."[43]

Und wie verkaufte der Deutsche dem Amerikaner, warum er da wirksam werden müsste? Ganz billig: „Bei seiner ersten Begegnung mit Reinhard Gehlen 1950 fragte Dr. Globke fast beiläufig, ob Gehlen etwas gegen das wachsende Problem der feindlichen Nachrichtendienste und der subversiven Tätigkeiten aus Ostdeutschland tun könne." So einfach ist das. Dr. Globke fragte fast beiläufig danach, erzählt Gehlen seinem neuen Freund Critchfield. Der kauft ihm das ab und stellt sich nicht die Frage, weshalb die Amerikaner nicht selbst den Überblick über die wirklichen Ziele und die Aktivitäten des Ostens bekommen sollten. Doch es fehlt ihnen ja an geeigneten Mitarbeitern, die europäische Urwaldsprachen, z. B. Deutsch, beherrschen. Critchfields gute Gedanken kommen einfach zu spät: „Vernünftigerweise hätten diese Überwachungsaufgaben vom Counter Intelligence Corps übernommen werden müssen, denn im Nachhinein erwies sich die Spionageabwehrorganisation unter Bentzinger als der schlechteste Dienst, den Baun dem abwesenden Gehlen hatte erweisen können. Die Dienststelle 114, die später in »GV L« [Generalvertretung L] umbenannt wurde, entwickelte sich zu einer immer wiederkehrenden Katastrophe für die Organisation." Vorausgesetzt, der Amerikaner hatte den Auftrag dieser Männer richtig verstanden. Übrigens war Hermann Baun der Kollege, der im Krieg „auch zuletzt noch Verbindungen bis unmittelbar nach Moskau unterhalten" konnte. Nur zur Auffrischung.[44]

Es läuft einem kalt den Rücken hinunter, wenn man sieht, wie es weitergeht: „Gleichwohl blieb die CIA später stets auf ausländische Dienste angewiesen, um Erkenntnisse über Länder und Sprachen zu gewinnen, die sie nicht verstand. Vandenberg beendete seine Erklärung mit dem Hinweis, man werde noch mindestens fünf weitere Jahre brauchen, um ein Team aus professionellen amerikanischen Spionen aufzubauen. Ein halbes Jahrhundert später, im Jahr 1997, wiederholte CIA-Direktor George Tenet diese Warnung Wort für Wort, und dann noch einmal bei seinem Rücktritt im Jahr 2004.“[45] In einer späteren Studie der CIA wird ausgewertet: „Nie ist es uns gelungen, so viele sprachkundige Leute zu finden, wie wir benötigt hätten, denn an Sprachkenntnissen im Russischen und sogar im Deutschen herrscht bei der Agency empfindlicher Mangel.“ Wie soll es dann möglich sein, einmal hier und da in eine Versammlung von Deutschen zu gehen und ein Gefühl dafür zu bekommen, wie wichtig den Ureinwohnern des Schwarzwaldes die Zugehörigkeit ferner Landstriche wie West- oder Ostpreußen zu Polen oder der Mongolei ist?[46]

Das führte zu der intelligenten Lösung, das Volk der Dichter und Denker als Dolmetscher oder sogar für wichtige Posten und für die Erforschung der Sowjetunion heranzuziehen. Die Dichter lassen sich nicht erst lange bitten. Sie standen 1945 bereits in den Startlöchern. Inzwischen ist es ja noch nicht einmal mehr wichtig, ob sie überhaupt die Sprachen im Osten beherrschen; die Informationen für die Amis saugen sie sich sowieso aus den Fingern. Das macht es dem Kanzler und seinen Kollegen sogar noch leichter, ihre neuen Freunde von einem anderen Stern auszutricksen.

Wenn Helmut Schmidt aus der SPD die einflussreicheren Amerikaner in Zukunft im persönlichen Gespräch erlebt, wird er bloß noch seinen Kopf schütteln und abwinken, denn „das Geschichtsbild der meisten Europäer war jahrhundertelang und ist immer noch stark eurozentristisch geprägt; aber eben damit ist schon gesagt, dass es immerhin eine große Zahl von Völkern und Staaten umfasst. Das Weltbild der meisten Amerikaner und der meisten amerikanischen Politiker reicht jedoch nur wenig über die

Grenzen des eigenen Landes hinaus. Von daher rührt die Naivität in der Beurteilung und Behandlung anderer Staaten und ihrer Interessen, die wir häufig genug erleben.“ Schmidt attestiert den Freunden aus *America* einen empfindlichen Mangel an Weltkenntnis; das geografische, historische und politische Wissen des amerikanischen Volkes über Völker und Staaten außerhalb der westlichen Hemisphäre oder, genauer gesagt, des nordamerikanischen Kontinents sei relativ gering.[47] Wenn dieser Mann Kanzler werden sollte, haben die Amerikaner ja noch eine Menge Freude in Aussicht. Entspannung ist da nicht auf dem Speiseplan.

Dann verwundert das wenig: „Der große Spionagedienst lag immer fünf Jahre in der Ferne. Vandenbergs Nachfolger, der dritte Amtsinhaber in 15 Monaten war Rear Admiral Roscoe Hillenkoetter, der am 1. Mai 1947 vereidigt wurde. Hilly, wie alle ihn nannten, war eine Fehlbesetzung. Ihn umgab ein Hauch von Belanglosigkeit. Ganz wie seine Vorgänger wollte er nie Direktor des zentralen Nachrichtendienstes werden – »und hätte es vermutlich auch nie werden sollen«, wie es in einer historischen CIA-Studie über die Nachkriegszeit heißt.“[48] Bleiben wir noch ein klein wenig bei Studien: „Das Geschick, Versagen als Erfolg darzustellen, war schon bald CIA-Tradition. Ihre mangelnde Bereitschaft, aus Fehlern zu lernen, wurde zum festen Bestandteil ihrer Arbeitsform. Niemals haben die Leiter der CIA-Geheimoperationen Studien unter dem Motto »Was haben wir gelernt?« verfasst.“ Das lässt für die Zukunft nichts Gutes ahnen.[49]

Auch in Ost-Europa richten die Amerikaner nur Blödsinn an. Da sie auf dem Kampf gegen den Kommunismus hängengeblieben sind, wollen sie Emigranten aus diesen Ländern zum Ausräuchern der roten Brut nutzen und schicken sie dahin, wo sie hergekommen waren. Alles in allem sind es Hunderte ausländischer CIA-Agenten, die in der Sowjetunion, Polen, Rumänien und den baltischen Staaten während der 1950er Jahre in den Tod geschickt werden. Über ihr Schicksal gibt es keine Unterlagen. Nicht ein einziges Mal wird Bericht erstattet oder ein Verantwortlicher wegen seines Versagens zur Rechenschaft gezogen. In diesen Jahren beginnt in der ganzen Welt ein irre grober Unfug: Es werden Gruppen unterstützt, die so extrem rechts stehen, wie es das zuvor nur unter Hitler gab. Bloß wenige CIA-Agenten, die Russisch sprechen, können mit denen arbeiten. Die *Agency* setzt Dutzende von Ukrainern auf dem Luft- und dem Landweg ab. So ziemlich alle werden festgenommen. Der Nachrichtendienst der Sowjets benutzt die Gefangenen für die Rücksendung gezielter Desinformationen wie etwa: Alles bestens, schickt mehr Waffen, mehr Geld, mehr Leute. Dann werden sie umgebracht. Vielleicht hätte man den Gesprächsfaden mit Moskau doch nicht einfach kappen sollen? Die *Agency* schickt Ballons mit Tausenden von Flugblättern auf die Reise und später auch Fallschirmspringer in Viererteams, die mit Flugzeugen ohne jedes Hoheitskennzeichen weit ostwärts, sogar bis zum Stadtrand von Moskau vordringen. Einer nach dem anderen schweben die „Solidaristen" nieder und einer nach dem anderen wird gejagt, geschnappt und getötet.[50]

In Asien läuft es kein Stück anders. Mangels amerikanischer Freiwilliger setzt die *Agency* mehrere Hundert angeworbener chinesischer Agenten über dem Festland ab, und das häufig einfach aufs *Geratewohl.* Aber wie soll es denn *wohl geraten*, wenn man statt mit dem Gehirn wie ver/rückt mit den Fäusten operiert? Diese armen Kerle haben den Auftrag, sich zu einem Dorf durchzuschlagen. Werden sie schließlich vermisst, zählt man sie zu den Kosten der verdeckten Kriegführung. Oops, tut weh, mir aber nicht. Dann meinten die Möchtegerne der CIA, sie könnten Mao wieder vom Ruder loseisen, indem sie muslimische Reiter oben im Nordwesten von China einsetzen, die Verbindungen zu den Nationalchinesen, genau zu den Jungs haben, die sich in Richtung Taiwan absetzen. Da handelt es sich, dreimal können Sie raten, um die Uiguren. Im Nordwesten Chinas, wie schön, setzt die *Agency* nach Recherchen des amerikanischen Journalisten Tim Weiner tonnenweise Waffen, Munition und Funkgeräte ab sowie Unmengen chinesischer Agenten und versucht dann, Amerikaner zu finden, die ihnen folgen sollen. Mal sehen, ob die Uiguren vielleicht in Zukunft wieder aus dem Fadenkreuz der Kommunisten verschwinden.[51] Korea, China, wer soll diesem Kalten Krieg denn noch zum Opfer fallen?

Als dann jedoch ein Mitarbeiter in den USA wider Erwarten verstanden hat, wie so ein Geheimdienst nicht gehandhabt werden darf, geht er: „In Washington trat Frank Lindsay, der aus der Zentrale die Operationen in Osteuropa geleitet hatte, vor lauter Gewissensqualen von seinem Posten zurück. Er riet Dulles und Wisner dringend, die CIA-Strategie der gegen den Kommunismus gerichteten Geheimaktionen durch die Ausspähung der Sowjets mit wissenschaftlichen und technischen Methoden zu ersetzen. Mit wirklichkeitsfremden paramilitärischen Missionen zur Unterstützung fiktiver Widerstandsbewegungen könne man die Russen nicht aus Europa verdrängen.“[52] Wobei der Mann, der es begriffen hatte, keine Ahnung von Erdkunde hat. Die Sowjetunion umfasst π mal Daumen ein Drittel von Europa; es wird schwierig mit dem Verdrängen. Für Moskau wäre es theoretisch leichter, die Amerikaner aus Europa zu vertreiben – doch in der realen Realität haben sie dafür eben auch nicht die Mittel.

In Moskau wird wiederum das amerikanische Drängen auf Verdrängung naturgemäß aufgrund der Geschichte Russlands als Bedrohung wahrgenommen. In der Sowjetunion ist seit den Interventionskriegen nach der Oktoberrevolution von 1917 jede Facette des täglichen Lebens den Erfordernissen der nationalen Sicherheit untergeordnet. So schaukelt sich das Ganze immer weiter gegenseitig hoch, denn es ist keine Stärke der Amis, sich in die Lage anderer Leute hineinzuversetzen. Vom Westen sind die Armeen Napoléons und Hitlers gekommen und vom Osten die Japaner. Sollen die Amerikaner vom Westen und vom Osten hereinbrechen? Tim Weiner wird später feststellen: „Die einzige kohärente Außenpolitik, die Stalin nach dem Krieg verfolgte, bestand darin, aus Osteuropa einen riesigen menschlichen Schutzschild zu machen. Während er alle Kräfte auf die Ermordung seiner inneren Feinde richtete, stand die Sowjetbevölkerung in endlosen Schlangen, um einen Sack Kartoffeln zu ergattern.“[53]

Der amerikanische Geheimdienstmann James H. Critchfield bekennt im Nachhinein, dass sich sein Bild von diesen Jahren „durch die gesicherten historischen Fakten, von denen viele erst im Verlauf vieler Jahre zugänglich gemacht worden sind, ganz entscheidend verändert“ hat. Er kommt nach Jahrzehnten zur Schlussfolgerung: „Es liegt auf der Hand, dass die amerikanischen Geheimdienste in Deutschland ihre Aufgabe nie richtig erfüllt haben, auch wenn diese durch den Erlass des »National Security Act« vom Juli 1947 und der nachfolgenden Anweisung 1 des Nationalen Sicherheitsrates für den Nachrichtendienst (»National Security Council Intelligence Directive 1-NSCID 1«) vom 12. Dezember 1947 konzeptionell in Kraft gesetzt worden waren.“[54]

Wo ist das Problem bei James Critchfield zu suchen? Es sieht einfach so aus, dass er Fehler bei allen denkbaren Akteuren entdeckt, seine eigene Arbeit zum Wohl der Vereinigten Staaten von Amerika in der Rückschau aber alles in allem für einen Bombenerfolg hält. Er kommt – im Gegensatz zu Tim Weiner, der als ein Journalist der Zeitung New York Times gewiss auch mehr die Aufgabe hat, die Angelegenheiten kritisch zu hinterfragen – zu der versöhnlichen Auswertung: „Entscheidend bleibt die Tatsache, dass Gehlen einen modernen, gut organisierten und zentralisierten Nachrichtendienst aufgebaut hat. Von seiner Struktur her ähnelte er sehr der Central Intelligence Agency, in Wirklichkeit aber war Gehlen völlig unabhängig zu der gleichen Vorstellung von einem nationalen Nachrichtendienst gelangt, die auch die Vereinigten Staaten dazu veranlasst hatte, die CIA ins Leben zu rufen.“[55] Bloß dass Gehlen Jahre früher auf den Trichter kam und wohl eher das Vorbild für die CIA war.

Die Rückblende von Donald Gregg ernüchtert restlos: „Wir marschierten in den Fußstapfen der OSS, aber die Menschen, gegen die wir kämpften, hatten alles im Griff. Wir wussten nicht, was wir taten. Ich fragte meine Vorgesetzten, worin der Auftrag bestand, aber sie wollten es nicht sagen. Sie wussten es selbst nicht. Es war Aufschneiderei der schlimmsten Sorte. Wir schulten Koreaner und Chinesen und noch viele andere Ausländer, wir setzten Koreaner über Nordkorea und Chinesen über China ab, gleich nördlich der koreanischen Grenze, und kaum hatten wir sie abgesetzt, hörten wir nie wieder von ihnen.“[56]

Der Geheimdienst der Weltmacht am Rhein

Wer die Ursache der großen Konflikte rund um den Globus vorgibt, kann als die Weltmacht angesehen werden. Wenn es dann noch große Länder gibt, die sich deswegen in die Haare kriegen, kann man sie zum Beispiel als Supermächte bezeichnen und das Ganze als Marionettentheater. Der Westen und der Osten stehen sich so wie Katzen und Hunde gegenüber und die Deutschen werden im Westen wie auch im Osten mit eingeplant, wenn auch nur als Kanonenfutter. Stalin hat weiter die Kommunisten in Deutschland als Klotz am Bein, die ihn daran hindern, seine Vorstellung von Europa nach dem Krieg durchzusetzen. Aber dem Westen geht es ja auch nicht viel besser, weil gesamtdeutsche und gesamteuropäische Vorstellungen den neuen Staatslenkern am Rhein ebenso zuwiderlaufen.

Vereint sind die vier ehemaligen Weltkriegsalliierten vor allem in einem Punkt: Sie erliegen dem Missverständnis, dass die Deutschen mehrheitlich Hitler und sein Regime toll gefunden hätten. Das musste für Männer in der Wehrmacht natürlich doppelt und dreifach gültig sein. Wer sollte aber auch in der Lage sein, sich mit dem Hintergrund der Sozialisierung in einer Demokratie das Leben in einer Diktatur vorzustellen? In Moskau sind sie zu stark betroffen, um die Lage noch klar zu beurteilen. So ist es nicht wirklich erstaunlich, dass keiner im Ausland besonders begeistert ist, dass er sich mit dem Anhang des vermeintlichen Altnazis Gehlen befassen soll. Allen Dulles aus der Chefetage der CIA gibt seinen Männern, die sich vor Ekel schütteln und mit Reinhard Gehlen nun gar nicht leben können, den ganz praktischen Tipp: „Man braucht ihn ja nicht zu sich in den Klub einzuladen.“[57] Hoch leben die Vorurteile!

Es wäre natürlich nicht nötig, dass sich die Amerikaner so übel vor ihren neuen Freunden ekeln, aber dafür müsste deren großes Geheimnis einer Aufklärung weichen, nach der draußen in der großen weiten Welt keiner mehr verstehen würde, warum sie in Westdeutschland so hartnäckig auf dem Erhalt der fast vollständig verlassenen Ostprovinzen herumhacken müssen. Na ja, wenn dieser ganze Zirkus irgendwann einmal Geschichte ist, liest vielleicht einmal jemand die Memoiren von diesem oder jenem früheren Kollegen Gehlens. Vielleicht werden es die Erinnerungen eines Oscar Reile sein, die er mit dem Titel *Der Deutsche Geheimdienst im II. Weltkrieg – Westfront* versehen wird. Dort finden sich dann auch Worte der Würdigung für den von den nationalsozialistischen Fanatikern hingerichteten ehemaligen Chef des Geheimdienstes Wilhelm Canaris: „Wir überlebenden Angehörigen der ehemaligen militärischen Abwehr verehren Admiral Canaris heute wie zu seinen Lebzeiten. Alljährlich versammeln wir uns um die Vorsitzenden unseres Arbeitskreises, Generalmajor a. D. Gerhard Henke und Oberstleutnant a. D. Franz Seubert, um des 9. April 1945 zu gedenken, an dem die Schergen des Nationalsozialismus Wilhelm Canaris umgebracht haben."[58]

Wobei man hier noch einmal differenzieren muss. Dass es in der Abwehr unter Wilhelm Canaris und Hans Oster viele Männer und Frauen gab, die für ein Ende von Adolf Hitlers Krieg gekämpft haben, das wissen Herren wie Allen Dulles aus ihrer Zeit im Vorläufer der CIA, dem OSS, und auch die Briten, die '44 noch ihr Wissen über die Beteiligten am Staatsstreich über die BBC in die Welt hinausposaunten. Über jetzt relevante Akteure weiß man aber zu wenig. Critchfield nimmt Gehlens Geschwätz darüber ungefiltert an: „Es ist weithin bekannt, dass Reinhard Gehlen nicht zum Kreis des deutschen Widerstands gehörte. Auf Grund meiner Gespräche, die ich viel später mit Gehlen über die Bestrebungen des inneren Widerstands und über das Attentat des 20. Juli führte, bin ich überzeugt, dass er psychologisch gar nicht darauf vorbereitet war, sich an einem Staatsstreich zu beteiligen, der darauf abzielte, das Staatsoberhaupt, das gleichzeitig auch sein militärischer Oberbefehlshaber war, zu ermorden oder auch nur abzusetzen."[59] So hat Gehlen das gesagt und so akzeptiert er es.

Hören Sie auch diese Bewertung Critchfields über den europäischen Ureinwohner: „Ich glaube, Gehlen – im letzten Kriegsjahr noch ein namenloser Generalmajor – war auch gekennzeichnet durch eine Spur von persönlicher Unsicherheit und ein ständiges Bedürfnis nach Anerkennung, was später auch in seinen beiden Büchern deutlich wurde. Er schien an dem plötzlichen Ansehen der »Organisation Gehlen« Gefallen zu finden, während er gleichzeitig das Image eines geheimnisumwitterten Mannes mit Sonnenbrille und Schlapphut pflegte, den eine Aura des Geheimnisvollen bei allen seinen Vorhaben umgab.“[60]

Plötzlich kam Gehlens Ansehen aber lediglich für den Demokratiseur aus *America*. Höchstes Ansehen hat der Mann, in dessen Schublade 1944 ein Aktionsplan für *Walküre* gelegen hat, vermutlich schon genossen, als die Verschwörer von 1943/44 sahen, dass es ihm echt gelang, die Stimmung zwischen den Alliierten bald nach dem Waffenstillstand zu vergiften. Ich habe auch noch keine Stelle bei Gehlen gefunden, die auf eine Unsicherheit bei ihm hinweist. Ich hatte beim Lesen bloß das Gefühl, dass mir so viel Arroganz beim Schreiben selten begegnet ist. Ich gebe aber gerne zu, dass Gehlens Bücher 1951 längst nicht vorliegen. James Critchfield aber, der sein Land in einer führenden Position auf einen Konfrontationskurs mit der Sowjetunion bringt – und dies aufgrund von Informationen, die er von Gehlen übernimmt, urteilt über diesen Mann so: „Keiner von uns, der mit Gehlen häufig zu tun hatte, hielt ihn für einen »geheimnisumwitterten Mann« oder den »Spion des Jahrhunderts«, als der er in der Öffentlichkeit gesehen wurde.“ Und warum tritt keiner von ihnen, nachdem ihm die erste „Panne“ bei den Gehlen-Leuten aufgefallen ist, an die ausgebombten Russen heran und sagt ihnen, es sei der Verdacht aufgekommen, sie hätten bei sich zu Hause Produktionsstätten für biologische beziehungsweise chemische Massenvernichtungswaffen, verbunden mit der Bitte, den Zweifel vor Ort in der Sowjetunion ausräumen zu dürfen? Aber zu dem Zeitpunkt ist vielleicht auch schon viel zu viel Porzellan zerdeppert worden – von beiden Seiten, um gerecht zu sein.[61]

Blickt man auf die Wirkung des Meisters auf den Gang der Ereignisse in den Jahren nach dem Krieg zurück, bekommt James Critchfield bei einer seiner Bewertungen recht, wenn auch schräg: „Gehlen war in besonderer

Weise geeignet, seine Rolle in der Geschichte auszufüllen. Seine Kriegserfahrungen hatten seinen Horizont erweitert und ermöglichten es ihm, über die Zusammenhänge in der Welt in einem geopolitischen Rahmen zu denken. Er war derjenige, der Fremde Heere Ost als eine Trumpfkarte ansah, die es auszuspielen galt, um eine goldene Brücke nach Westen in ein antibolschewistisches Bündnis zu bauen, mit dem Westeuropa verteidigt werden konnte."[62]

Knapp daneben ist auch vorbei. Ja sicher geht es um die goldene Brücke nach Westen, doch die antibolschewistischen Sprüche sind lediglich das Mittel zum Zweck. Sie werden sich sicher an Marion Gräfin Dönhoffs Erstaunen darüber erinnern, dass ein Mann, dessen Metier es ja im Prinzip mit sich bringen müsste, dass er „den Osten als potenziellen Gegner" ansieht, sich so *freihält von antikommunistischen Komplexen*. Aber zurück zu Critchfields Einschätzung dieses Reinhard Gehlen: „Ich kann keinem anderen ehemaligen deutschen Offizier den Weitblick, die Entschlossenheit oder das praktische politische Geschick zusprechen, mit deren Hilfe er in jenem stürmischen Jahrzehnt, das mit den letzten Tagen des Krieges begann, sein Ziel im Auge behielt. Aber der Fähigkeit, seine Rolle zu spielen, waren auch Grenzen gesetzt."[63]

Die zweite Äußerung trifft wohl in erster Linie auf den Autoren selbst zu. Das einzige Problem an den Sätzen davor besteht darin, dass er sie in der Sicherheit niedergeschrieben hat, durch Gehlen von der Gefährdung der Welt durch die Bolschewisten aufmerksam gemacht worden zu sein. Mir ist aber noch in den Ohren, wie sich Gehlen über den ersten Amerikaner freute, der ihm das Märchen abkaufte. Seinen *talk* mit Captain Hallstedt kommentierte er mit der Formulierung: „Diese Begegnung sollte die entscheidende sein für die weitere Entwicklung meiner Pläne."[64]

Vertiefen wir uns also einmal in Gehlens Doppelspiel und befragen einen Mann, der richtig fleißig und noch lange an Gehlens Seite wirkt, von den Amerikanern schon Mitte der 1950er Jahre der Spionage für die Sowjets verdächtigt wird, von Gehlen trotzdem noch sechs lange Jahre weiter gedeckt und an führender Stelle eingesetzt wird und erst 1961 endgültig als Agent des sowjetischen Geheimdienstes KGB vor Gericht gestellt werden wird. Bis dahin wird er die Sowjets bereits über *siebzig größere* Geheimoperationen der Amerikaner vorab informiert haben, alles in allem etwa *fünfzehntausend* wichtige Informationen, und, noch tragischer, auch die Identität von mehr als *einhundert* CIA-Agenten dem Moskauer Geheimdienst KGB preisgegeben haben. Die Rede ist von Heinz Felfe.[65]

Nach der Enttarnung muss er im Westen erst einmal in den Knast. Nach einem Häftlingsaustausch darf er in die DDR und schreibt dort das Werk *Im Dienst des Gegners*, in dem er seinen Eimer über dem Geheimdienst der Bundesrepublik auskippt, der dann bereits BND heißen wird. Das ist lesenswert, allein schon, weil er verschiedene Schreibstile benutzt. Einen sachlichen über die Jahre im Dritten Reich, einen polemischen über die Zeit in der Bundesrepublik und einen schönen über sein neues Leben in unserer bunten DDR. Hören wir hier einmal hinein: „Rückblickend kann festgestellt werden, dass Pullach der Kristallisationspunkt militärischer und entspannungsfeindlicher Nachkriegspolitik wurde." Das ist zweifellos richtig; das hatte man in Ost-Berlin und in Moskau jedoch auch ohne ihn bemerkt. Der Meister erläutert freilich in seinem Werk nicht, dass es um die Verhinderung der Entspannung ging, da Gehlen in *America* kurz zuvor seinen Kalten Krieg angezettelt hatte.[66]

Für vorstellbar halte ich wohl, dass Gehlen gern einmal einen Diavortrag abhandelte mit Fotos über seine Arbeitsergebnisse damals als Chef FHO im Lauf des Kriegs. „Es folgten Prognosen zur gegenwärtigen politischen Lage, die düster genug ausfielen." Unabhängig von jeder *gegenwärtigen politischen Lage*. Sie werden auch in den Phasen der Entspannung nicht aufhellen, um das hier schon einmal vorwegzunehmen. Dann ist der gute Felfe jedoch schon in der größten DDR auf der Welt.[67] An anderer Stelle sucht sich der aus einer Zelle entsprungene Felfe seinen Reim darauf zu machen, wie Herr Gehlen wirklich war: „So herzlich und scheinbar offen, wie Gehlen sich gegenüber seinen Besuchern gab, so wenig echt war diese Haltung. In Wirklichkeit war Gehlen von einer Art Spionitis geprägt. Hinter allem, was nicht stramm rechtskonservativ war, witterte er den Feind, selbst bei den Leuten, mit denen er zusammenarbeiten musste. Überall sah er die »Rote Kapelle«, hinter jedem Fortschritt vermutete er Moskaus Hand.“[68]

Dafür hat er freilich den krummen Hund Felfe erstaunlich lange gedeckt. Wahr ist auch, dass die Briten ihn vorher bereits für einen Spion hielten, sodass es bloß umso mehr erstaunt, dass Gehlen nicht in ihm den Feind sieht. „Dadurch wurde er, wenn er es nicht schon längst war, Gefangener seines selbstgeschaffenen Wahnes, das Abendland vor der geschichtlich unabdingbaren Entwicklung bewahren zu müssen. Gehlen hat in seinem Verfolgungswahn sicherlich übertrieben. Aber es mag ihm ergangen sein wie jenem Prahlhans, der hundert Hasen gesehen haben wollte, während es in Wirklichkeit nur geraschelt hatte.“[69]

So ähnlich muss man sich das wohl vorstellen. Liest man Texte, die Herr Gehlen selbst geschrieben hat, klingt er jedoch nicht so paranoid, wie es sich bei Felfe anhören soll – abgesehen vom letzten Drittel seines Buches *Der Dienst*, in dem er die Welt angesichts drohender Entspannung unter dem *freak* Willy Brandt nochmal eindringlich vor der kommunistischen Gefahr warnt. Ich habe umgekehrt das Gefühl, dass da jemand die Feder führt, der in außergewöhnlichem Maße befähigt ist, vierdimensional und farbig zu denken, ein Eindruck, der auch bei der Lektüre von Felfes Buch entsteht. Wenn Felfe seinem Publikum weismacht, sein Ex-Boss sei doch ein bisschen seltsam gewesen, dann sagt das bestimmt mehr über Felfes Absicht beim Schreiben aus als über Reinhard Gehlen.

Es müsste Genossen Markus Wolf eigentlich stutzig machen, wenn Felfe in sein Buch schreibt, dass er den Hauptanteil der Kundschaftertätigkeit für Moskaus Geheimdienst KGB „während der offiziellen Arbeitszeit“ in seinem Dienstzimmer erledigt habe, „denn es wurde nicht gern gesehen, wenn auch nach Dienstschluss gearbeitet wurde". Das fällt ja auch nicht auf, dass er seine eigentliche Arbeit immer erst Monate später fertig hat. Und brüllend lustig wird es, wenn er erläutert, warum so lange niemand seine Aktivitäten für den KGB mitbekommen haben soll: „Um ungestört zu sein, schloss ich mich meistens ein." Ich will es so sagen: Spätestens, wenn das zweite Mal einer seiner Kollegen an die Tür klopft und er erst aufschließen muss, schöpft auch ein richtig begriffsstutziger Mitarbeiter Verdacht, meinen Sie nicht? Er treibt dieses Spiel immerhin zehn Jahre lang. Wenn er den Hauptanteil der Arbeit für den KGB in der Arbeitszeit erledigt hat, dann war das seine Aufgabe bei dem geheimen Dienst. Felfe ist also der der Kollege, der für Gehlen Infos nach Moskau weitergibt.[70]

Bei Heinz Felfe schimmert die Technik durch, wie Gehlen bei der Unterstützung des kommunistischen Aufbaus in Ost-Europa vorgeht. Den Abwehrbeauftragten beim Siemens-Konzern in München stellt sein Dienst mit Major i. G. Ulrich Bauer gleich selbst, so dass es wirklich keinen verwundern kann, wie es Siemens gelingt, jahrzehntelang völlig unbehelligt Produkte der Hochtechnologie zu uns in die DDR und in osteuropäische Staaten zu jonglieren, obwohl sie doch auf der sogenannten Cocom-Liste stehen und der Export in diese Himmelsrichtung nicht erlaubt ist.[71]

Erbarmungslos komisch wird es, wenn sich der gute Mann dazu äußert, wie Reinhard Gehlen den *friends* bei der CIA die Infos andreht, die er im *Gentlemen's Agreement* versprochen hat. Die Organisation Gehlen hat, wie nicht anders zu erwarten, im Westen und im Osten von Deutschland Agenten. Diese Leute, erklärt er, würden „Informationen an mehrere Abnehmer" verkaufen. Das sind nämlich richtig schlimme Finger. „Sehr oft waren diese Nachrichten nur bewusste Fälschungen oder stammten aus der Gerüchtekiste. Niemand fand sich mehr in diesem Gewirr von Agenten und Doppelagenten zurecht."[72] Nun gut. Also niemand. Das spielt jedoch auch bloß eine untergeordnete Rolle, weil die gewünschte Wirkung dadurch sogar noch verstärkt wird. Wichtig ist ja im Endeffekt auch nur, was im großen Maßstab herauskommt.

Herr Gehlen hat auch in allen Teilen Österreichs Agenten, im britischen, französischen, amerikanischen *und im sowjetischen Teil*. Einer von den doch zahlreichen dienstbaren Geistern ist ein gewisser Kim. „Alle Informationen, die »Kim« anschleppte, waren auf dem schnellsten Wege den CIA-Kontrolleuren der OG zu übermitteln."[73] Aber an den Informationen über die Sowjetunion und Ost-Europa haben die Amis nicht viel Freude. Felfe erklärt dazu: „Dass »Kim« ein Nachrichtenschwindler war, der die Grenzen des Glaubhaften längst meilenweit überschritten hatte, musste selbst ein Blinder sehen, ganz zu schweigen von der naheliegenden Vermutung, dass es sich bei ihm um einen Mehrfachagenten handelte." Ich vermute, dass ein ganzer Trupp die Infos zusammenbastelt, die von *Kim* gekommen sein sollen. Und Herr Felfe fabuliert: „Doch aufgeben wollten ihn die Amerikaner nicht, weil seine »brisanten (sprich: erfundenen) Informationen«, wie mir der verantwortliche CIA-Offizier treuherzig versicherte, »oft viel Aufsehen in Washington« erregten. In der Organisation sah niemand mehr durch, welchen Herren er tatsächlich diente."[74]

Die Schilderung beginnt auf der Seite 356 und zieht sich noch eine Weile so hin. Um das Ganze hier abzukürzen, will ich nur noch sagen, wie diese Geschichte ausgeht: Als den Amerikanern die Kasperei zu bunt wird und sie eine Aufklärung des Falles in Auftrag geben, erklären ihnen Gehlens Kameraden, dass der Kim jetzt verstorben sei und Felfe kann „die ganze Sache mit mehr oder weniger Erfolg zu den Akten legen". Und sich einen neuen Agenten für die *friends from America* ausdenken – oder klingt es in Ihren Ohren vielleicht anders?[75]

Das Lachen verebbt, wenn man *Auftrag Pullach* des amerikanischen Geheimdienstneulings Critchfield in der Hand hat. Welches umfangreiche Geheimwissen kann er sich aneignen? „Vor dem Kriege war Heinz Felfe ein gescheiter junger Mann mit einer aussichtsreichen Zukunft als Offizier im Polizei- und Geheimdienst der SS. Geboren und aufgewachsen in Dresden, einer der schönsten Städte Deutschlands, beendete er im Alter von dreiundzwanzig Jahren seine Schulausbildung sowie die anfängliche

Ausbildung im Polizeidienst und heiratete seine gleichaltrige Dresdener Freundin Margarete Ingeborg." Mein Gott, wie aufregend. „Unmittelbar danach trat Felfe in den Dienst der Sicherheitspolizei und begann seine Laufbahn als Kriminalkommissar. Im August 1943 wurde Felfe die Auswertung aller aus der Schweiz eingehenden Berichte übertragen."[76]

Nach dem Krieg ist alles vollkommen anders. Dresden ist weitgehend ein einziger großer Trümmerhaufen und der Meister Felfe ist kein gescheiter junger Mann mehr. Seit '47 steht er nach Critchfields Worten „im Dienst der Residentur des britischen Geheimdienstes im Rheinland, die ihn zu Operationen gegen die Kommunistische Partei Deutschlands einsetzte." Er meint, das war 1947, andere sagen, es war schon 1946, aber sei es wie es sei – für ihn spielen solche Nebensächlichkeiten ohnehin keine Rolle. An den britischen Geheimdienst kann er sich nicht mehr erinnern und kam auch woanders an: „Vorher hatte ich mich übrigens bei der Polizei beworben, nachdem ich durch mein Studium in Bonn die Voraussetzungen dafür geschaffen hatte. Die Engländer verhinderten jedoch meine Einstellung. Ihre Gründe dafür sind mir bis heute unbekannt." Erklärt der Meister.[77] Einen Doppelagenten wollten sie dort vielleicht nicht bezahlen. Wir waren hingegen bei dem angestauten Wissen des J. Critchfield: „Anfang 1950 kündigte Felfe bei den Briten und arbeitete im Auftrag des auch für Flüchtlingsfragen zuständigen Ministeriums für gesamtdeutsche Fragen."[78] Da die Hauptaufgabe seit 1945 darin besteht, Deutschland zu teilen, fallen mir nicht extrem viele Institutionen ein, in denen er noch besser aufgehoben wäre.

Felfe wurde immer älter und immer dümmer und ließ sich doch wirklich von seinem Kollegen Hans Clemens überreden, ihn einmal nach Berlin-Karlshorst zu begleiten, wo der KGB eine Residentur hat. Auch an dieser Stelle fällt auf, dass der Amerikaner über einen Vorgang berichtet, den er nicht erlebt hat. Da er kein Augenzeuge ist, müsste er in irgendeiner Art und Weise andeuten, wie er zu seinem Wissen kommt. Über einem Versuch der Rekonstruktion der Motivation Felfes, einen kommunistischen

Dienst zu unterstützen, driftet der Neuling endgültig ab: „Wie gelang es dem KGB, Felfe so ohne Weiteres für seine Dienste zu gewinnen? Meiner Ansicht nach war diese Generation der Deutschen nach gründlicher Indoktrinierung durch die nationalsozialistische Partei, die SS, den SD und die Geheime Staatspolizei psychisch kaum in der Verfassung, sich einer Anwerbung zu widersetzen.“ Diese *nationalsozialistisch indoktrinierten* Männer haben demzufolge dann für jeden beliebigen Geheimdienst der Welt gearbeitet; so erklärt sich dieser Ami also die geistigen Prozesse bei den Ureinwohnern eines von ihm zu demokratisierenden Landes. Er war vermutlich auch darüber erstaunt, dass diese fremden Menschen bereits Lichtschalter in den Räumen hatten und ihre Nahrung schon von Tellern einnahmen. Er ist einfach süß: „Die Zerschlagung des nationalsozialistischen Systems hatte sie zutiefst verwundbar gemacht. Nach dem Untergang des Dritten Reiches waren Hunderte ehemaliger Angehöriger des SD und der Gestapo schnell bereit, für einen ausländischen Nachrichtendienst zu arbeiten.“[79] Solche Sachen sind gemeint, wenn die Deutschen von der Naivität der Amerikaner sprechen. Allein Helmut Schmidt stellt sie mehr als einmal bei ihnen fest und schüttet sich nur aus vor Lachen.

James Critchfield hatte seinen Wohnsitz nach dem Krieg von einer Seite des Atlantiks auf die andere in eine ehemalige Siedlung von NS-Familien im bayerischen Pullach verlegt und soll ein paar Meilen südlich der Stadt München, die so zerschossen in der Gegend herumsteht wie jede andere größere Stadt in Deutschland, die Handgriffe des Gehlen-Kollektivs verfolgen. In dem Produkt *Auftrag Pullach* aus seiner Feder erfährt die gute Leserschar, dass es da beileibe nicht allein um den Fall Heinz Felfe geht. Für meinen Geschmack war ja der Verrat von 70 größeren Geheimoperationen, die Preisgabe von ungefähr 15.000 geheimen Informationen und der Identität von mehr als 100 Agenten der guten CIA an den bösen KGB schon lange zu viel des Guten gewesen. Critchfield ergänzt noch weitere Namen aus den Reihen der Gehlen-Truppe und kommt trotz allem nicht zu dem Schluss, dass er und mit ihm die USA einem irren Schwindel aufgesessen sind – ein ungewöhnlich harter Fall von Blindheit.

Critchfield konstatiert, dass es ebenso um Karl Schütz bei der Stuttgarter Dienststelle geht, um den Kollegen Hans Clemens und um Felfes Kurier Erwin Tiebel. Daneben geht es noch um einen Kollegen Willi Krichbaum im schönen Bad Reichenhall. Oberst Friedrich Wilhelm Heinz läuft über. Das ist ganz zweifellos für Ost-Berlin ein gefundenes Fressen, denn er ist der Leiter des Nachrichtendienstes im Amt Blank, das in Verteidigungsministerium umbenannt werden soll. Auch der Leiter von Heinz' Außenstelle in West-Berlin Jakob Kolb setzt sich in die DDR ab. Damit sind wir schon bei der siebenten Sicherheitslücke, wenn man Heinz Felfe mit einrechnet, der bislang noch nicht enttarnt worden ist. Der Achte im Bunde ist Vinzenz Müller. Er muss sich nicht mehr in die DDR absetzen – er ist ja schon dort und wird den Aufbau der Kasernierten Volkspolizei leiten. Es liegt also nicht außerhalb des Möglichen, dass Gehlens Männer in die DDR delegiert werden. Am Rande: Zum Hauptproblem im Falle Vinzenz Müller wird im Laufe der Zeit seine liebe Frau, die die realsozialistischen Lebensumstände in der schönsten DDR so unschön findet, dass sie ihren lieben Mann mit den Jahren in Wellen bedrängt, jetzt in das Heimatland der Organisation Gehlen überzusiedeln.[80] Es liegt westlich der DDR.

Die Nummer 9 ist meines Erachtens Alfred Bentzinger, dessen Generalvertretung L mit einer „außergewöhnlichen Vertrauensseligkeit" auffällt. Hier geht es aber nicht um das Abzocken alter Damen an der Haustür; es ist von Männern die Rede, die auf dem Höhepunkt des Kalten Kriegs im Dienst der Spionageabwehr der Bundesrepublik stehen. Man könnte das glatt vergessen, wenn man die Einschätzungen des Hobbyagenten James Critchfield liest. Es führt bei ihm auch noch nicht zu einem gewissen Anfangsverdacht, dass der gute Alfred Bentzinger gleich von Anfang an als „eindeutiges Sicherheitsrisiko" eingestuft wurde. Ursprünglich sogar bereits von den Briten. Zur Erinnerung: Die Aufgabe für Critchfield besteht darin, Washington zu beraten, ob man die Männer um Gehlen auseinandertreiben soll oder ob sie später einmal den Kern eines Geheimdienstes der Bonner Regierung bilden könnten. Spätestens der zweite Fall dieser Art ohne einen Rauswurf durch Gehlen hätte Critchfield eigentlich sagen müssen, dass es höchste Zeit ist, den Laden zügig aufzulösen. Er muss ja eine Schwäche für Gehlen haben; wie wäre es anders zu erklären, dass er ihn weiter gewähren lässt, als ihm dies zu Ohren kam: „Ich hörte einmal, dass eine Akte über Bentzinger einfach nicht aufzufinden war, als Gehlen Einsicht nehmen wollte." Irgendwann hätte er hellhörig werden müssen. Ob Critchfield im Endeffekt ein guter Oberaufseher ist oder ob Reinhard Gehlen gute Arbeit bei seiner Geheimhaltung leistet, wird von Critchfield freimütig aufgeklärt: „Mein Wissen über die Umstände und die Vorgänge innerhalb der GV L stammt einzig und allein aus Quellen, die mir erst in den achtziger und frühen neunziger Jahren zugänglich waren."[81] Kann sein, dass Sie mir zustimmen, wenn ich sage, dass das zu spät ist. Und ob er das 1951 schon weiß oder auch nicht, ändert doch letzten Endes nichts daran, wie es 1951 wirklich war. Berechtigterweise erklärt J. Critchfield, dass Bentzingers GV L in Karlsruhe von den Amis dicht gemacht würde, wenn Gehlen sie über die Vorgänge dort unterrichten würde. Doch dazu haben sie gar keine Gelegenheit, da sie eben nicht unterrichtet werden.

Was die Verwirrung bei den Amis noch weiter steigert, sind vorgespielte persönliche Querelen unter den Ureinwohnern des Teutoburger Waldes. Bei J. Critchfield klingt das so: „Der Stab der Operationsabteilung wirkte auf uns nicht ganz klar strukturiert und hatte offensichtlich weit weniger Übersicht über seine Arbeit als der Stab der Auswertung."[82] Hauptsache, die Amerikaner behalten in dem vermeintlichen Durcheinander bei den Deutschen ihren Überblick. Critchfield versucht sich an einer Erklärung für die fragwürdigen Ergebnisse. Über den Anführer der Agentenbande Generalmajor Gehlen meint er: „Er stellte allerdings fest, dass Hermann Baun eine beträchtliche Unabhängigkeit erlangt hatte, indem er darauf bestand, dass er und Gehlen zwar getrennte, aber gleichrangige Organisationen im Rahmen eines größeren nachrichtendienstlichen Vorhabens leiteten." Aber er kauft den Preußen ja auch ab, dass Hermann Baun „ein von Natur aus unordentlicher Mensch" sei.[83] Alles klar, Euer Ehren.

Widmen wir uns weiter der amerikanischen Deutung dieser mysteriösen Vorgänge. Critchfield kommt auf jeden guten Gedanken außer den, dass die Männer für Gehlen und nicht für die Sowjets gearbeitet haben. Verfolgen wir weiter die Analyse: „Die Entscheidung, ehemalige Beamte des SD zu übernehmen, war möglicherweise Gehlens kostspieligster Fehler, denn sie ermöglichte es dem KGB, zwei Agenten – Heinz Felfe und Hans Clemens – in die empfindliche Organisation der Spionageabwehr einzuschleusen. Seine Entscheidung kostete wahrscheinlich zahlreichen Agenten in den kommunistischen Ländern das Leben und schädigte auf lange Sicht Gehlens Ansehen und das seiner Organisation."[84]

Der SD war der Sicherheitsdienst im Reichssicherheitshauptamt zu den Zeiten Adolf Hitlers. Damit sind wir bei der nächsten gravierenden Fehlanalyse des amerikanischen Oberaufsehers über Gehlens Leute. Immer wieder betont er, wie glücklich er sei, wenn keine Kriegsverbrecher und Altnazis unter Gehlens Männern sind. Das kann einen nur freuen, doch warum schickt er kein negatives Urteil in die Heimat, als ihm zu Ohren kommt, dass es solche finsteren Gestalten in der Karlsruher Dienststelle gibt? Es ist eine andere Frage, dass er auch so wenig wie bei Heinz Felfe weiß, was die Männer aus den zwölf Jahren der Diktatur und den sechs Jahren im Krieg unter dem Oberbefehl eines Stümpers ohne die Qualität der selbstkritischen Reflexion für sich persönlich mitgenommen haben. Da sie aber wie auch Gehlen selbst nicht viel über ihre persönliche Einstellung zu Hitler von sich geben, müsste James Critchfield eigentlich in der Frage ihrer Weiterbeschäftigung den Daumen senken. Genießen wir auch hier den amerikanischen Aufseher im Originalton: „Gehlen verstieß gegen seine eigenen Richtlinien und ließ es zu, dass eine kleine Gruppe ehemaliger Angehöriger des Sicherheitsdienstes (SD) angeworben und in der GV L beschäftigt wurden. Bentzinger stellte also gleichsam in aller Öffentlichkeit ausgerechnet SD-Leute ein, um sie in der Karlsruher und Stuttgarter Gegend einzusetzen. Sie sollten dort Informationen über die kommunistische Unterwanderung Westdeutschlands sammeln und gegen diese vorgehen."[85]

In der Interpretation der Vorgänge landet er wie die Platte mit Riss beim Urschleim: „Ich behaupte, dass die Überwachung der kommunistischen Infiltration Westdeutschlands von Anfang an die Hauptaufgabe der GV L war. Gehlen war von der Gefahr, die der Kommunismus für die westliche Gesellschaftsform darstellte, zutiefst überzeugt." Woher nimmt der gute Mann die Chuzpe zu diesem Blick in ein fremdes Gehirn? Warum sollte jemand auch wirklich das meinen, was er in gewissen Gesprächskreisen gebetsmühlenartig wiederholt? Und was die Wahrnehmung von Gehlen von außen angeht, hat man das Gefühl, es sei auch wie bei Felfe: Je älter er wird, desto schlimmer wird es auch: „Mit zunehmendem Alter neigte er dazu, beinahe paranoisch Leute kommunistischer Verbindungen und politischer Ansichten zu verdächtigen, die nicht mit seiner eigenen konservativen Überzeugung im Einklang standen."[86] Da hatte Marion Gräfin Dönhoff hingegen aus nächster Nähe einen ganz anderen Eindruck...

Um bei dem Spiel nicht aufzufliegen, ist es nicht ganz unerheblich, über den Stand der Diskussionen bei den Partnern im Bilde zu sein. Aus Bonn werden folgerichtig nach der Gründung der B.R.D. Aufträge angemeldet, „die sich durchaus nicht nur auf den Osten beschränkten, sondern auch auf die übrige Welt bezogen. Ich habe dieses wachsende Interesse sicher mit Recht als Anerkennung der bisherigen Ergebnisse unserer Arbeit gewertet und, wenn irgend möglich, für eine rechtzeitige Beantwortung gesorgt. So ergab es sich von selbst, dass in immer stärkerem Maße Unterlagen für die außenpolitische Lagebeurteilung angefordert wurden, wenn die Bundesregierung vor irgendwelchen schwerwiegenden Überlegungen stand." Das stammt nun wieder von Gehlen persönlich. Es war also noch lange nicht seine letzte Hinterhältigkeit, dass er das amerikanische Verbot für „weitere Verhandlungen mit deutschen Regierungsstellen" vom 21. Dezember '49 „stillschweigend nicht akzeptiert" hat, wie er mit stolzgeschwellter Brust erklärt.[87] So weit ein kleiner Abstecher in die Welt der Geheimdienste. Nach dem Jahreswechsel kommen wir wieder zurück in die Welt von Otto Normalverbraucher.

1 Kern (1988), S. 474

2 Böhme & Wirtgen (1993), S. 161

3 Gaus (1986), S. 110

4 Strauß (1989), S. 154

5 Ebd., S. 154
Krieger (2007), S. 277
Schmidt-Eenboom (2004), S. 64

6 Ramge (2003), S. 54ff.

7 Ebd.

8 Ebd.

9 Ebd.

10 Ebd.

11 Wiegrefe, Klaus (2006), Aufstieg nach dem Untergang. Blühende Landschaften. In: Spiegel-Spezial 1/2006, S. 15

12 Kraatz (1986), S. 58

13 Hodenberg (2002), S. 293

14 Schmidt-Eenboom (2004), S. 211

15 Ebd.

16 Ebd., S. 41

17 Schmidt-Eenboom (2004), S. 35, 41, 91 und 245ff.
Felfe (1989), S. 290ff.
Guillaume (1988), S. 131
Nur damit Sie besser verstehen, was ich meine: „In der Kategorie II führte DR. HEIDEGGER den 1981 verstorbenen Redakteur der Stuttgarter Nachrichten, Dr. Helmut Cron. Cron, Jahrgang 1899, war ab 1924 Redakteur beim Mannheimer Tagblatt und musste seinen Platz dort auf Druck der Nationalsozialisten räumen. Daher konnte er sich bereits 1945 am Aufbau der Stuttgarter Zeitung und 1946 an der Gründung der Wirtschaftszeitung beteiligen, die später mit Christ und Welt fusionierte. Nachrichtendienstlich interessant dürften aber vor allem seine Funktionen als Vorsitzender des Deutschen Journalistenverbandes in den fünfziger Jahren, seine spätere Tätigkeit als Sprecher des Presserates und als Mitglied der Deutschen Unesco-Kommission gewesen sein." Schmidt-Eenboom (2004), S. 37 f. Als Marion Gräfin Dönhoff, die später Chefredakteurin des Hamburger Wochenblattes *Die Zeit* geworden war, 1997 angeschrieben wurde, was sie dazu sagt, antwortete sie: „Ich weiß wirklich nicht, was damit gemeint ist", räumt aber ein, dass ein Mitarbeiter Gehlens, an dessen Namen sie sich nach eigenem Bekunden nicht erinnert, „gelegentlich bei der *Zeit* vorbeikam und mit [Theo] Sommer oder mir gesprochen hat, so, wie man mit irgendeinem Fremden, der eine Zeitung besucht, spricht, ohne dass es dabei um erhebliche Probleme geht." Schmidt-Eenboom (2004), S. 51f. Vielleicht sind Sie und ich auch schon einmal jemandem vom BND über den Weg gelaufen. Das kann man aber nur dann mit dieser Bestimmtheit wie Gräfin Dönhoff sagen, wenn man über dessen Funktion Bescheid weiß.

18 Schmidt-Eenboom (2004), S. 54f. und 60

19 Dönhoff (1976), S. 23 ff.

20 Ebd.

21 Strauß (1989), S. 38f.

22 Felfe (1989), S. 295

23 Ebd., S. 295

24 Schmidt-Eenboom (2004), S. 246
Felfe (1989), S. 295

25 Ebd., S. 173

26 Brandt (1989), S. 342

27 Baring (1982), S. 602

28 Bärwald, Helmut (1994), Artikel: Was das Ostbüro über Wehner wusste. In: Frankfurter Allgemeine Zeitung am 24.01.1994
Der Spiegel 04/1994, S. 24
Felfe (1989), S. 174
Wolf (2003), S. 196
Artikel in Deutschland Archiv 1/1999, S. 81

29 Felfe (1989), S. 150

30 Wiegrefe, Klaus (2006), Aufstieg nach dem Untergang. Blühende Landschaften. In: Spiegel-Spezial 1/2006, S. 15f.

31 Lechner's Fremdwörterbuch

32 Wiegrefe, Klaus (2006), Aufstieg nach dem Untergang. Blühende Landschaften. In: Spiegel-Spezial 1/2006, S. 16

33 Ash (1995), S. 190

34 Wolf (2003), S. 55

35 Ebd.

36 Ebd., S. 62

37 Der Spiegel Nr. 04/1994, S. 24, Nr. 44/1999, S. 106 mit Zitaten aus Wolfs Interview mit dem „Playboy" und 46/2006, S. 226

38 Ebd.

39 Wolf (2003), S. 65

40 Guillaume (1988), S. 164 ff.
Guillaumes Buch *Die Aussage* wurde 1988 gedruckt. Aus gutem Grund hat der Genosse Erich Honecker die Auslieferung verhindert. Die gedruckten Exemplare wurden dann unter den Kollegen von der HVA oder Hauptverwaltung Aufklärung verteilt. In den 1990er Jahren hatte ich Gelegenheit, einige von ihnen kennenzu-

lernen und bekam mein erstes Exemplar in die Finger. Heutzutage bekommt man es ganz einfach antiquarisch.

41 Wenn Sie das in der amerikanischen Selbstkritik haben wollen, empfehle ich Ihnen *CIA. Die ganze Geschichte* von Tim Weiner.

42 Weiner (2008), S. 52

43 Critchfield (2005), S. 186
Wenn Sie mich nach einer Erklärung fragen, warum in diesem Zitat von kommunistischen Parteien in der Mehrzahl die Rede ist, kann ich mir fast nur einen Druckfehler vorstellen. Oder sollte er vielleicht die SEW in West-Berlin als eine zweite solche Partei mitgezählt haben?

44 Critchfield (2005), S. 186
Gehlen (1971), S. 125

45 Weiner (2008), S. 52

46 Ebd., S. 160

47 Schmidt (1987), S. 157f.

48 Weiner (2008), S. 52

49 Ebd., S. 95

50 Ebd., S. 79 und 82

51 Ebd., S. 96

52 Ebd., S. 108

53 Ebd., S. 114

54 Critchfield (2005), S. 223

55 Ebd., S. 232

56 Weiner (2008), S. 92

57 Ebd., S. 693

58 Reile (1990), S. 397

59 Critchfield (2005), S. 38

60 Ebd., S. 124

61 Schmidt-Eenboom (2004), S. 63
Critchfield (2005), S. 124

62 Ebd., S. 124f.

63 Ebd., S. 125

64 Gehlen (1971), S. 137

65 Weiner (2008), S. 254

66 Felfe (1989), S. 238

67 Ebd., S. 300

68 Ebd., S. 302

69 Ebd.

70 Ebd., S. 211

71 Ebd., S. 278

72 Ebd., S. 218

73 Ebd., S. 356ff.
Die OG war die Organisation Gehlen.

74 Ebd.

75 Ebd.

76 Critchfield (2005), S. 188

77 Felfe (1989), S. 176

78 Critchfield (2005), S. 189

79 Felfe (1989), S. 172
Critchfield (2005), S. 189
KGB war das Komitet Gosudarstwennoj Besapasnosti oder auf Deutsch das Komitee für Staatssicherheit der Sowjetunion nach einer weiteren Umbenennung.

80 Felfe (1989), S. 172
Carlo Schmid (SPD) erklärt, dass an der Wiege der Kasernierten Volkspolizei der Reichswehrgeneral Vinzenz Müller stand. Im Deutschland Archiv 1/1999 steht auf der Seite 81: „Heute wissen wir, dass es eine Operation »Schwaben« gab, einen nachrichtendienstlichen Kanal der »Organisation Gehlen« bzw. des Bundesnachrichtendienstes zum ersten DDR-Generalstabschef." Hätte Adenauer bewaffnete Organe in der DDR nicht gewünscht, hätte man den Hinweis finden müssen, dass sich der Agent darum bemühte, die Einrichtung der Kasernierten Volkspolizei zu verhindern. Aber das Gegenteil ist der Fall.

81 Critchfield (2005), S. 187 und 191f.

82 Ebd, S. 131

83 Ebd., S. 48 und 131
Giefer & Giefer (1991), S. 189 und 205

84 Critchfield (2005), S. 186

85 Ebd., S. 186

86 Ebd., S. 124 und 186

87 Gehlen (1971), S. 178

Ausgewählte Literatur

Andert, Reinhold & Herzberg, Wolfgang (1990). Der Sturz. Erich Honecker im Kreuzverhör. Berlin und Weimar: Aufbau-Verlag

Ardenne, Manfred von (1987). Sechzig Jahre für Forschung und Fortschritt. Neuausgabe der Autobiografie. Berlin: Verlag der Nation

Ash, Timothy Garton (1995). Im Namen Europas. Deutschland und der geteilte Kontinent. Frankfurt/Main: Fischer Taschenbuch Verlag

Baring, Arnulf (1969). Außenpolitik in Adenauers Kanzlerdemokratie. Bonns Beitrag zur europäischen Verteidigungsgemeinschaft. München: Oldenbourg Verlag

Baring, Arnulf (1982). Machtwechsel. Die Ära Brandt – Scheel. Arnulf Baring in Zusammenarbeit mit Manfred Görtemaker. Mit der Widmung: Den Freunden. Stuttgart: Deutsche Verlags-Anstalt.

Böhme, Erich & Wirtgen, Klaus (Hrsg., 1993). Willy Brandt: Die Spiegel-Gespräche. Stuttgart: Deutsche Verlags-Anstalt

Brandt, Willy (1990). Erinnerungen. 4. Auflage. Berlin: Verlag Ullstein GmbH

Critchfield, James Hardesty (2005). Auftrag Pullach. Die Organisation Gehlen 1948-1956. Hamburg, Berlin, Bonn: Verlag E. S. Mittler & Sohn GmbH

Delmer, Sefton (1962). Black Boomerang. An Autobiography. Volume Two. London: Secker & Warburg

Delmer, Sefton (1963). Die Deutschen und ich. Überarbeitete Sonderauflage. Hamburg: Nannen-Verlag GmbH

Die Fischer-Chronik (1999). Die Fischer Chronik. Deutschland '49 – '99. Frankfurt am Main: Fischer Taschenbuch Verlag

Diekmann, Kai & Reuth, Ralf Georg (1996). Helmut Kohl: Ich wollte Deutschlands Einheit. Berlin: Propyläen Verlag

Dönhoff, Marion Gräfin (1976). Menschen, die wissen, worum es geht. Hamburg: Hoffmann & Campe

Dornberg, John (1968). Deutschlands andere Hälfte. Profil und Charakter der DDR. München: Heyne Sachbuch

Falin, Valentin (1995). Zweite Front. Die Interessenkonflikte in der Anti-Hitler-Koalition. München: Droemersche Verlagsanstalt Th. Knaur Nachf.

Felfe, Heinz (1989). Im Dienst des Gegners. Autobiographie. Berlin (Ost): Verlag der Nation Berlin

Fest, Joachim C. Fest (1991). Hitler. Eine Biographie. Ungekürzte Ausg., 2. Auflage. Frankfurt am Main und Berlin: Ullstein Verlag

Friedrich, Jörg (2007). Yalu. An den Ufern des dritten Weltkriegs. Berlin: Propyläen Verlag

Gaus, Günter (1986). Die Welt der Westdeutschen. Köln: Kieperheuer & Witsch

Gebauer, Karl (1999). Doppelagent. Autobiographie. Berlin: Edition Ost

Gehlen, Reinhard (1971). Der Dienst. Erinnerungen 1942 – 1971. Mainz und Wiesbaden: v. Hase & Koehler Verlag

Genscher, Hans-Dietrich (1999). Erinnerungen. Jubiläumsausgabe. Berlin: Wolf Jobst Siedler Verlag GmbH

Giefer, Rena & Giefer, Thomas (1991). Die Rattenlinie. Fluchtwege der Nazis. Eine Dokumentation. Frankfurt/Main: Athenäums programm by anton hain

Gisevius, Hans Bernd (1947). Bis zum bittern Ende. In zwei Teilen. Hamburg: Claasen & Goverts GmbH

Graml, Hermann (1985). Die Alliierten und die Teilung Deutschlands. Konflikte und Entscheidungen 1941 – 1948. Frankfurt am Main: Fischer Taschenbuch Verlag GmbH

Guillaume, Günter (1988). Die Aussage. Berlin: Militärverlag der Deutschen Demokratischen Republik

Habel, Fritz & Kistler, Helmut (1977). Kontrovers – Entscheidungen in Deutschland 1949 bis 1955. Bonn: Bundeszentrale für politische Bildung

Haffner, Sebastian (1982). Zur Zeitgeschichte. 36 Essays. München: Kindler Verlag

Haffner, Sebastian (1997). Zwischen den Kriegen. Essays zur Zeitgeschichte. Berlin: Knaur Verlag 1900

Harpprecht, Klaus (1998). In: Wilhelm von Sternburg (Hrsg.). Die deutschen Kanzler – Von Bismarck bis Kohl. Berlin: Aufbau Taschenbuch Verlag GmbH

Hirche, Kurt (1964). Der braune und der rote Witz. Düsseldorf und Wien: Econ Verlag

Hodenberg, Christina von (2002). Die Journalisten und der Aufbruch zur kritischen Öffentlichkeit. In: Ulrich Herbert (Hrsg.). Wandlungsprozesse in Westdeutschland, Belastung, Integration, Liberalisierung 1945-1980. Göttingen: Wallstein-Verlag

Honecker, Erich (1994). Moabiter Notizen. Berlin: edition ost

Hughes, Emrys (1955). Winston Churchill. British Bulldog. His Career in War and Peace. New York: Exposition Press

Jürgs, Michael (1996). Der Fall Axel Springer. Eine deutsche Biographie. München: Droemersche Verlagsanstalt Th. Knaur Nachf.

Kern, Erich (Hrsg., 1988). Verheimlichte Dokumente – Was den Deutschen verschwiegen wird. München: FZ-Verlag GmbH

Kielmannsegg, Peter Graf (2000). Nach der Katastrophe – Eine Geschichte des geteilten Deutschland. Berlin: Siedler Verlag

Kiessler, Richard & Elbe, Frank (1993). Ein runder Tisch mit scharfen Ecken: Der diplomatische Weg zur deutschen Einheit. Baden-Baden: Nomos-Verlagsgesellschaft

Kissinger, Henry A. (1981). Memoiren. Bände I bis III. München: Wilhelm Goldmann Verlag

Klöckler, Jürgen (2005). Auslandspropaganda und Holocaust. In: Günter Buchstab, Philipp Gassert, Peter Thaddäus Lang (Hrsg.). Kurt Georg Kiesinger 1904-1988. Freiburg im Breisgau: Verlag Herder

Knightley, Phillip (1990). Die Geschichte der Spionage im 20. Jahrhundert. Aufbau und Organisation, Erfolge und Niederlagen der großen Geheimdienste. Berlin: Verlag Volk und Welt

Koch, Werner (1974). Ein Christ lebt für morgen. Heinemann im Dritten Reich. 3. Auflage. Wuppertal: Aussaat Verlag

Kraatz, Birgit (1986). Willy Brandt, . . . wir sind nicht zu Helden geboren. Zürich: Diogenes Verlag AG

Krieger, Wolfgang (2007). „Dr. Schneider“ und der BND. In: Wolfgang Krieger (Hrsg.). Geheimdienste in der Weltgeschichte – Von der Antike bis heute. Köln: Anaconda Verlag GmbH

Kroh, Ferdinand (2005). Wendemanöver – Die geheimen Wege zur Wiedervereinigung. München und Wien: Carl Hanser Verlag

Kuczynski, Jürgen (1969). So war es wirklich – Ein Rückblick auf 20 Jahre Bundesrepublik. Berlin: Staatssekretariat für westdeutsche Fragen

LeBor, Adam (2014). Tower of Basel. BIZ [Bank für Internationalen Zahlungsausgleich]. Die Bank der Banken und ihre dunkle Geschichte. Zürich: Rotpunktverlag

Loth, Wilfried (1994). Stalins ungeliebtes Kind. Warum Moskau die DDR nicht wollte. Berlin: Rowohlt Berlin Verlag GmbH

Machiavelli, Niccolò (2009). Der Fürst. Hamburg: Nikol Verlagsgesellschaft mbH & CoKG

Meinl, Susanne & Krüger, Dieter (1994). Der politische Weg von Friedrich Wilhelm Heinz. Vom Freikorpskämpfer zum Leiter des Nachrichtendienstes im Bundeskanzleramt. In: Vierteljahres-hefte für Zeitgeschichte, Jahrgang 42, 1994, Heft 1

Mensing, Hans Peter (1991, Hrsg. R. Morsey & H.-P. Schwarz). Adenauer im Dritten Reich. Rhöndorfer Ausgabe. Berlin: Wolf Jobst Siedler Verlag

Overy, Richard (2013). The bombers and the bombed: Allied war over Europe. 1940 – 1945. New York, NY (u. a.) : Penguin Books

Podewin, Norbert (1995). Walter Ulbricht. Eine neue Biographie. Berlin: Dietz Verlag GmbH

Pollmann, Bernhard (Hrsg., 1989). Lesebuch zur deutschen Geschichte. Texte und Dokumente aus zwei Jahrtausenden. Sonderauflage mit einem Geleit- und Nachwort von Bundespräsident a. D. Walter Scheel. Dortmund: Harenberg Kommunikation, Verlags- und Mediengesellschaft mbH

Preparata, Guido Giacomo (2011). Wer Hitler mächtig machte. Wie britisch-amerikanische Finanzeliten dem Dritten Reich den Weg ebneten. 2. Auflage. Basel: Perseus Verlag

Ramge, Thomas (2003). Die großen Polit-Skandale. Eine andere Geschichte der Bundesrepublik. Frankfurt am Main: Campus Verlag

Regierungserklärungen (1979). Die großen Regierungserklärungen der deutschen Bundeskanzler von Adenauer bis Schmidt. Eingeleitet und kommentiert von Klaus von Beyme. München und Wien: Carl Hanser Verlag

Reile, Oscar (1990). Der deutsche Geheimdienst im II. Weltkrieg. Westfront. Augsburg: Weltbild-Verlag

Rothfels, Hans (1960). Die deutsche Opposition gegen Hitler. Ungekürzte, stark revidierte Ausgabe. Frankfurt am Main und Hamburg: Fischer Bücherei KG

SBZ [Sowjetische Besatzungszone] (1963). SBZ von A bis Z. Ein Taschen- und Nachschlagebuch über die Sowjetische Besatzungszone Deutschlands. Herausgegeben vom Bundesministerium für gesamtdeutsche Fragen, 8. überarbeitete und erweiterte Auflage. Bonn: Deutscher Bundes-Verlag

Schalck-Golodkowski, Alexander (2000). Deutsch-deutsche Erinnerungen. Reinbek bei Hamburg: Rowohlt Taschenbuch Verlag

Schmid, Carlo (1979). Erinnerungen. Bern: Scherz Verlag

Schmidt, Helmut (1987). Menschen und Mächte. Berlin: Wolf Jobst Siedler Verlag GmbH

Schmidt, Helmut (1995). Wehren wir der Angst, erkennen wir unsere Pflicht. In: Reinhard Appel, Es wird nicht mehr zurückgeschossen. Köln: Lingen Verlag

Schmidt-Eenboom, Erich (2004). Geheimdienst, Politik und Medien. Meinungsmache Undercover. Werder an der Havel: Kai Homilius Verlag, Edition Zeitgeschichte, Band 16

Seebacher, Brigitte (2004). Willy Brandt.
München: Piper Verlag GmbH

Speidel, Hans (1977). Aus unserer Zeit. Frankfurt am Main, Berlin, Wien: Lizenzausgabe des Deutschen Bücherbundes, Originalausgabe Frankfurt/M., Berlin, Wien: Verlag Ullstein GmbH

Strauß, Franz Josef (1989). Die Erinnerungen.
Berlin: Siedler Verlag

Sudoplatow, Pawel Anatoljewitsch (2013). Der Handlanger der Macht. Enthüllungen eines KGB-Generals. 1. Auflage dieser Sonderausgabe. Berlin: BEBUG mbh / Gemini Verlag

Wehner, Herbert (1968). Wandel und Bewährung.
Frankfurt/M. und Berlin: Verlag Ullstein GmbH

Weiner, Tim (2008). CIA. Die ganze Geschichte. Frankfurt am Main: S. Fischer Verlags GmbH. Titel des amerikanischen Originals aus dem Jahr 2007: Legacy of Ashes. The History of the CIA.

Weinke, Annette (2006). Die Nürnberger Prozesse.
München: Verlag C.H.Beck

Winkler, Heinrich August (1997). Abschied von den Sonderwegen. In: Streitfragen der deutschen Geschichte. München

Winkler, Heinrich August (2002). Der lange Weg nach Westen.
München: H. Beck'sche Verlagsbuchhandlung

Wolf, Markus (2003). Spionagechef im geheimen Krieg. 5. Auflage.
München: Ullstein Verlag

Zayas, Alfred M. de (2001). Die Wehrmacht-Untersuchungsstelle. Dokumentation alliierter Kriegsverbrechen im Zweiten Weltkrieg. Siebte, erweiterte Auflage. München: Universitas Verlag in der F. A. Herbig Verlagsbuchhandlung GmbH

Namensregister

Ebenfalls im Anderwelt Verlag erschienen:

Londoner Außenpolitik & Adolf Hitler
Autor: Reinhard Leube

England war mit dem Aufstieg kontinentaleuropäischer Länder zu Wirtschaftsmächten und Konkurrenten am Ende des 19. Jahrhunderts nicht untergegangen. Dabei standen die Sterne für das Empire nicht günstig. Der Anteil der Insel am Welthandel war über Jahrzehnte immer weiter gesunken, sie verfügte perspektivisch nicht selbst über genug Rohstoffe für ihre eigene Wirtschaft, auch nicht über hinreichend viele Einwohner, um den ökonomischen Aufstieg anderer Länder mit Hilfe von Feldzügen zu beenden.

Wie lässt es sich erklären, dass binnen 50 Jahren die erfolgreiche Entwicklung großer Reiche in Kriegen und Diktaturen versandete und England auch ohne materielle Grundlage noch der Global Player ist wie vor hundert Jahren?

ISBN 978-3-940321-19-0 **€25,00 (D)**

Atemberaubend
Autor: Reinhard Leube

Was haben die Menschen in Deutschland wohl gefühlt und erlebt in den Jahren 1933 bis 1937? Waren alle glühende Nationalsozialisten oder begann mit den Nazis eine Diktatur? Hätte es tatsächlich eine braune Mehrheit gegeben, dann wäre das eine Demokratie gewesen und man hätte die Gestapo und Ähnliches nicht gebraucht. Wie hat aber das Ausland auf den neuen Kanzler Adolf Hitler reagiert? Wieso war die Chefetage in London von ihm eigentlich so begeistert?

Das vorliegende chronologisch aufgebaute Werk vermittelt dem Publikum einen Eindruck von dieser Zeit, der eine Gänsehaut erzeugt. Ganz anders als die unzähligen Dokus, die nur blitzlichtartig Ausschnitte zeigen, fühlt man sich plötzlich in die Hitlerzeit in allen Zusammenhängen versetzt und erhält einen ganz neuen Eindruck. Wer wirklich nachempfinden will, mit welchem atemberaubendem Tempo die Entwicklungen damals vorangeschritten sind, welche unterschiedlichen Reaktionen sie hervorgerufen haben und welche giftigen Witze die Runde machten, der kommt an diesem Werk nicht vorbei.

ISBN 978-3-940321-20-6 **€25,00 (D)**

Septemberrevolution

Autor: Reinhard Leube

Kann sein, dass die Berufshistoriker ihr Wissen bloß in verschämten Nebensätzen und in ihren Fußnoten unterbringen. In der Geschichte dritter Teil Septemberrevolution kommt alles auf den Tisch, was inzwischen über das Jahr 1938 bekannt geworden ist, zeitlich geordnet und packend erzählt.

Nach weniger als sechs Jahren konnte der kleine Hitler, der mit dem Geld aus England und Amerika in Berlin an die Macht kam, von der Bühne wieder verschwunden sein und sein Drittes Reich nicht mehr als eine üble Panne in der Geschichte Deutschlands. Monate vor den Pogromen gegen die Juden vom November 1938 und ein Jahr, bevor ein zweiter Weltkrieg begann, konnte Hitler durch einen Aufstand in seinem Dritten Reich weggeputscht sein. In diesem Buch erleben Sie noch einmal live mit, wie genau das verhindert wurde.

ISBN 978-3-940321-23-7 **€25,00 (D)**

God Save the Fuehrer

Autor: Reinhard Leube

England war mit dem Aufstieg kontinentaleuropäischer Länder zu Wirtschaftsmächten und Konkurrenten am Ende des 19. Jahrhunderts nicht untergegangen. Dabei standen die Sterne für das Empire nicht günstig. Der Anteil der Insel am Welthandel war über Jahrzehnte immer weiter gesunken, sie verfügte perspektivisch nicht selbst über genug Rohstoffe für ihre eigene Wirtschaft, auch nicht über hinreichend viele Einwohner, um den ökonomischen Aufstieg anderer Länder mit Hilfe von Feldzügen zu beenden.

Wie lässt es sich erklären, dass binnen 50 Jahren die erfolgreiche Entwicklung großer Reiche in Kriegen und Diktaturen versandete und England auch ohne materielle Grundlage noch der Global Player ist wie vor hundert Jahren?

ISBN: 978-3-940321-25-1 **€25,00 (D)**

Katz-und-Maus-Spiele
Autor: Reinhard Leube

Im Prinzip kennen Sie die Geschichte. Irgendwann gab es einen ersten Weltkrieg und später einen zweiten. Warum ein neues Buch darüber? Und weshalb ist es denn letzten Endes gleich eine Serie geworden?
Es gibt sie, die vielen Wahrheiten, die vielen Quellen, die vielen Details. Gewöhnlich entscheiden sich Historiker dafür, die Fragmente zu liefern, die ihre These „belegen". Doch wo bleibt der Rest? Andere Wahrheiten landen in anderen Büchern und dort war auf einmal alles ganz anders.
Das Appeasement war kein Fehler. Es war die Pflege und Wartung des Selbstzerstörungsmechanismus im Inneren Deutschlands, der den Namen Adolf Hitler trug und glaubte, er verdanke die Erfolge, die er wundersam erzielen durfte, im vollen Ernst der Vorsehung.

ISBN: 978-3-940321-26-8 **€25,00 (D)**

Nicht noch einen Friedensvertrag
Autor: Reinhard Leube

Wer im Jahr 2021 lebt, vermisst vielleicht seinen Friedensvertrag.
Dieses Buch bringt Sie in die hoffnungslose Wirklichkeit der Jahre des Zweiten Weltkrieges, etwa zwei Jahrzehnte nach den Verträgen von Saint-Germain, Trianon, Sèvres und Versailles, die dem Ersten Weltkrieg folgten.
Wer heute lebt, weiß nichts mehr von der britischen Hungerblockade, vom millionenfachen Sterben nach dem Ersten Weltkrieg und von der Inflation in den 1920er Jahren. Kommen Sie einfach mit in die Welt der Jahre 1942 und 1943. Sie werden nie wieder schwarzsehen. Der Autor liefert hier die Atmosphäre, in der unter vielen anderen Deutschen auch jene Politiker, Diplomaten, Militärs und nicht zuletzt auch Journalisten und Publizisten lebten, bei denen Reinhard Leube davon ausgeht, dass sie Deutschland nach dem Zweiten Weltkrieg in seine Einzelteile zerlegt haben.
Der Indizienbeweis folgt im Buch über 1989/1990 Entzaubert. Kohl und Genscher, diese beiden.

ISBN: 978-3-940321-28-2 **€23,50 (D)**

Entzaubert – Kohl und Genscher, diese beiden.
Autor: Reinhard Leube

War Deutschland nicht das erste Opfer des Kalten Krieges geworden? Wurde es nicht im Jahr 1945 von den vier Alliierten besetzt und geteilt? Hatte ein Deutscher nach dem Kriege in der Welt überhaupt noch etwas zu melden?
Sahen Hitler-Gegner die Lösung aller Probleme in der Aufteilung Deutschlands? Ist die Idee aus den 1930er Jahren der Ursprung des postnationalen Denkens? Fangen wir vorn an. Wie kam es denn zum Kalten Krieg? Die einen sagen, Churchill hätte den Ärger in die Welt gebracht. Aber diese Briten wollten die Operation Unthinkable: Nachdem Deutschland eingeäschert war, sollten britische gemeinsam mit den überlebenden deutschen Soldaten gleich noch einmal nach Osten marschieren und die Sowjetunion, oder besser gesagt Russland für das Empire erobern. Eine Teilung Europas war die zweitbeste Wahl, allein schon aus dem Grund, weil bei einer Fortsetzung dieser Entwicklung der freie Markt in Osteuropa wegfiel. Die anderen sagen, Stalin hätte den ganzen Ärger in die Welt gesetzt. Aber Stalin hat unendlich viele Revolutionäre aus dem Weg räumen lassen, die durchaus in ihren Ländern für die Weltrevolution kämpfen wollten...

ISBN: 978-3-940321-31-2 **€26,00 (D)**

Ende und Anfang
Autor: Reinhard Leube

Der neue Band dieser Serie steigt mit seinem Publikum in das zehnte Jahr ein und verfolgt die wichtigen Ereignisse nach der Niederlage von Stalingrad sowie Stimmungen

in der Bevölkerung Monat für Monat weiter. Auf diesem Wege begegnen Sie unter anderem weiteren Versuchen, Hitlers Herrschaft mit der Kombination aus Attentat und Staatsstreich zu verkürzen. Es bleibt spannend: Sie kennen nur den Ausgang der Geschichte, aber hier erfahren Sie viel Wissenswertes über den Weg dorthin. Wussten Sie beispielsweise, dass die Hälfte der britischen Bomben im Krieg nicht auf Hitler-Deutschland niedergingen? In welchen Ländern haben sie Städte in Schutt und Asche verwandelt? Wie haben Generäle der Wehrmacht die Invasion auf dem Kontinent begünstigt, um Deutschland oder die übriggebliebenen Reste vor der endgültigen Zerstörung zu bewahren?
Noch überraschender ist der Ursprung des Kalten Kriegs nach dem Zweiten Weltkrieg, der sich noch vor dem ruhmlosen Abgang Adolf Hitlers von der großen Bühne abzeichnete und in erster Linie von deutschen Akteuren ausging...

ISBN: 978-3-940321-03-9 **€24,90 (D)**

Ist Deutschland ein souveräner Staat?
Autor: Wolfgang Schimank

Der NSA-Skandal im Jahre 2013 führte den Deutschen vor Augen, dass sowohl ihre individuelle als auch die staatliche Souveränität nicht gewährleistet sind.

Bei dem zu dieser Zeit geführten Bundestagswahlkampf wurde das massenhafte Ausspionieren der Bürger nicht thematisiert. Als am Wahlabend im September 2013 CDU und CSU ihren Sieg feierten, bekam Angela Merkel eine kleine deutsche Fahne gereicht. Diese entsorgte sie mit verzerrtem Gesicht.

In jedem anderen Land wäre damit die Karriere eines Politikers beendet gewesen. Ihr Amtseid, alles zum Wohle des deutschen Volkes zu tun, erwies sich als Farce ...

ISBN: 978-3-940321-18-3 **€ 24.00 (D)**

England, die Deutschen, die Juden und das 20. Jahrhundert
Autor: Peter Haisenko

Kriege werden aus zwei Gründen begonnen: Wirtschaft und Religion. In der Neuzeit ist es oftmals nicht zu übersehen, dass der Kampf ums Öl der wahre Grund für Kriege ist. Die Betrachtungen von Peter Haisenko zeigen, dass es bereits vor mehr als 100 Jahren nicht anders war. Die unerträglichen Zustände in Palästina und im Irak haben ihren Ursprung in der skrupellosen Durchsetzung wirtschaftlicher Interessen zu Beginn und im Verlauf des 20. Jahrhunderts.

Politisch orchestrierte Lügen und Intrigen sind keine Erfindung der Neuzeit. Mit diesem Buch gehen Sie auf eine Reise durch das 20. Jahrhundert und die Analyse wirtschaftlich-politischer Verknüpfungen lässt manche „geschichtliche Wahrheit" zweifelhaft erscheinen.

ISBN: 978-3-940321-03-9 **€24,90 (D)**

Tripoli Charlie
Autor: Florian Stumfall

Florian Stumfall war im Bürgerkrieg in Mozambique, in Angola, im Hauptquartier der UNITA in Jamba, er war zu Gast bei Regierungen... Drei Ereignisse hat er in diesem Buch zu einer auf Tatsachen beruhenden Romanhandlung verarbeitet, deren wahrer Kern sich ganz erheblich von dem unterscheidet, was uns die Medien darüber erzählt haben. Stumfall schildert, wie und mit welchem Deal Nelson Mandela in Südafrika von der US-Hochfinanz an die Macht gebracht wurde und wie der Energiekonzern SASOL in Mozambique wegen eines Gasfeldes einen Bürgerkrieg angezettelt hat. Er berichtet vom Krieg in Angola und beschreibt die Rolle, die das weltweite Oppenheimer Diamanten-Monopol gespielt hat, als Jonas Savimbi, der Anführer der antikolonialen UNITA, vom Westen fallen gelassen wurde. Schließlich deckt er auf Basis ihm zugespielter Dokumente die Hintergründe für den 2011 geführten Krieg gegen Gaddafi in Libyen auf.

ISBN: 978-3-940321-22-0 **€ 24.30 (D)**

Die Humane Marktwirtschaft
Autoren: Peter Haisenko / Hubert von Brunn

Wer echte Demokratie will, muss als wichtigste Voraussetzung ein Finanz- und Wirtschaftssystem fordern, das die Macht des Kapitals bricht, der „wundersamen Geldvermehrung“ durch Zins und Zinseszins ein Ende setzt und Korruption weitgehend unmöglich macht. *Die Humane Marktwirtschaft* wird das leisten, und nicht nur das. Sie wird den Menschen Freiheit schenken in bisher nicht gekanntem Ausmaß; ein Leben frei von Lohnsteuer und Inflation und damit eine zuverlässig planbare Zukunft.

Um das zu erreichen, bedarf es keiner blutigen Revolution, sondern lediglich der Rückbesinnung auf die Grundsätze des Humanismus – und deren konsequente Umsetzung.

ISBN: 978-3-940321-13-8 **€15,00 (D)**

Der Weg vom Don zur Isar Teil I und II

Autor: Vadim Grom

Was für ein Leben! Hineingeboren in die dunkelste Epoche der Neuzeit, wird der Protagonist dieser authentischen Odyssee konfrontiert mit menschlichen Grenzerfahrungen, wie wir sie uns, die wir in Frieden, Freiheit und Wohlstand aufgewachsen sind, überhaupt nicht vorstellen können: Hunger, Terror, Verfolgung, Vernichtungslager, Flucht, Gefangenschaft. Ständig in Gefahr, kein Ort, der dauerhaft Schutz und Sicherheit bieten konnte, Verlust der Heimat, Entbehrungen und Verzicht. Wie viele Menschen sind in vergleichbaren Situationen gescheitert?! Nicht so Peter Gorew. Das Vertrauen auf seine Fähigkeiten und Talente, der Mut, sich in ausweglos erscheinenden Situationen nicht aufzugeben und allen Gefahren zum Trotz seinen Weg zu gehen, ein klares Ziel vor Augen und der unerschütterliche Wille, dieses Ziel zu erreichen, waren ihm Quellen der Kraft und der Orientierung. Nur dank dieser schier unmenschlichen mentalen Stärke konnte er die Wirren des Zweiten Weltkrieges schadlos überstehen und sein Ziel erreichen: ein neues, ein besseres Leben in Freiheit. Der Leser wird förmlich hineingezogen in diesen geradezu unglaublichen Lebensbericht eines ungewöhnlichen Menschen und muss sich immer wieder vergewissern, dass es sich hier nicht um Fiktion handelt, sondern um die brutale Wirklichkeit eines gelebten Lebens.

Band 1: ISBN 978-3-940321-12-1 € 13.90 (D)
Band 2: ISBN 978-3-940321-15-2 € 14.20 (D)

Ausverkauf vom Traum Neuseeland

Autor: Hans-Jürgen Geese

Vor einigen Jahren reisten kleine Gruppen von neugierigen Weltverbesserern aus vielen Ländern nach Neuseeland, um zu bewundern und zu lernen, wie so eine kleine, ehemalige Kolonie es geschafft hatte, einen der höchsten Lebensstandards auf Erden für seine Bürger zu erreichen.

Neuseeland stand damals für einen Traum, für den Traum einer tatsächlich möglichen gerechten Welt. Heutzutage kommen die Menschen in Millionenstärke jedes Jahr, aber fast ausschließlich als Touristen oder als Einwanderer, als Ertragsquellen, um Devisen zu bringen, die das Land dringend braucht. Denn inzwischen haben die Investoren wieder die Oberhoheit vom Volk zurückerobert, die ihnen einige Jahre lang aus den Händen geglitten ward.

ISBN: 978-3-940321-24-4 €21,00 (D)